Guide de la faune sous-marine
Tome 2: Les Poissons

MUSTER
VZOROVÝ KUS

Freigabe erteilt
nochmals pro Zeichen
Bin bei vorhin n abgeholt "blitze"
na bg 1 → pozor pri zrake.

9.4.2003

Helmut Göthel

Guide de la faune sous-marine
Mer Rouge
Océan Indien

Tome 2 : Les Poissons

419 photographies en couleur
396 espèces présentées
Traduit de l'allemand par Olivier Poutrain

EDITIONS
EUGEN
ULMER

Guide de la faune sous-marine :
Mer Rouge, Océan Indien
en 2 tomes

Tome 1 : Les Invertébrés
Tome 2 : Les Poissons

Crédits photographiques :
MAP/Patrick Mioulane : photo de couverture (*Chaetodon semilarvatus*)
Silvia Göthel : 12, 27
Michael Keck : 196 grande, 289
Andreas Koffka : 52, 167 petite
Winfried Werzmirzowski : 66 petite, 306, 308, 317 grande
Toutes les autres photos sont de l'auteur.
Photo page 2 : *Solenostomus sp*

L'édition originale de cet ouvrage a été publiée en allemand sous le titre :
Farbatlas Meeresfauna: Rotes Meer, Indischer Ozean (Malediven)
Fische, de **Helmut Göthel**
© 1994 Eugen Ulmer GmbH & Co

Les droits d'auteur de cet ouvrage sont strictement réservés, qu'il s'agisse de reproduction
intégrale ou même partielle. A défaut de consentement de la part de l'éditeur, l'utilisateur
contrevenant aux prescriptions sur les droits d'auteur sera passible des sanctions prévues
par la loi. Ceci est valable pour toutes les espèces de reproduction y compris traductions,
microfilms, saisies ou traitements par des systèmes électroniques.

ISBN 2-84138-095-5

Edition française © 1998 Les Editions Eugen Ulmer
5, rue de Charonne, 75011 Paris
Tél. 01 45 08 03 03 / Fax. 01 48 05 02 04
Traduction de l'allemand : Olivier Poutrain
Conception de la couverture : Cécile Declerck
Mise en page : GPI – Juigné-sur-Sarthe
Imprimé en Allemagne
Dépôt légal : 2ème trimestre 1998.

Avant-propos

Dédié à Silvia

La fascination qu'exerce l'Océan Indien, et en particulier la Mer Rouge et les Maldives, sur les plongeurs s'explique en grande partie par la diversité et la magnificence des poissons coralliens. D'où l'intérêt de rassembler et de présenter en un seul ouvrage, pratique à emporter et à consulter, les plus fréquents et les plus caractéristiques d'entre eux. Certes il n'est pas possible dans un tel livre de prétendre à l'exhaustivité, sachant que l'on recense près de 2200 espèces de poissons dans tout l'Océan Indien. Toutefois, ce guide de "terrain", en présentant près de 400 espèces et en se concentrant sur la partie occidentale de l'Océan Indien (et plus particulièrement sur la Mer Rouge et les Maldives), procurera au plongeur et à l'apnéiste plus qu'un "panorama moyen" des espèces les plus caractéristiques, et en particulier des espèces endémiques. Cela étant, il n'existe aucune contre-indication à utiliser ce guide dans d'autres régions tropicales de l'Océan Indien, attendu que l'aire de distribution d'une large majorité des espèces traitées ne se limite pas à sa partie occidentale.

Les catégories systématiques que nous utilisons dans cet ouvrage sont empruntées à l'oeuvre de M.M. Smith & P.C. Hemmstra, "Smith's Sea Fishes"; pour faciliter autant que possible au lecteur l'identification systématique des sujets observés et afin de cerner les particularités biologiques de chaque ordre et famille, ceux-ci font l'objet d'une présentation générale en introduction. Dans les cas où plusieurs noms vernaculaires étaient disponibles, j'ai opté pour le plus pertinent de la série. Cependant, de nombreuses espèces n'en possédant pas, j'ai utilisé la traduction du nom anglais, lorsque celui-ci existait, ou j'ai moi-même créé une nouvelle dénomination, aussi transparente que possible.

J'en terminerai en remerciant très chaleureusement l'ensemble des moniteurs de plongée et directeurs de bases nautiques qui ont guidé avec patience et professionalisme mon exploration des sites de plongée qui leur sont familiers, avec une mention particulière pour Volker, sur les sites de Hurghada et Port Safaga, pour Rudi, basé à Hurgada, pour Rob et Sam, employés au "KEEMA", ainsi qu'à Axel et Andrea, de la base nautique de Ellaidhoo. Malgré tout, c'est surtout ma femme Silvia que je souhaite remercier ici, sans laquelle ce projet n'aurait pu voir le jour.

Helmut Göthel

Abbréviations et symboles utilisés dans le livre

Descript. = description
Conf. = confusions possibles
Biot . = biotope
Biol. = biologie
Acclim. = acclimatation en aquarium
♀ = femelle
♂ = Mâle
ø = diamètre

Golfe d'Aqaba
Golfe de Suez
Mer Rouge

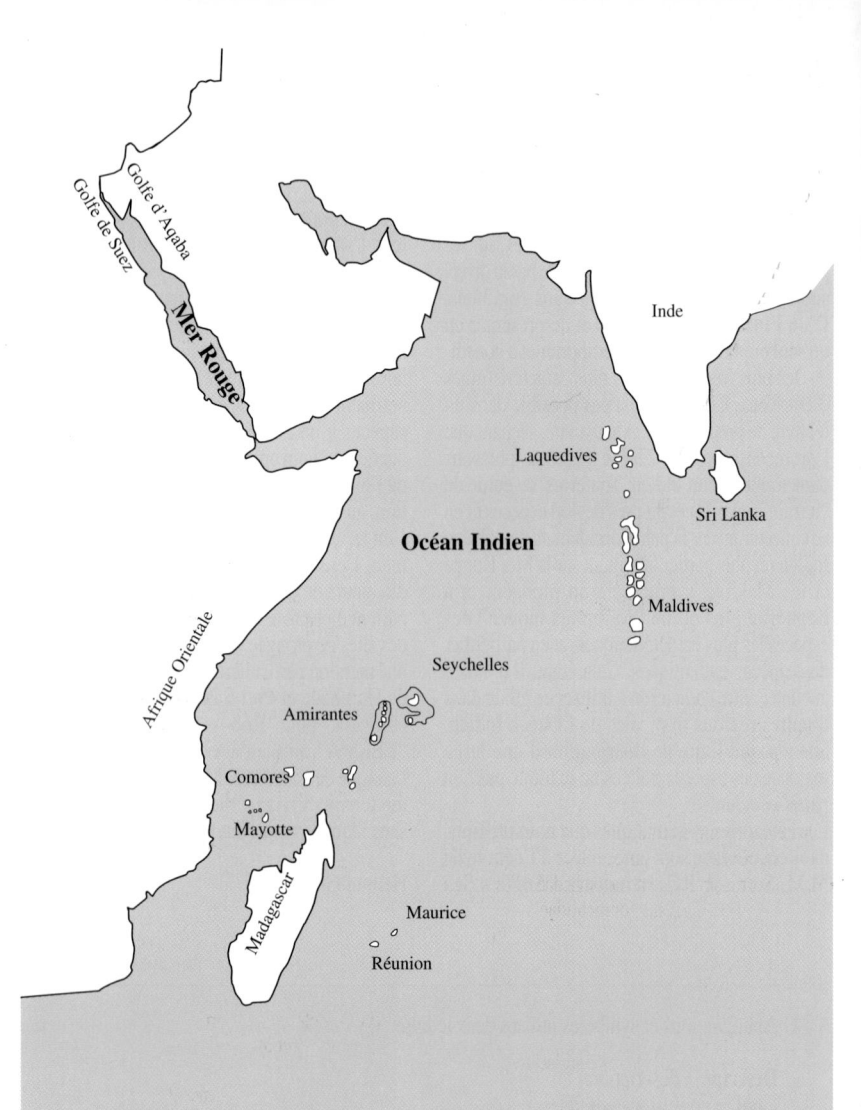

Inde

Laquedives

Sri Lanka

Océan Indien

Maldives

Afrique Orientale

Seychelles

Amirantes

Comores
Mayotte

Madagascar

Maurice
Réunion

Sommaire

Avant-propos 5
A propos de nomenclature et de classification 9
Les récifs coralliens 10
    Mer rouge 10
    Maldives 10
Les changements de sexe chez les poissons 16
Comment dorment les poissons ? 18
Poissons dangereux et venimeux 23
Poissons comestibles 27

Poissons cartilagineux (chondrichthyens) 28
Super-ordre des squalomorphes (requins) 28
Ordre des orectolobiformes 29
    requins-nourrices (orectolobidae) 29
Ordre des carcharhiniformes 30
    requins-tigres (carcharhinidae) 30
Super-ordre des batoidae (raies) 32
Ordre des myliobatiformes 32
    pastenagues (dasyatidae) 33
    aigles de mer (myliobatidae) 34
    raies mantas (mobulidae) 35
Ordre des rajiformes 36
    raies-guitares (rhinobatidae) 36
Ordre des torpédiniformes 37
    raies-torpilles (torpédinidae) 37

Poissons osseux (ostéichtyens) 38
Ordre des anguilliformes 39
    murènes (muraenidae) 39
    hétérocongres (heterocongridae) 48
    anguilles-serpents (ophichtidae) 48
Ordre des gonorhynchiformes (harengs) 51
    poissons-lait (chanidae) 51
Ordre des siluriformes (poissons chats) 52
    poissons-chats coralliens (plotosidae) 52
Ordre des aulopiformes 53
    poissons-lézards (synodontidae) 53
Ordre des béryciformes 54
    poissons-soldats (holocentridae) 54
Ordre des syngnathiformes 59
    poissons-flutes (fistulariidae) 59
    poissons-trompettes (autostomidae) 60
    poisson-fantômes (solenostomidae) 61
    syngnathes, hippocampes (syngnathidae) 62
Ordre des lophiiformes 66
    antennaires (antennariidae) 67

Ordre des scorpaeniformes 67
    poissons-scorpions (scorpaenidae) 67
    poissons-crocodiles (platycephalidae) 76
Ordre des perciformes 77
    Serrans (serranidae) 77
    poissons-faucons (cirrhinidae) 96
    poissons-savons (grammistidae) 102
    poissons-comètes (plesiopidae) 103
    pseudochromis (pseudochromidae) 104
    priacanthes (priacanthidae) 106
    malacanthes (malacanthidae) 107
    apogons (apogonidae) 108
    carangues (carangidae) 112
    lutjans (lutjanidae) 116
    rémoras (echeneididae) 121
    fusiliers (caesionidae) 122
    diagrammes (haemulidae) 124)
    brèmes de mer (nemipteridae) 127
    empereurs (lethrinidae) 128
    rougets-barbets (mullidae) 130
    poissons-hachettes (pempherididae) 133
    platax (ephippidae) 134
    poissons-papillons (chaetodontidae) 135
    poissons-anges (pomacanthidae) 161
    demoiselles (pomacentridae) 171
    labres (labridae) 189
    poissons-perroquets (scaridae) 228
    perches de sable (pinguipedidae) 240
    blennies (blenniidae) 242
    dragonnets (callionymidae) 249
    poissons-flechettes (microdesmidae) 250
    gobies (gobidae) 254
    poissons-chirurgiens (acanthuridae) 267
    sigans (siganidae) 286
    zancles (zanclidae) 288
Ordre des pleuronectiformes 289
    turbots (bothidae) 289
    soles (soleidae) 290
Ordre des tetraodontiformes 291
    tétrodons (tetraodontidae) 291
    poissons porcs-épics (diodontidae) 306
    balistes (balistidae) 309
    poissons-limes (monacanthidae) 321
    poissons-coffres (ostraciidae) 328

Index des noms latins 331
Index des noms français 333

A propos de nomenclature et de classification

Il fallut attendre le XVIIIème siècle pour que se mette en place, sous l'égide du naturaliste suédois, Carl von Linné (1707-1778), la méthode de classification et de désignation nominale encore utilisée de nos jours. Certains de ses contemporains disaient à son propos que "si Dieu avait créé le monde, Linné l'avait ordonné". Se fondant sur diverses caractéristiques morphologiques, Linné entreprit de classifier un grand nombre des espèces animales connues, puis s'intéressa à celles du règne végétal, en les répartissant par grands groupes, qui portent actuellement le nom d'embranchements, tant chez les animaux que chez les végétaux. Par la suite, il subdivisa ces embranchements en sous-groupes, composés d'espèces présentant entre elles d'autres caractères communs, puis affina sa méthode jusqu'au stade du genre et de l'espèce. Dans la systématique actuelle, qui se veut la "science de la classification des êtres vivants", les embranchements se composent de classes, puis d'ordres, puis de familles, puis de genres, les stades ultimes étant ceux de l'espèce, puis de la sous-espèce. Dans certains cas, lorsqu'un degré de précision supérieur s'avère nécessaire, on fait appel à des critères qui permettent de créer de nouvelles catégories telles que les sous-classes, les super-ordres et autres.

Le principal mérite de Linné est l'invention de la nomenclature binomiale, encore utilisée aujourd'hui, qui attribue à tout être vivant une double dénomination : le nom scientifique se compose d'un nom de genre (antéposé) suivi d'un nom d'espèce (postposé). Lorsqu'une espèce n'est pas identifiée avec précision, mais qu'il ne subsiste aucun doute sur son appartenance à un genre déterminé, le nom d'espèce est remplacé par le mot 'sp.', c'est-à-dire *species* (espèce) dans l'attente d'une identification précise ou d'une reclassification. Dans la littérature scientifique, il est d'usage d'adjoindre au nom scientifique le nom de l'auteur de la première description, ainsi que la date de la découverte. Ces informations annexes, nom et date, sont indiquées entre parenthèses lorsque l'espèce a fait l'objet d'un remaniement systématique nécessitant un reclassement dans un autre genre, et donc une modification de la première partie du nom. Pour exclure toute confusion, il a été convenu d'adopter les désignations actualisées pour désigner chaque espèce.

Les catégories de la nomenclature scientifique sont en vigueur dans tous les pays, et concourent à l'adoption d'une désignation et d'une classification universelle des êtres vivants. Nous allons envisager brièvement son fonctionnement en prenant l'exemple du poisson-perroquet bossu de la Mer Rouge, *Scarus gibbus*. Comme tout vertébré, ce poisson appartient à l'embranchement des cordés; à l'intérieur de cet embranchement, il appartient à la super-classe des gnathostomes, puis à la classe des ostéichtyens, ou poissons osseux. Il réunit un certain nombre de caractères distinctifs qui déterminent son appartenance à l'ordre des perciformes. Au sein même de cet ordre, il représente la famille des scaridés. Conformément à son nom scientifique, on sait enfin qu'il appartient au genre *Scarus*, et qu'il s'agit de l'espèce *gibbus*.

A première vue, la systématique des espèces animales (et végétales) peut donner l'impression d'un ensemble figé et donc rigide. En fait, il n'en est rien. La diversité biologique actuelle étant le fruit d'un processus évolutif continu, il ne faut pas s'étonner, pour simplifier au maximum, que les similitudes des espèces entre elles puissent en réalité occulter des différences considérables. Illustrons notre propos à l'aide d'un exemple: celui des espèces de la famille des scaridés, des poissons-perroquets, et celle des labridés, communément appelés labres. Il y a peu de temps encore, les espèces membres de ces deux familles étaient regroupés au sein d'une seule et unique famille, qui comportait elle-même deux sous-familles. Des recherches récentes ont révélé entre ces espèces des différences telles qu'il a fallu les individualiser en deux familles bien distinctes. Cela signifie qu'au cours de l'évolution, les espèces composant ces deux familles se sont nettement différenciées. Les choses sont toutes différentes au sein de la famille des scorpénidés, que l'on appelle souvent rascasses, scorpènes ou poissons-scorpions. Toutes ces espèces se différencient aisément par leur morphologie, ce qui a mené à la création de multiples sous-familles. Mais les caractéristiques communes sont si nombreuses que l'individualisation en familles distinctes ne se justifie pas encore. Le terme "encore" signifie qu'en réalité, tout porte à croire que cette famille est justement en train de donner naissance à de nouvelles familles. Nous-mêmes n'en seront jamais les témoins, les processus d'évolution biologique s'étendant sur plusieurs milliers d'années.

Ces 2 exemples nous font toucher du doigt le fait que la systématique des espèces animales, mais également végétales, est une création humaine, et à ce titre artificielle, et qui ne saurait refléter avec une parfaite fiabilité les phénomènes naturels dans toute leur complexité. Ces phénomènes ont abouti à l'apparition d'un nombre considérable de formes intermédiaires ou transitoires, difficiles à intégrer au sein d'un tel système.

Les récifs coralliens

L'extrême diversité biologique des récifs coralliens trouve son origine dans l'existence de niches écologiques très variées. De l'une à l'autre de ces niches, les paramètres biotiques sont susceptibles de varier dans une large mesure, autorisant la colonisation par des espèces très différentes.Ainsi, la lagune (ou lagon) d'un récif frangeant de la Mer Rouge n'a que très peu de points communs avec le lagon central d'un atoll de l'archipel des Maldives. Malgré tout, certaines zones récifales présentent entre elles des caractères communs, que nous allons décrire en prenant pour exemple les récifs coralliens de la Mer Rouge et des Maldives.

La Mer Rouge

Géologiquement, la Mer Rouge est une composante des fossés d'effondrement (ou rifts) du bouclier est-africain. D'une longueur excédant 2200 km, pour une largeur comprise entre 250 et 350 km, sa profondeur peut atteindre 2600 m; il s'agit d'une extension de l'Océan Indien, avec lequel elle n'est en contact que par une passe étroite, d'une largeur limitée à 27 km: le détroit de Bab el Mandeb. Mais les échanges d'eau avec cet océan sont davantage encore limités par l'existence d'une remontée du plancher océanique culminant à 150 m à peine sous la surface. Par ailleurs, la Mer Rouge étant bordée de vastes zones désertiques, l'évaporation atteint un niveau intense et les apports d'eau douce y demeurent à un niveau négligeable. La conséquence en est une salinité de 42‰, nettement plus élevée que celle de l'Océan Indien, qui est de 38‰.

Les côtes de la Mer Rouge sont parcourues de vents souvent violents, orientés du nord vers le sud. Les courants tourbillonnants qu'ils engendrent brassent l'eau jusqu'à grande profondeur; c'est ainsi que l'on mesure encore par 1000 mètres de fond une température de 20 °C. Cette mise en circulation se solde également par un régime thermique extrêmement stable. Même en été, où la température de l'air excède 40 °C, celle de l'eau en surface demeure limitée à 28 °C, contre comparativement 30 °C en Méditerranée, en dépit d'une situation plus septentrionale. Pourtant, en saison hivernale, la température n'est jamais inférieure à 20 °C, demeurant toujours supérieure aux températures extérieures, qui sont d'autant plus faibles que l'on remonte vers le nord. L'énorme volume d'eau fait donc office de réservoir thermique, qui emmagasine la chaleur pendant l'été; au cours de l'hiver, la chaleur accumulée est remise en circulation par le processus de brassage, évitant que les températures ne chutent à un niveau trop faible.

En Mer Rouge, la quasi-totalité des récifs observés sont de type frangeant, à tous les stades de développement, et se situent le long de la bordure littorale. Dans la zone médiane, à la latitude de Port Sudan, ils élaborent des formations dont la largeur peut atteindre plusieurs kilomètres en bordure de la côte, puis tombent pratiquement à la verticale jusqu'à plus de 100 m de profondeur. Dans ce cas de figure, le terme de "barrière de corail" serait plus approprié.

Les **récifs frangeants** correspondent à la structure la plus courante: ils forment une sorte de bordure ceignant le pourtour des îles et la bordure des littoraux. Les deux types les plus répandus sont les **récifs frangeants littoraux** ou côtiers et les **récifs frangeants lagunaires**. Ces derniers se forment lorsque des organismes coralliens se développent dans un premier temps sur un substrat stable; leur croissance se poursuit vers la surface, et s'oriente toujours davantage vers le large; mais à un certain stade, où l'assise se situe trop en profondeur, le manque de lumière finit par limiter, puis inhiber le développement des coraux. Mais de nouveaux sujets ne cessent de se fixer sur les plus anciens, finissant toujours par les recouvrir et les occulter.

Le développement de la frange récifale limite les apports d'eau du large et d'éléments nutritifs dont devraient bénéficier les colonies situées à proximité du littoral; les expositions à l'air libre

Récifs coralliens à Hurghada

successives, dues au reflux des eaux à l'étiage, finissent par en avoir raison. Une lagune se forme alors, résultant d'un processus d'érosion biomécanique, dont le fond se compose de débris solides de squelettes coralliens, mais le plus souvent de sable corallien de granulométrie plus fine. Au-delà d'une certaine profondeur, des phanérogames marins peuvent s'installer et former de vastes **herbiers sous-marins**, lesquels constituent des biotopes au fonctionnement propre, support d'une grande diversité biologique. Parfois, un nombre limité d'organismes coralliens colonise un site, et peut y constituer dans certaines conditions un récif ponctuel. Dans la plupart des cas, la lagune communique par l'intermédiaire de canaux ou **chenaux récifaux**, d'une largeur variable, avec le milieu marin externe; ces passes autorisent la pénétration d'eau neuve lors du flux et du reflux des marées. La bordure de la lagune est formée par le **tombant interne** du récif, dont la pente est plus ou moins abrupte.

En règle générale, cette zone est colonisée par des organismes délicats tels que des coraux ramifiés; ce sont également les sites de prédilection des juvéniles de nombreuses espèces de poissons. Ce tombant interne se prolonge dans le **platier** récifal; lorsque celui est totalement ou partiellement exposé à l'air libre à marée basse, on parle de plage récifale; dans les mares temporaires qui s'y forment se concentrent de nombreux organismes, emprisonnés sur le platier pour n'avoir pu le quitter avant la marée basse. d'une profondeur limitée, la température peut s'y élever jusqu'à 40 °C et plus: il s'agit donc de biotopes aux conditions extrêmes. Vers le large, le platier s'interrompt et descend plus ou moins à la verticale, formant la pente externe du récif. Lorsque le platier s'achève sans transition en une bordure externe nette et que la paroi descend à la verticale, on parle de **tombant** récifal. A cet endroit, le récif est exposé à toute la puissance du déferlement: ce sont les colonies aux

Vue partielle d'un grand atoll des Maldives

proportions massives ou à développement horizontal qui prédominent. Parce que les organismes fixés dans cette zone bénéficient d'apports optimaux en oxygène et en substances nutritives, leur croissance est particulièrement active et luxuriante. A la base du tombant ou de la paroi externe, on observe une **zone d'éboulis**, d'origine biodétritique, constituée de l'amoncellement de squelettes coralliens et des colonies de toutes tailles, brisées au gré des tempêtes. Parfois, des organismes coralliens colonisent cette zone, qui constitue alors une banquette prérécifale; à grande profondeur, celle-ci évolue en de vastes étendues sableuses. Mais les récifs frangeants littoraux ou côtiers se caractérisent essentiellement par l'absence de zone lagunaire: le platier débute directement sur le littoral.

Les Maldives

Les Maldives occupent une place prépondérante, parmi les principales zones récifales de l'Océan Indien; l'archipel se compose de près de 1200 îles d'origine corallienne, dont certaines de dimensions infimes, et qui ne s'élèvent qu'à quelques mètres à peine au-dessus du niveau de la mer. Pour la plupart d'entre elles, elles s'égrènent telles les perles d'un collier, en 22 formations circulaires, de dimensions variables, qui portent le nom d'atolls. Dérivé du mot d'origine locale "atolu", un atoll désigne une "couronne" de plusieurs îles madréporiques proches. A l'instar de l'archipel voisin des Laquédives, les Maldives n'existeraient pas sans l'action de minuscules organismes coralliens, les madrépores, qui ont la faculté de sécréter un squelette fait de carbonate de calcium. Ces deux archipels se situent à la surface d'une dorsale, jadis rattachée à la bordure du bouclier indien, puis qui s'en est individualisée et s'est enfoncée dans les profondeurs océaniques. Le plancher de cette dorsale se situe actuellement par 3000 à 4000 m sous la surface. Si l'archipel des Maldives s'étend sur environ

900 km du nord au sud pour 130 km de large, la surface des terres émergées n'excède pas 300 km².

La différence essentielle qui distingue un atoll d'un récif frangeant réside principalement dans son indépendance du continent: un atoll est une formation typiquement océanique, dont toutes les structures, tous les sédiments qui le composent sont d'origine strictement corallienne (on parle de "sable corallien"), voire produits par d'autres occupants biologiques du récif. Par ailleurs, un atoll ne possède ni face continentale ni face littorale: le front récifal circulaire dans lequel il se résout le cerne de toutes parts.

Les atolls (tels l'Atoll Ari ou l'Atoll Male du Nord), qui renferment toujours une lagune d'une profondeur comprise entre 30 et 80 m de profondeur, constituent le type récifal le plus complexe. La profondeur de la lagune est manifestement étroitement dépendante du diamètre de l'atoll. Celui-ci varie d'1 km à peine à 70 km pour le plus étendu de tous, à savoir celui de Suvadiva, qui se situe à l'extrémité méridionale de l'archipel, et dont l'anneau circulaire délimite une lagune d'une surface de 2240 km². Archétypiquement, la lagune est cernée par une couronne récifale intégrale, aux parois verticales, et dont le tombant externe peut s'enfoncer à plusieurs centaines, voire plusieurs milliers de mètres de profondeur. Cette lagune est toujours en contact avec le milieu océanique grâce à l'existence d'une ou plusieurs passes et chenaux, sauf sur les atolls de dimensions très réduites. Le flux et le reflux des marées y engendrent parfois des courants violents. Le type **faro** constitue une variante particulière de la configuration d'un atoll. Il s'agit plutôt d'un **pseudo-atoll**, dont la la forme est typique d'un atoll, et dont le diamètre n'excède pas un kilomètre, mais qui est lui-même situé à l'intérieur de la lagune d'un atoll de plus grand diamètre. Ces pseudo-atolls, ou faros, possèdent également une lagune (ou lagune insulaire) de faible profondeur. La majorité des îles des Maldives sont de ce type.

La théorie la plus pertinente expliquant l'existence aux Maldives de systèmes d'atolls imbriqués avec leurs îles coralliennes est attribuée à Hans Hass. Cette théorie s'appuie sur les règles régissant la croissance des organismes coralliens: les colonies croissent en direction de la surface, mais se propagent également latéralement. A mesure que le diamètre s'accroît, les conditions de survie pour les polypes les plus centraux se dégradent, de façon comparable à ce qui se produit pour ceux qui ont colonisé la zone littorale d'un récif frangeant: ces colonies finissent par mourir. Plus le diamètre de la formation corallienne s'accroît, plus celui de la zone centrale morte gagne en surface. A marée basse, l'eau stagne dans cette zone, qui adopte progressivement une forme circulaire; elle exerce une certaine pression sur le fond de la lagune, à laquelle se conjuguent divers processus d'érosion: la lagune acquiert une profondeur sans cesse croissante, proportionnelle à la progression vers l'extérieur de la ceinture corallienne. Au fil du temps et sous l'action des tempêtes, il arrive que la ceinture se brise en un ou plusieurs endroits: les passes ainsi générées autorisent le renouvellement de l'eau emprisonnée dans la lagune: ces apports d'eau du large stimulent dès lors la reprise du développement des organismes coralliens implantés à l'intérieur de la ceinture; le processus de genèse décrit plus haut peut alors se répéter depuis le début.

Quant aux îles, leur apparition s'explique par l'apparition de bancs de sable et de divers éléments rocheux, formés sous l'action des tempêtes, et sur lesquels quelques temps après des plantes pionnières vont se fixer et se développer.

Les atolls accueillent des biotopes grossièrement semblables à ceux qui caractérisent les récifs frangeants. Il faut néanmoins établir des distinctions entre les lagunes d'atoll et les lagunes insulaires (de faro) : ces dernières sont généralement bien protégées et considérablement moins profondes. Enfin, les **récifs externes** constituent eux aussi un cas particulier: situés en bordure des atolls, ils s'ouvrent sur le large, et leurs tombants accèdent à des profondeurs souvent considérables.

La perception sensorielle des poissons

Le succès évolutif considérable des poissons est dû, sans conteste, à leur mode de vie particulier: bien que très variable d'un groupe à l'autre. Ce mode de vie, lorsqu'on l'analyse en détail, conserve néanmoins un certain nombre de points communs à l'ensemble des espèces.

Contrairement à la majorité des autres vertébrés marins, les poissons (à quelques rares exceptions près) ont la faculté de se mouvoir durablement à grande vitesse. La nage rapide constitue une spécialisation qui confère aux poissons leur supériorité sur la majorité des autres organismes marins, car elle constitue une base nécessaire au comportement de prédation. Il faut en effet souligner qu'une majorité d'espèces actuelles se nourrit aux dépens d'autres animaux, qu'il s'agisse d'invertébrés ou d'autres poissons. Un nombre comparativement faible d'espèces a adopté un mode de vie strictement herbivore.

Ces deux facteurs que constituent d'une part la mobilité dans l'espace, de façon active et avec vélocité, ainsi que l'existence de régimes alimentaires parfois largement diversifiés, reposent sur l'existence de perceptions sensorielles très perfectionnées.

Car il leur faut pour cela être en mesure de s'orienter avec précision dans l'espace, pour pouvoir, à titre d'exemple, évoluer sur un récif corallien tropical sans se heurter à tous les obstacles rencontrés. Il leur faut être en mesure de repérer, puis d'identifier leurs proies, qui elles-mêmes développent fréquemment des stratégies mimétiques performantes. Lorsque ces dernières sont elles aussi capables de fuir avec rapidité, il est nécessaire de réagir vite et de se lancer à leur poursuite. Mais cela est pourtant encore loin d'être suffisant: dès lors qu'un poisson quitte sa cachette protectrice, et évolue dans le milieu pélagique, attirant l'attention de prédateurs sur lui, encore lui faut-il être en mesure de reconnaître à temps une éventuelle attaque et en réchapper.

Le fonctionnement et la performance des organes sensoriels des poissons sont étroitement liés au mode de vie caractérisant telle famille, voire telle espèce donnée.

Une part prépondérante de stimuli sensoriels, chez les poissons, est de type visuel; ces stimuli sont fournis par les yeux. Les informations visuelles sont utilisées à des fins très diverses: quête alimentaire, intégration de l'individu au sein d'un banc, reconnaissance d'un prédateur, navigation, adaptation des coloris corporels à ceux de l'environnement ... etc...

La structure des globes oculaires des poissons est très semblable à celle que l'on observe chez les autres vertébrés. L'iris, en revanche, présente la particularité d'être sphérique, et non lenticulaire, comme chez les animaux terrestres. La cornée, qui se trouve devant l'iris et le protège, possède un indice de réfraction proche de celui de l'eau: la réfraction y est donc très faible. La formation de faisceaux lumineux parallèles, dont dépend la netteté de l'image au niveau de la rétine, est presque intégralement assurée par l'iris sphérique.

Autre particularité de l'iris des poissons: celui-ci possède une forme invariable, et non déformable. L'accommodation de l'oeil, qui sert à distinguer avec netteté des objets situés à des distances variables, n'est pas réalisée, comme chez l'être humain, par des déformations de l'iris. Ce mécanisme est remplacé chez les poissons par la faculté de faire varier l'écart qui sépare l'iris du film cellulaire photosensible tapissant la rétine, et cela grâce à des muscles spéciaux.

Comment les poissons "voient"-ils? Quelle est leur perception visuelle du monde qui les entoure? Pour répondre à ces questions, nous prendrons l'exemple des poissons-faucons (cirrhitidés).

A l'instar de nombreux autres poissons, les cirrhitidés ont des perceptions visuelles de leur environnement radicalement différentes des nôtres. L'être humain est en effet capable de distinguer aussi bien les couleurs que les formes et les mouvements. Les cirrhitidés, quant à eux, ne perçoivent visuellement que les mouvements. Voici, en schématisant, ce que cela implique. Un poisson-faucon, immobile sur son support, ne perçoit aucun des objets inanimés qui constituent son environnement: pour lui, ceux-ci composent une sorte d'arrière-plan uniforme. En revanche, les mouvements effectués par une proie seront immédiatement détectés: ils se détachent nettement de ce fond uniforme. La perception de tous les détails de cet environnement serait plutôt un inconvénient qu'un avantage, car les mouvements de la proie seraient alors systématiquement moins nettement perceptibles.

Mais dans ce cas, comment les poissons-faucons reconnaissent-ils leur repaire? Et comment font-ils pour y retourner après avoir fondu sur leur proie, s'ils ne perçoivent que les mouvements? Pour distinguer des objets inanimés, il faut que l'oeil du cirrhitidé, voire son corps tout entier, soit en mouvement. Ainsi, lorsque l'animal se déplace, l'environnement du poisson se déplace, si l'on considère l'oeil du poisson comme référenciel. La même chose se produit lorsque l'animal est au repos mais que ses yeux sont en mouvement. Ces poissons peuvent donc percevoir des objets inanimés de leur environnement. On s'aperçoit que ce qui, à première vue, semblait en inconvénient, est en réalité un gros avantage qui permet d'améliorer la vision et le repérage des proies potentielles: ce type de vision est très répandu dans le règne animal, et pas uniquement chez les poissons.

Il faut également souligner que le panorama de vision d'un poisson est largement plus étendu que le notre. Les globes oculaires, de par leur insertion généralement haute, permet non seulement de regarder vers l'arrière, mais surtout dans presque toutes les directions. Ceci explique les difficultés qu'éprouve toujours un photographe sous-marin à approcher un sujet convoité suffisamment près: le poisson perçoit toujours les manoeuvres d'approche, en dépit des tentatives sous les angles les plus divers.

Chez de nombreux poissons, l'olfaction et l'odorat sont des perceptions sensorielles de première importance, qui leur permettent essentiellement de repérer et de reconnaître leurs aliments, mais qui servent en outre à l'orientation; c'est le cas des saumons qui sont capables, au terme de plusieurs années passées en mer, de retrouver les eaux dans lesquelles ils sont nés. Cela étant, cette perception sensorielle est encore relativement méconnue chez les poissons. Contrairement à l'être humain, les organes sensoriels ne sont pas concentrés au niveau de la face (bouche et nez): ils sont disséminés sur toute la surface du corps. La concentration maximale est atteinte au niveau de la cavité buccale, des replis labiaux et des barbillons. Chez les grondins, ces organes se concentrent également au niveau des nageoires pectorales. Quant à l'odorat des requins, il est aujourd'hui d'une sensibilité légendaire, puisqu'il permet à l'animal de détecter des quantités infinitésimales de sang dans un volume d'eau, et ainsi de localiser à grande distance la présence d'un animal blessé.

Outre les capacités visuelles et olfactives, diversement développées en fonction des espèces, les poissons sont dotés d'un organe sensoriel supplémentaire: la ligne latérale, qu'ils sont les seuls à posséder si l'on fait exception des amphibiens, plus exactement de leurs larves, les têtards. Il s'agit là d'un organe tactile, qui permet aux poissons de percevoir à distance les courants ainsi que les ondes de pression engendrées par les mouvements d'autres organismes. En outre, la perception de leurs propres ondes, réfléchies contre les obstacles environnants, autorise une orientation précise dans l'espace. A l'instar des organes visuels, la ligne latérale sert donc à l'orientation, à la navigation, au repérage et à la reconnaissance des proies, à l'identification des prédateurs potentiels, à l'intégration de l'individu au sein d'un banc de poissons et à tout type d'orientation dans l'espace. Cette ligne court le long des flancs de l'animal; la plupart du temps, elle se présente sous la forme de pores alignés, visibles de la tête à la queue.

Certains poissons, tels les requins, disposent en outre d'un organe sensoriel capable de percevoir les champs électriques produits par tout être vivant. Cet organe électrique sert essentiellement à la localisation et à l'identification des proies.

Les changements de sexe chez les poissons

Contrairement à ce que l'on observe chez les mammifères et les oiseaux, chez lesquels le sexe de tout individu est déterminé à l'instant de la fusion des gamètes mâle et femelle, et demeure immuable toute sa vie durant, nombreuses sont les espèces de poissons marins qui possèdent dans leur matériel génétique simultanément des informations propres au sexe mâle et au sexe femelle, et qui pourront donc changer de sexe au cours de leur existence, plusieurs fois dans certains cas. Bien souvent, la détermination du sexe, plus exactement le processus de mutation sexuelle est induit par des facteurs biotiques, notamment sous l'influence de l'environnement. Pour cela, la nature a prévu diverses stratégies. Le mode de mutation sexuelle certainement le plus répandu est celui qui se manifeste chez les majorité des serranidés, des labridés, des scaridés et des kiphosidés. Au terme de la phase juvénile, tous les sujets sont des femelles; par la suite, ils se muent en sujets mâles, ce stade semblant correspondre au but ultime de leur existence. La plupart des serranidés, dont les mérous, capables pour les plus grandes espèces d'atteindre une longueur de deux mètres voire davantage, atteignent le stade de la maturité sexuelle approximativement à l'âge de 3 ans: ils sont tous de sexe femelle. Entre leur cinquième et leur dixième année d'existence, en fonction des espèces, la mutation sexuelle intervient et tous deviennent des mâles. Chez les scaridés et les labridés, deux familles regroupant des espèces dotées de somptueux coloris, la mutation sexuelle s'accompagne de spectaculaires bouleversements de la livrée.

Ligne latérale d'un surmulet (Parupeneus sp.), coloration nocturne.

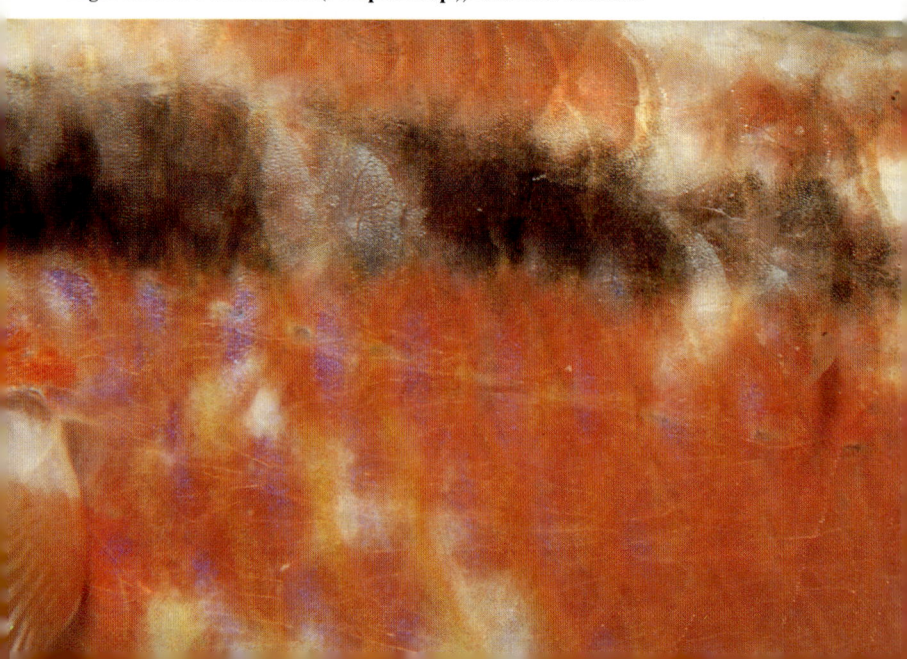

La plupart de ces espèces ont deux types de représentants: ceux arborant une livrée femelle et qui sont de petite taille, et d'autres, en nombre nettement inférieur mais également de dimensions supérieures, parés de livrées mâles. Nombre de labres tropicaux, dont notamment l'espèce *Cheilinus undulatus*, ou labre Napoléon, capable de mesurer jusqu'à 2 mètres de longueur à l'âge adulte, acquièrent lors de la mutation sexuelle qui les transforme en mâles une livrée caractéristique, complétée d'une bosse frontale nettement exprimée.

L'avantage d'une telle stratégie est la suivante: tout individu tend vers le but d'établir une descendance aussi nombreuse que possible. Attendu que les grands mâles dominants sont généralement seuls à se reproduire, un petit sujet femelle possède considérablement plus de chances de transmettre son patrimoine génétique et de produire une descendance plus importante. Si l'individu parvient à une taille critique lui permettant de s'imposer face aux sujets dominants, ses chances de produire une nombreuse descendance en tant que mâle sont meilleures.

Chez les poissons-clowns composant le genre *Amphiprion*, la mutation sexuelle se déroule selon des modalités radicalement différentes. Les sujets des deux sexes arborent des livrées identiques. Contrairement aux familles précédentes, ce sont ici les sujets les plus jeunes et les plus petits qui sont de sexe mâle; quant aux individus à la fois plus grands et plus corpulents, il s'agit essentiellement de femelles. Chez ces poissons, la mutation sexuelle n'est pas conditionnée par l'âge des sujets: ce phénomène dépend du degré de compétition des individus entre eux (facteurs d'environnement externe). Lorsqu'une anémone est occupée simultanément par plusieurs sujets de même espèce, l'animal dominant, de dimensions supérieures, est invariablement une femelle; les autres, plus petits, sont des mâles. Mais si la mort du dominant survient, s'il est par exemple victime d'un prédateur, la hiérarchie au sein de la communauté de mâles subsistante est profondément bouleversée: le sujet mâle de plus haut rang dans la hiérarchie, donc le plus gros, voit disparaître ses vésicules séminales; il acquiert du poids et grossit très distinctement, jusqu'à être en mesure de produire des oeufs fécondables au terme d'un laps de temps de l'ordre de 4 à 9 semaines. Il s'est donc mué en femelle parfaitement fonctionnelle qui, à l'instar de la précédente, règne en tyran impitoyable sur sa communauté de sujets mâles. Ce sont donc les "femmes" qui portent culotte. En effet, un mâle ne demeure mâle que lorsqu'il subit les aggressions perpétrés par un individu supérieur qui le domine. Si ces aggressions viennent à s'interrompre, la métamorphose survient, mais reste néanmoins réversible. C'est ainsi que si deux femelles s'affrontent pour la conquête d'une anémone, la moins imposante et la moins puissante ne tarde pas à se muer à nouveau en individu mâle.

Dans cette stratégie, l'intérêt biologique n'est pas moins évident que dans la précédente. Les poissons-clowns, incapables de subsister en dehors de la protection de leur anémone, ne peuvent prendre le risque de quitter leur symbionte au motif qu'elles y cohabitent avec un sujet de même sexe au lieu des partenaires sexuels attendus: la recherche d'une anémone hébergeant le partenaire sexuel adéquat, vu le nombre considérable de prédateurs, représente un risque inconsidéré. Cette stratégie revient à permettre aux individus de former des couples, quand bien même deux sujets de même sexe se rencontreraient sur une même anémone. Si d'autres sujets viennent à coloniser cette hôte, l'espace y étant limité, le développement des dominés se voit judicieusement inhibé jusqu'à ce que ceux-ci puissent acquérir quelque utilité. Le fait même que les femelles soient d'une taille double de celle des mâles, et soient ainsi capables de produire d'autant plus d'oeufs, est une encore une autre astuce de la nature contribuant à permettre à un nombre aussi élevé que possible de juvéniles d'entamer leur combat pour la survie et de participer à la perpétuation de l'espèce.

Outre les familles de poissons évoquées ci-dessus, on rencontre encore bien d'autres familles ou espèces chez lesquelles le principe de mutation sexuelle est connu. Des informations plus détaillées sont fournies dans chaque fiche traitant les espèces sélectionnées dans l'ouvrage.

Comment dorment les poissons ?

Les récifs coralliens tropicaux grouillent d'une richesse incommensurable, pas uniquement par la diversité des espèces, mais également par le nombre d'individus qu'on y rencontre. D'où la question qui vient tout naturellement à l'esprit: que font tous ces poissons durant la nuit? De fait, il s'agit-là d'une question essentielle de survie, tant pour l'individu que pour l'espèce en tant qu'unité biologique.

Mais suivons le cours naturel des choses! A l'approche de la nuit, le récif est le théâtre d'une activité fébrile: les espèces diurnes tentent une dernière fois de se rassasier, se font déparasiter une dernière fois par quelque nettoyeur, et se mettent fébrilement en quête de leurs quartiers nocturnes. Nombre d'espèces restent fidèles nuit après nuit, au moins un certain laps de temps, au même site de repos nocturne. Dans le même temps, les espèces nocturnes s'extirpent de leurs refuges et se préparent à la nuit.

La raison de cette activité fébrile tient au comportement de certains poissons prédateurs, plus exactement chasseurs, tels les mérous, les requins, les murènes et autres scorpènes qui mettent cette période à profit pour prélever l'essentiel de leur tribut. Nombre de ces prédateurs demeurant actifs dans l'obscurité la plus totale, leurs proies potentielles ont intérêt à trouver un site aussi sûr que possible. Mais le moment de la quête est lui aussi absolument essentiel. Si le sujet cherche un abris trop tôt, il court le risque d'être victime d'un prédateur, à la faveur des derniers rayons du soleil. Si, à l'inverse, le poisson regagne trop tard son site de repos, il y a de fortes chances pour que celui-ci soit déjà occupé par un autre individu, et il sera difficile d'en trouver un autre aussi sûr. Au cours de l'évolution, chaque espèce a élaboré et développé des comportements de sommeil aussi divers qu'originaux.

Les "clowns" de petite taille, membres du genre *Amphiprion*, demeurent la journée durant au voisinage immédiat de l'anémone à laquelle ils sont associés; en cas de danger, et uniquement dans ces conditions, ils ne s'enfoncent que superficiellement au sein de la masse de tentacules du partenaire. De nuit, en revanche, ils disparaissent quasi-intégralement au milieu des tentacules protecteurs, au point d'être difficilement repérables. Les tentacules urticants leurs procurent donc une protection de première efficacité, qui les met efficacement à l'abri des prédateurs nocturnes et crépusculaires.

Les serrans nains qui composent le genre *Anthias* évoluent de jour en pleine eau, aux abords immédiats du récif, y capturant le plancton dont ils se nourrissent. A la moindre alerte, ils se replient vers le récif et disparaissent dans de petites anfractuosités, voire entre les ramifications de certains coraux. De nuit, la même stratégie est appliquée. Protégés au sein de l'entrelac des ramifications coralliennes, logés au fond d'excavations ou d'anfractuosités, ils se mettent ainsi à l'abri des attaques de prédateurs éventuels. Nombre d'autres espèces de poissons cherchent protection au sein de ce type d'abris, fissures et grottes, qu'ils utilisent également de jour en cas d'alerte. C'est notamment le cas des poissons de la famille des balistidés et des monacanthidés. L'espèce *Thalassoma klunzingeri*, baptisée girelle arc-en-ciel, s'observe de nuit elle aussi repliée au fin fond de profondes anfractuosités. Mais d'autres espèces de labres se contentent de s'enfouir de nuit dans le sable, se soustrayant ainsi à la vue des prédateurs. Chez l'espèce *Cirrhitichthys oxycephalus*, le poisson-faucon tacheté, il semble qu'il existe des différences de comportement de repos d'un individu à l'autre. Un certain nombre de sujets furent observés passant la nuit dissimulés au sein de ramifications coralliennes, tandis que d'autres se contentaient de se poser relativement à découvert sur le fond ou à la surface de ramifications coralliennes. En outre, un certain nombre d'individus arborait une livrée à dominante rouge, dans des tons nettement plus intenses qu'en journée. On ignore encore l'explication au phénomène qui permet à ces poissons-faucons de passer la nuit aussi impunément à découvert.

Chez les diverses espèces de la famille des poissons-ballons, qui se posent elles aussi de nuit à découvert sur le fond, l'explication de ce comportement est beaucoup plus évidente. En effet, la plupart d'entre eux possèdent un venin, qui les met à l'abri de la plupart des prédateurs, même exposés en pleine lumière. Par ailleurs, ils jouissent de la capacité de se "gonfler" en cas de danger, ce qui constitue un réflexe supplémentaire de défense contre les prédateurs. Nombre d'espèces de cette famille jouissent d'une livrée nocturne particulière. Ainsi, *Arothron diadematus*, le poisson-ballon masqué, à titre d'exemple, revêt une coloration marbrée sombre, et la bande caractéristique masquant les globes oculaires disparaît. De la même façon, les membres du genre *Canthigaster*, dotés d'un museau pointu et de la même capacité que leurs proches parents de se "gonfler" en cas de danger, arborent des coloris marbrés à dominante sombre qui estompent les contours de leur silhouette et participent ainsi à leur camouflage. Eux aussi passent toute la phase nocturne posés à découvert à même le substrat, et sécrètent alors des substances épidermiques destinées à décourager d'éventuels prédateurs; ces comportements de repos affranchissent ces poissons de l'obligation de rechercher des sites abrités.

On observes des stratégies similaires chez les différents poissons-lapins (siganidés): ils sont notamment dotés de rayons dorsaux venimeux, qu'ils tiennent en position érigée durant la nuit. En outre, ils se parent d'une coloration nocturne particulière qui sert à leur camouflage, en estompant les contours de leur silhouette.

La quasi-totalité des espèces que nous venons d'évoquer jouissent ainsi d'un bon niveau de protection face à d'éventuels prédateurs, soit en raison de leur toxicité, soit de leur incomestibilité pour des carnivores. Il est intéressant de remarquer que ces poissons pratiquent un sommeil relativement "profond": la lumière d'un projecteur ne suffit pas à les déranger. Mais si l'on parvient malgré tout à les tirer de leur sommeil, ceux-ci se mettent à virevolter de façon incontrôlable, éblouis par la lumière, et heurtent les obstacles qu'ils rencontrent; il leur faut un laps de temps considérable pour retrouver leurs esprits et être à nouveau en mesure d'organiser leur fuite.

Chez les trois exemples suivants, il en va encore tout autrement. Le poisson porte-enseigne *Zanclus cornutus* (zancle cornu, idole des Maures) prend son repos nocturne à découvert au-dessus du fond, abrité sous des surplombs rocheux ou dans l'espace intersticiel entre de grandes colonies coralliennes ou blocs rocheux. La coloration des individus évolue alors en négatif: les zones claires deviennent foncées ou adoptent des teintes voilées ou grisées. Quant à l'espèce *Alutera scriptus*, le poisson-lime écriture, il évolue de nuit également dans le domaine pélagique, mais sans jamais s'éloigner outre mesure d'une paroi rocheuse ou de tout autre substrat; sa coloration arbore alors des marbrures nettes. Enfin, les surmulets ou poissons-chèvres du genre *Parupeneus* se posent la nuit sur les fonds sableux bien à découvert, adoptant une coloration nocturne à dominante beaucoup plus nettement rouge que de jour (Cf photo p. 16).

Aucun des trois exemples évoqués ne jouit de la protection d'un venin ou d'une toxine les rendant incomestibles, et ces poissons ne recherchent jamais des sites nocturnes tels que des anfractuosités ou des grottes, voire encore l'entrelac des ramifications de coraux, susceptibles d'offrir une protection efficace. C'est pourquoi les espèces composant ces trois familles se caractérisent par un sommeil très léger: de très faibles stimuli lumineux ou des ondes de pression générées par un mouvement d'approche suffisent à les réveiller et à provoquer leur fuite.

Le comportement de repos des poissons-perroquets de la famille des scaridés est radicalement différent. A l'approche de l'obscurité, il n'est pas rare de voir l'ensemble des congénères occupant un même territoire se rassembler sur un fond sableux exposé ou de nature semblable. Ils se montrent alors extrêmement fébriles, et il devient impossible de les approcher à moins de plusieurs mètres. Lorsque l'obscurité est totale, chaque

Poisson-perroquet endormi

individu regagne un site de repos attitré, que chacun d'entre eux fréquente souvent sur d'assez longues périodes. Chez les espèces de dimensions limitées, il s'agit souvent d'anfractuosités, tandis que les plus grandes se contentent de se poser à même le substrat, appuyant leur tête ou l'un des flancs contre une colonie corallienne ou un bloc rocheux, et passent la nuit dans cette position. On observe néanmoins chez de nombreuses espèces de scaridés un bien curieux manège, qui survient quelques temps après la tombée de la nuit. Le courant d'eau au contact des branchies produit une sécrétion mucilagineuse, qui sera par la suite expulsée par l'orifice buccal ainsi que par les fentes branchiales; l'accumulation forme autour du corps du poisson et à sa périphérie une sorte de cocon protecteur, pendant toute la durée de son sommeil. On pourrait penser qu'il s'agit-là d'une "barrière olfactive", destinée à préserver le poisson des prédateurs qui s'orientent à l'odorat, ce qui est le cas de la murène. En réalité, ce cocon correspond plutôt à une enveloppe d'isolation chimique: en cas de contact avec une murène, cette enveloppe inhibe le réflexe de morsure par le prédateur.

Ce comportement original s'observe également chez de nombreux labridés. Quant aux "perroquets" qui se logent à l'intérieur d'anfractuosités, on les rencontre fréquemment sur les plateaux imbriqués de colonies de coraux tabulaires, posés flanc contre flanc, comme sur des lits superposés.

Pour nombre de poissons grégaires se pose un autre problème. Si la formation en banc constitue de jour une protection efficace contre les prédateurs, elle peut mener à la destruction de la communauté si celle-ci vient à être découverte de nuit par un prédateur: c'est pourquoi la plupart des bancs se désagrègent à la tombée de la nuit, et chaque individu recherche seul un site de repos nocturne. Ainsi, dans le pire des cas, un prédateur s'en prendra-t-il à des individus isolés, sans porter atteinte à l'ensemble de la communauté. Dans la plupart des cas, ces poissons grégaires arborent une livrée nocturne particulière qui leur permet de se camoufler. Chez les caesionidés, la livrée nocturne se caractérise par des tons rouges plus affirmés, tandis que chez l'espèce *Fistularia commersonii*, la livrée se réduit à une "chemise de nuit annelée". Finissons en évoquant certains représentants de la famille des chétodontidés. La majorité des espèces cherchent protection à l'intérieur d'anfractuosités ou d'abris similaires, et adoptent des coloris nocturnes aux tons voilés, globalement plus sombres. Chez *Chaetodon trifascialis*, le chétodon à chevrons, la livrée évolue spectaculairement à la tombée de la nuit: la moitié supérieure du corps se teinte de sombre et se complète de deux ocelles très contrastés; notons que cette livrée se manifeste parfois en journée chez ces poissons, lorsque ceux-ci sont apeurés. Pour autant, il s'agit plus d'une livrée crépusculaire que véritablement nocturne. Elle joue un rôle dans la reconnaissance mutuelle des congénères au cours de la phase crépusculaire, mais sert aussi à effrayer les prédateurs potentiels.

Les différents types d'association entre espèces au sein du récif

Les récifs coralliens tropicaux comptent parmi les biotopes les plus riches qui soient sur la terre, que ce soit au point de vue de la diversité des espèces ou sous l'angle de la biomasse pure. Sur un territoire très limité cohabitent d'innombrables animaux appartenant à des espèces très différentes et représentant l'ensemble du règne animal. Chacun d'entre eux, quelle que soit son espèce, se voit quotidiennement confronté au même problème: il lui faut se nourrir tout en se préservant lui-même de l'un de ses nombreux prédateurs potentiels. Cette dernière tâche est loin d'être évidente si l'on sait que nulle part ailleurs la promiscuité entre prédateurs et proies n'est supérieure à ce qu'elle est dans les récifs tropicaux. Dévorer ou être dévoré: c'est à cela que se résume, sans aucun compromis possible, la survie en milieu corallien. Car même entre membres d'une même espèce, la compétition qui s'établit pour la conquête de la nourriture, des territoires disponibles, pour la reproduction et sur bien d'autres plans encore, est souvent sans merci.

Pourtant, il existe des situations intermédiaires! En effet, un certain nombre d'espèces animales a opté pour la coopération, tentant ainsi de remporter le combat pour la survie en mettant à profit l'aide apportée par une autre espèce animale. Parmi celles-ci, on compte de nombreux poissons. Pour la plupart d'entre eux, le partenaire choisi n'est pas un de leurs semblables, mais un représentant d'un groupe autrement plus vaste: celui des invertébrés. Ces associations animales entre espèces différentes constituent les sujets d'observations les plus attrayants qui soient dans les biotopes coralliens.

Dans ce contexte, il convient de distinguer trois cas de figures différents. Tout d'abord la **symbiose**, qui se définit comme une association apportant aux deux partenaires un bénéfice réciproque. Ensuite la **carpose**, dans laquelle seul l'un des partenaires jouit d'un bénéfice, mais sans néanmoins causer le moindre préjudice au partenaire. Enfin le **parasitisme** dans lequel l'un des partenaires cause un préjudice à l'autre. Mais parfois, il existe des formes transitoires d'association entre ces différents cas de figure.

Lorsque des partenaires associés ne sauraient subsister l'un sans l'autre, hors du cadre de l'association, on parle de **relation obligatoire**; l'association est également considérée comme obligatoire lorsque seul l'un des partenaires y est astreint. Dans le cas inverse, l'association est qualifiée de **facultative**.

Parmi les poissons vivant en association de type carpose avec d'autres animaux, on compte les gobies nains corallicoles du genre *Bryaninops*: ceux-ci vivent à la surface d'un hôte (coraux cornés, barbelés ou madréporaires), sans toutefois dépendre de son activité: il s'agit d'une forme particulière de carpose, qu'on appelle **symphorisme**. Les gobies *Bryaninops* appartiennent à la catégorie des symphoriontes évoluant librement à la surface de leur hôte.

Quant à la **parécie**, il s'agit encore d'un forme particulière, qui se définit comme une relation de promiscuité offrant à l'un des partenaires une protection ou une disponibilité accrue en éléments nutritifs. L'archétype de ce genre d'association est celle qui unit les alevins de poissons à des méduses ou d'autres cnidaires. C'est également le cas de divers poissons dont *Dascyllus trimaculatus*, la demoiselle à trois points, dont les juvéniles s'associent à diverses espèces d'anémones. Autre cas particulier de la parécie: l'association trophique qualifiée de **commensalisme**. Une espèce animale utilise à son propre profit la quête alimentaire d'une autre espèce et l'absorption des proies; ce faisant, elle valorise ses restes, des fragments trop insignifiants ou encore mis en suspension dans le courant, et ainsi hors de portée ou inexploitables par le sujet actif. Dans les récifs tropicaux, ce comportement alimentaire s'observe chez de nombreux poissons, qui complètent ainsi leur ordinaire. Les "pourvoyeurs" involontaires sont essentiellement les poissons qui se nourrissent à même le sol ou le creusent pour mettre à jour leurs proies. Ce groupe se compose outre des rougets et grondins, de nombreuses espèces de raies et de grands balistes. Quants aux commensaux, ils regroupent nombre d'espèces appartenant à des familles très diverses.

Lorsque l'on plonge de nuit, il est possible d'observer une association commensale très particulière, le plongeur faisant alors lui-même office de pourvoyeur. En effet, sur certains sites fréquentés par les plongeurs, certains prédateurs se sont spécialisés dans la capture de poissons endormis, furtivement éclairés par les faisceaux des spots utilisés lors des plongées nocturnes: quelques fractions de seconde suffisent. Sur Ellaidhoo, dans l'atoll de Ari, c'est le cas de certains lutjans de l'espèce *Lutjanus monostigma*, que l'on observe de nuit évoluer fébrilement entre les plongeurs qui se rendent dans la zone des tombants.

L'une des **symbioses** les mieux connues est l'association des poissons-clowns du genre *Amphiprion* et de diverses espèces d'anémones de mer (actinies), que l'on observe sur la quasi-totalité des sites de plongée. Autre symbiose très courante et facile à observer: celle qui unit certains gobies-vigies, appartenant à plusieurs genres, et des crevettes-pistolets, classées au sein du genre *Alpheus*.

Quant au **nettoyage ou déparasitage**, il s'agit là encore d'un cas particulier de symbiose: ce comportement est le fait d'organismes qui tirent leur subsistance de parasites prélevés sur le derme d'autres animaux, et donc le nettoient. Pour le partenaire déparasiteur, il s'agit ni plus ni moins d'une ressource trophique régulière; quant à l'autre partenaire, il se voit ainsi débarassé de parasites néfastes, qu'il n'aurait aucun moyen d'éliminer autrement. En outre, le déparasiteur élimine fréquemment les débris alimentaires résiduels présents à l'intérieur de l'orifice buccal de son client, et entretient l'état sanitaire des blessures, favorisant leur guérison et leur cicatrisation. Le client et le déparasiteur communiquent par un "langage de signes": l'un proposant ainsi ses services, l'autre pouvant également solliciter d'être nettoyé. Généralement, le déparasiteur exerce son activité sur un site attitré, qui sera visité par le client à intervalles réguliers ou en cas de besoin. Outre les juvéniles de nombreuses espèces de poissons, qui sont des déparasiteurs occasionnels, les poissons-barbiers les plus répandus sur les récifs coralliens de l'Océan Indien et de la Mer Rouge sont *Labroides dimidiatus*, le labre-barbier, *Labroides bicolor*, le labre-barbier bicolore, les juvéniles de *Larabicus quadrilineatus*, le labre-barbier de la Mer Rouge, les juvéniles de l'espèce *Labropsis xanthonota*, ou poisson-nettoyeur à dos jaune. On a longtemps pensé que les poissons de la famille des rémoras (échénéidés), tel le rémora à bandes, se laissaient transporter par leur hôte sans aucune contrepartie. En réalité, l'analyse de leur contenu stomachal et des observations en milieu naturel ont permis de mettre en évidence une véritable activité de nettoyage au profit de leur hôte. C'est également le cas de diverses espèces de crevettes, telles que *Stenopus hispidus*, *Hippolysmata grabhami*, ainsi que d'autres, membres des genres *Periclimenes* et *Lysmata*, lesquelles se sont spécialisées dans le déparasitage des poissons. Outre les poissons qui fréquentent le milieu corallien, d'autres espèces pélagiques et hauturières (les raies mantas, à titre d'exemple) évoluent occasionnellement aux abords des récifs et fréquentent régulièrement un site de nettoyage. On a pu constater que les anilocres, de petits crustacés parasites des poissons, étaient considérablement moins répandues sur les récifs de l'Océan Indien que dans le bassin méditerranéen; cette particularité tient à l'existence de ces comportements symbiotiques de nettoyage.

Toutefois, le parasitisme est un phénomène très fréquent dans l'Océan Indien. Les blennies parasites y sont même plus répandues qu'en Méditerranée. *Aspidontus taenitus*, le faux labre-nettoyeur, en réalité une blennie, imite l'allure et le comportement du labre-nettoyeur commun, *Labroides dimidiatus*, et peut ainsi approcher sans coup férir les clients disposés à être déparasités, en les abusant: il en profite alors pour leur arracher des fragments d'épiderme et de nageoire.

Poissons dangereux et venimeux

Un grand nombre de poissons sont capables de présenter un danger pour les baigneurs et les plongeurs, soit en leur infligeant de sérieuses blessures, soit en raison de leur venimosité. Dans la majeure partie des cas il s'agira plus de réflexes défensifs que de comportements délibérément agressifs. Encore plus fréquemment, les attaques seront dues à des comportements imprudents ou inadaptés du plongeur lui-même. On distingue schématiquement d'une part les agressions de type mécanique, telles les morsures, piqûres, coupures, et d'autre part les intoxications causées par un venin, une toxine. Ces dernières font généralement suite à une injection par piqûre. Mais la consommation de poissons toxiques constitue elle aussi un danger, la toxicité de la chair pouvant avoir des origines diverses.

Toutes sortes de poissons sont capables d'infliger à l'homme des morsures. Il semble néanmoins que la plupart des victimes soient des plongeurs qui étaient en train de distribuer des aliments à des poissons, une pratique encore largement en vigueur en dépit de l'absurdité qu'elle représente. En premier lieu parce que les poissons nourris par l'homme perdent en peu de temps tout comportement de méfiance vis-à-vis de lui. En quelques temps, ils n'hésitent alors plus à assaillir le premier plongeur venu, qu'il se présente ou non dans l'intention de les nourrir, et commencent à mordre tout ce qui, de près ou de loin, ressemble tant soit peu à des aliments. Exemple: le pouce relevé vers la surface, qui est un signe de communication conventionnel entre plongeurs, peut être ainsi violemment mordu. D'autre part, on a trop souvent tendance à oublier que certains poissons sont parfaitement capables d'avaler les doigts, voire même la main entière de la personne qui les nourrit. Or les égratignures et éraflures qui en résultent -dans le meilleur des cas- connaissent une cicatrisation laborieuse. Bien souvent, le simple fait d'avoir manipulé les aliments à mains nues suffit: les poissons, notamment ceux qui s'orientent par olfaction, s'attaquent alors à l'ensemble, car ils sont incapables de différencier l'aliment et son "support". Des poissons habitués à être nourris sont capables de se montrer à la fois si voraces et nerveux qu'une séance de nourrissage, même de routine, peut très rapidement dégénérer en un indescriptible chaos, au cours duquel des morsures, parfois graves, sont monnaie courante. Indépendamment de cela, on ne saurait négliger le fait que des requins sont toujours susceptibles d'être attirés par ces distributions, et n'hésiteraient pas à profiter de l'aubaine... A ces raisons s'ajoute le fait que les aliments distribués sont presque toujours inadaptés aux besoins nutritionnels des poissons (il s'agit parfois d'oeufs durs, de fromage fondu ou autre), et peuvent occasionner certains dégâts à ce niveau. En tant que plongeur véritablement respectueux de la vie marine, il n'y d'autre choix que de s'abstenir de ce genre de pratique, dans l'intérêt des poissons, d'une part, mais également par simple mesure d'autoprotection.

La pêche sous-marine au harpon étant très peu pratiquée, voire condamnée par les plongeurs et les apnéistes respectueux de leur environnement, nous n'y consacrerons ici que quelques lignes. Nul n'ignore que le sang libéré par un poisson harponné est de nature à attirer de grands prédateurs, tels des requins. Mais un autre comportement très répandu parmi les plongeurs, expose ceux-ci à des morsures potentielles : trop nombreux sont les plongeurs qui tiennent absolument à toucher les poissons au repos ; il ne faut pas s'étonner qu'ils réagissent en les mordant. L'inconscience pousse encore certains plongeurs à introduire le bras à l'intérieur de cavités obscures, pour s'emparer d'un coquillage : une murène, qui y serait dissimulée, et ne pourrait battre en retraite, réagira à coup sûr en mordant l'agresseur pour défendre son territoire. Le risque est identique pour ceux qui ne résistent pas à l'envie de se glisser dans d'étroites galeries ou crevasses: un poisson dissimulé à l'intérieur, acculé et dans l'impossibilité de fuir, préférera attaquer le premier. Dans tous les cas de figure, on évitera donc de harceler les poissons, de quelque manière que ce soit, et de plonger la main ou le bras à l'intérieur de galeries et d'anfractuosités obscures.

Mais dans un certain nombre d'autres cas, le plongeur a l'impression d'être attaqué sans raison par un poisson. Impression superficielle en réalité: c'est ainsi que les balistes, en période de reproduction, défendent un territoire aux limites strictement établies contre toute incursion, y compris par des plongeurs. Cela étant, les nids, disposés au sol, sont généralement visibles à grande distance: mieux vaut dévier largement sa trajectoire et éviter la confrontation avec les balistes en question. Mais bon nombre de plongeurs commettent l'erreur de s'imaginer qu'il leur suffit de passer largement au-dessus du nid, négligeant cette particularité propre aux balistes de considérer toute la colonne d'eau jusqu'en surface comme partie intégrante de leur territoire, ce qui les amène à s'attaquer à des plongeurs non avertis. Pour éviter d'emblée ce genre de désagréments, il peut être utile de s'informer préventivement auprès des moniteurs de la base, et de demander si des balistes agressifs ont été repérés sur le récif que l'on souhaite explorer.

Les blessures par simple piqûre, sans injection de venin, sont nettement plus rares, mais généralement imputables aux mêmes types d'erreurs de la part des plongeurs.

Quant aux blessures par coupures, celles-ci ne sont guère imputables qu'aux représentants de la famille des acanthuridés, les "poissons-chirurgiens". Ceux-ci sont pourvus, selon les espèces, d'une épine rigide, ossifiée et rétractile, parfois de deux ou plus encore, qui sont alors non rétractiles, appelées "éperons" ou "scalpels". Ces "scalpels", tranchants comme des lames de rasoirs, atteignent chez certains spécimens plusieurs centimètres de long. En réalité, seule la tentative d'attraper un poisson-chirurgien assoupi est susceptible d'entraîner une blessure, ainsi que les réactions désordonnées des poissons induites par des distributions d'aliments.

Malgré toutes les précautions prises, des blessures par morsure, piqûre ou autre coupure sont toujours possibles; dans ce cas, il convient de s'éloigner aussitôt du lieu de l'agression, de mettre sous surveillance le plongeur blessé et de le ramener sur la terre ferme. On y procèdera immédiatement à un nettoyage et à une désinfection méticuleuse de la plaie, et on fera en sorte de stopper l'hémorragie. Pour les blessures les plus graves, on consultera un médecin dans les plus brefs délais.

Dans le cas de blessures par des espèces venimeuses, la plaie se présente toujours sous la forme d'une piqûre. Ce type d'agression est majoritairement due à la famille des scorpénidés, les "poissons-scorpions". Leurs représentants sont dotés de dards venimeux, en nombre variable selon les espèces, localisés dans les nageoires, parfois au niveau des opercules branchiaux. Parmi ceux-ci, on compte, outre les très spectaculaires rascasses, les têtes-de-dragon, les poissons-pierres et les poissons-diables, qui se distinguent par un camouflage très efficace. Un plongeur peut les toucher sans s'en rendre compte, et il n'est pas rare qu'un baigneur pose le pied dessus par mégarde. Les rayons acérés, dont la longueur varie d'une espèce à l'autre, pénètrent alors dans la peau, et le venin s'injecte passivement à l'intérieur de la blessure, sous l'effet de la pression. Pour éviter ce type de blessure, jamais inoffensive pour le plongeur, on évitera de s'agripper à quelque support que ce soit, ainsi que de s'agenouiller ou de s'allonger. Ce type de précaution prévaut de toute manière pour éviter d'endommager les coraux. Quant aux baigneurs, il leur est conseillé de porter des sandales de protection et éviter de s'allonger en bord de mer dans l'eau sans vérification préalable.

Cela étant dit, les blessures causées par les rascasses, qui sont réellement douloureuses, sont généralement dues au plongeur lui-même, soit que celui-ci tente de se saisir du poisson, soit qu'il le harcèle en l'acculant dans son repaire. Ceci peut provoquer de la part de la rascasse une réaction de riposte, tous les dards venimeux érigés en position d'attaque pour blesser l'agresseur!

Les distributions d'aliments par les plongeurs peuvent rendre les requins aggressifs.

Le premier symptôme consécutif à une piqûre, est une douleur très intense qui se propage rapidement aux zones voisines. Par la suite, en fonction des espèces et de la dose de toxine injectée, peuvent se manifester des rougeurs, des vomissements, de la tachycardie, des sensations de vertige, des difficultés respiratoires et circulatoires, parfois même un arrêt cardiaque.

Le venin des scorpénidés se compose de protéines complexes, à structure thermosensible. Il est donc inactivé par la chaleur; c'est pourquoi nombre d'auteurs préconisent en premier secours la méthode des appliques d'eau chaude. Celle-ci consiste à baigner le membre atteint dans une eau portée à une température aussi élevée que possible, en fonction de ce que l'individu est capable de tolérer, ou à défaut en appliquant dessus des compresses chaudes. Mais cette méthode n'est toutefois pas dénuée de risque. Selon l'ouvrage "Gifttiere" (Animaux venimeux) du Professeur D. Mebs, " l'action de la température sur les tissus ne serait efficace que dans le cas de membres à épiderme fin ou dotés d'une masse tissulaire faible, tel qu'un doigt". Le Prof. D. Mebs déconseille formellement le recours à cette méthode, en soulignant l'effet potentiellement délétère des fortes températures sur les tissus. Pour ma part, il m'a été donné de constater à plusieurs reprises les bénefices de cette méthode, qui autorise un soulagement rapide des douleurs. Quoi qu'il en soit, toute piqûre infligée par un poisson venimeux justifie une consultation immédiate chez un médecin.

Mais les raies, dont certaines espèces sont dotées d'un ou plusieurs dards venimeux érigés à l'extrémité de la partie caudale, sont elles aussi susceptibles d'infliger des blessures excessivement douloureuses, dont la cicatrisation est longue et difficile. Les victimes sont le plus souvent des baigneurs ou des promeneurs qui posent le pied dessus en eau peu profonde ou sur le littoral, alors qu'un sujet est enfoui dans le sable, voire encore des plongeurs, dans des circonstances similaires. L'animal, qui se croit agressé, se défend en fouettant violemment tout autour de lui avec sa queue. Ici encore, la plus grande prudence est de rigueur, tant de la part des baigneurs que des plongeurs, lorsqu'ils évoluent sur les fonds et les sols sablonneux.

Il existe d'autres poissons dotés de dards venimeux, notamment les plotosidés (représentants du genre *Plotosus*), sorte de silures des récifs coralliens, ainsi que les membres de la famille des siganidés, communément appelés "poissons-lapins" ou encore sigans. De plus amples informations à ce sujet sont fournies dans les pages de présentation de chaque famille et dans les fiches consacrées à chaque espèce.

Quant aux intoxications imputables à la consommation de chair de poisson marin, les touristes "normaux" sont généralement bien à l'abri; premièrement parce que la plupart d'entre eux ne poussent pas l'audace jusqu'à consommer la chair toxique de poissons-ballons (fugu), comme c'est le cas au Japon. Ensuite parce que les cas de ciguatera, dues à la consommation de poissons marins normalement comestibles, restent relativement rares. Bien que la ciguatera soit une affection répandue dans le monde entier, elle se concentre essentiellement dans les régions tropicales (Caraïbes, Océan Indien, Pacifique). Quant à l'équivalent dans les zones tempérées, il s'agit des intoxications alimentaires imputables aux mollusques lamellibranches (moules, palourdes...etc...)

Des cas de ciguatera se déclarent sporadiquement, consécutivement à la consommation de poissons généralement non toxiques en eux-même. Le plus souvent, il s'agit de poissons évoluant sur les récifs coralliens, et plus particulièrement les récifs océaniques, moins souvent sur les récifs frangeants, situés à proximité du continent. Subitement et de façon imprévisible, la chair de ces poissons devient toxique. On observe parfois une extrême localisation de l'intoxication, au point que les populations d'une baie peuvent être contaminés et "ciguatoxiques", tandis que ceux de la baie voisine ne le sont pas. Mais à l'inverse, il peut se faire que l'ensemble des poissons fixés à la périphérie d'une île entière soit toxique. Les ouvrages de références évoquent plus de 110 espèces de poissons susceptibles de transmettre la ciguatera. Quant à la ciguatoxine, elle est thermostable, et n'est pas détruite au cours de la cuisson, que le poisson soit préparé à l'eau ou sur le grill.

Selon des estimations, de 10 000 à 50 000 personnes seraient victime annuellement de la ciguatera. Les premiers symptômes se traduisent par des diarrhées et des vomissements, mais se caractérisent plus fréquemment par une série de manifestations neurologiques (goût de métal dans la bouche, sensations de picotements ou de brûlures dans la région buccale, sensations de surdité ... etc...), dont l'issue n'est que rarement fatale (0,1 à 0,5% des cas).

On a longtemps ignoré l'origine du phénomène par lequel des poissons, habituellement non toxiques, devenaient subitement impropres à la consommation, jusqu'au jour où fut identifié un dinoflagellé, une algue unicellulaire, responsable de l'intoxication. Pour des raisons encore inconnues, des reproductions massives d'algues surviennent; celles-ci, d'ailleurs, ne font pas partie du phytoplancton libre: elles vivent fixées sur d'autres macroalgues implantées sur le récif corallien. Ces dinoflagellés, ainsi que leur toxine, sont consommés par les poissons herbivores qui ingèrent ces macroalgues: c'est ainsi qu'elles intègrent la chaîne trophique. La concentration de la toxine s'accroît progressivement dans l'organisme des espèces herbivores, qui servent ensuite de proies aux prédateurs. C'est ainsi que les grands prédateurs, tels que les murènes et les barracudas, qui constituent les maillons terminaux de la chaîne, sont fréquemment particulièrement toxiques.

Il n'existe nulle protection fiable contre la ciguatera, étant donné qu'aucun critère, morphologique ou comportemental, ne permet d'identifier les sujets contaminés.

Poissons comestibles

Les poissons contribuent pour une large part à l'alimentation des populations de l'Océan Indien et de la Mer Rouge. Si certains d'entre eux sont courants sur les récifs littoraux et connus des plongeurs, la plupart évoluent en haute mer, et ne fréquente qu'exceptionnellement les récifs littoraux. En fait, un touriste a toute chance de trouver dans son assiette un poisson qu'il a pu observer en plongée, mais sous une forme si cuisinée qu'il lui est généralement impossible de l'identifier. D'où l'intérêt de demander aux serveurs des restaurants locaux quelles sont les espèces de poissons qu'ils utilisent. Généralement, ceux-ci ne sont pas avares d'explications; quant aux modes de préparation et aux matières premières employées, ils sont bien souvent tout à fait inattendus!

Les poissons servis dans les restaurants appartiennent fréquemment à la famille des carangidés ainsi qu'à celle des lutjanidés. Les barracudas, dont la chair est tout aussi goûteuse, sont également des prises régulières, que l'on retrouve préparés sous les formes les plus diverses: en grillades, en filets, accommodés au curry... etc... Parmi les espèces hauturières, il s'agit essentiellement de thons, d'espadons, de dauphins, et plus rarement de marlins bleus, eux aussi préparés sous les formes les plus diverses.

Outre ces espèces, les serrans et mérous, si appréciés des plongeurs en raison de la familiarité et de la témérité dont ils font preuve, comptent parmi les poissons les plus prisés. En dépit de cette qualité essentielle, comment réprimer un certain haut-le-coeur à l'idée de consommer des poissons aussi somptueux que sont les vieilles de corail ou mérous étoilés (*Cephalopholis miniata*), ou encore les croissants queue jaune ou loches caméléon (*Variola louti*), voire pire encore: l'un de ces poissons du récif dont on avait gagné la confiance au prix de patientes observations, de plongée en plongée...

Bien d'autres espèces coralliennes sont plus ou moins régulièrement consommées selon les

Les barracudas ont une chair très appréciée.

régions. Parmi elles, citons les pomacanthidés (poissons-empereurs), dont d'innombrables spécimens finissent sur les étals des marchés de toute la périphérie de l'Océan Indien. Notons que ces authentiques "joyaux vivants" ne sont généralement pas proposés dans les zones touristiques (peut-être avec l'intention d'épargner la sensibilité des plongeurs?)

▋ Classe des chondrichthyens (poissons cartilagineux)

Les 900 espèces formant cette classe se répartissent dans toutes les mers du globe ; un nombre assez limité fréquente le domaine corallien. Bien que descendant d'ancêtres équipés de structures ossifiées, leur squelette est toujours composé d'éléments cartilagineux. Ils se subdivisent en 3 groupes, très différents morphologiquement : celui des requins, celui des raies, ou élasmobranches, puis celui des chimères (non traité en détail dans cet ouvrage). Les élasmobranches, donc les raies et les requins, sont caractéristiquement dotés de 5 à 7 fentes branchiales ; la vessie natatoire manque. Chez de nombreux ostéichthyens, l'épiderme est densément recouvert d'innombrables excroissances denticulées et pointues : les écailles placoïdes, de formes variables en fonction des espèces. Sur le plan évolutif, on sait aujourd'hui qu'elles sont issues de plaques osseuses, primitivement assemblées en un véritable exosquelette. Ces structures sont de véritables dents, à extrémité composée de dentine, recouverte d'une pellicule proche de l'émail. La partie basale du denticule, composée d'os, forme une plaque d'ancrage dans l'épiderme. Parfois, ces denticules hérissent le corps de l'animal de dards puissants, très développés, notamment chez les raies. C'est ainsi que l'épine visible chez certains requins, le dard des raies pastenagues ou les dents qui bardent l'excroissance des poissons et des requins-scies ne sont autre que des denticules placoïdes modifiés. Quant aux crocs qui arment la mâchoire des requins et des raies, ce sont des adaptations particulières des mêmes structures.

La denture des raies et requins est dite tournante : usées ou cassées, les dents se renouvellent en permanence durant toute la vie de l'animal. En arrière de chacune d'elle se trouve une dent de remplacement orientée vers le bas, et qui est élaborée au sein d'une cavité spéciale de la mâchoire. En cas de besoin, la nouvelle dent s'érige vers le haut : aucune lacune ne subsiste dans la denture. Les dents des chondrichthyens ont des formes variées, adaptées au mode d'alimentation. Ainsi, les espèces consommant des lamellibranches et des crustacés, protégés par une carapace, sont dotées de dents broyeuses, grossièrement en forme de pavé ; les espèces piscivores sont munies de dents souvent longues et acérées, à faces lisses ; d'autres, capables de s'attaquer à l'homme, par exemple, se distinguent par des dents plates, de forme triangulaire, munies de crêtes variablement denticulées, adaptées au déchiquetage des chairs.

La fécondation interne est une autre caractéristique des chondrichthyens. Chez les ♂, la face interne des pelviennes arbore des organes copulateurs : les ptérygopodes, de forme allongée, cylindrique, en forme de pénis. Introduits lors de la copulation à l'intérieur de l'orifice génital de la ♀, ils autorisent l'intromission du sperme qui migre le long d'un canal. Bien que fréquemment ovipares, un nombre non négligeable de chondrichthyens est ovovivipare : les jeunes naissent entièrement développés ; en fait, les oeufs éclosent à l'intérieur du corps de la ♀ ; les jeunes sont libérés consécutivement. Chez les requins hauturiers, il existe même des espèces ovipares *stricto-sensu* : l'oeuf n'existe pas. A la naissance, les juvéniles subsistent grâce à une réserve vitelline. Par la suite, chez certaines espèces, le plus développé de la portée s'attaque aux autres membres de sa fratrie et les dévore ; chez ces espèces, les portées sont fréquemment limitées à deux individus.

▋ Super-ordre des squalomorphes (requins)

Les 370 espèces recensées de requins sont réparties dans le monde entier. Ce groupe très ancien peuplait les océans du globe voici plus de 400 millions d'années. La morphologie de certaines espèces a très peu évolué depuis 160 millions d'années. Globalement longilignes, leur corps est souvent fuselé, parfois plus trapu et puissant. D'autres espèces, plus rares, se rapprochent davantage des raies. Les requins s'en distinguent néanmoins nettement grâce à la position de leurs fentes branchiales, toujours localisées latéralement à l'avant du corps, généralement en avant de l'insertion des nageoires pectorales. Ils se propulsent à l'aide de leur puissante nageoire caudale.

■ *L'ordre des orectolobiformes (requins-nourrices, requins-baleines)*

Outre les requins-nourrices (vaches de mer), cet ordre intègre également les requins-baleines, et notamment le plus grand poisson actuellement en vie, *Rhincodon typus* Smith, 1828, le requin-baleine.

■ *La famille des orectolobidés (requins-nourrices, -tapis, -dormeurs)*

De morphologie relativement trapue, massive, la largeur de la tête est caractéristiquement supérieure à sa hauteur ; les globes oculaires sont très petits. Devant chaque orifice nasal s'insère un barbillon court. La nageoire caudale est très développée.

Nebrius concolor
(Rüppell, 1837)
Requin-nourrice jaune-brun

Descript.: taille adulte : 320 cm. Morphologie typique (cf. introduction) ; dos dans les tons jaunes à bruns ; face ventrale généralement dans les tons gris clair.

Conf.: le genre *Nebrius* comprend une seconde espèce (*N. ferrugineus*).

Biot.: lagunes et récifs externes, entre la surface et jusqu'à plus de 70 m de profondeur. Mer Rouge, Indo-Pacifique, archipel des Maldives inclus.

Biol.: ces requins sont de moeurs nocturnes ; de jour, ils se dissimulent (grottes, éperons rocheux). Leur régime alimentaire est à base de céphalopodes, de crustacés, de poissons, voire d'oursins. La maturité sexuelle survient à 250 cm chez les ♂, 230 cm chez les ♀ ; vivipares, leurs portées se composent de 4 jeunes, parfois plus, entièrement développés à la naissance. Provoqués, ces requins peuvent s'avérer dangereux pour les plongeurs.

■ *Ordre des carcharhiniformes (requins gris, requins baleiniers, requins-tigres)*

Cet ordre -le plus vaste de la catégorie des requins- se compose selon les auteurs de 5 à 8 familles, de 50 genres, regroupant quelque 200 espèces. La majorité de ses représentants arbore une morphologie typique des requins, notamment un museau allongé et une gueule largement fendue jusqu'en arrière des globes oculaires.

■ *Famille des carcharhinidés (requins-tigres, requins gris)*

La famille des carcharhinidés regroupe quelques-unes des espèces les plus dangereuses, et notamment capables de s'en prendre à l'homme. Ses représentants se distinguent par une insertion de la première dorsale antérieurement aux nageoires ventrales; quant au lobe inférieur de la caudale, il est bien développé.

Triaenodon obesus
(Rüppell, 1835)
Aileron blanc du lagon, requin corail

Descript.: taille adulte: 170 cm. Morphologie très fuselée; face dorsale dans les tons gris-brun à gris foncé; face ventrale dans les tons gris, clairs à argentés; les extrémités des 2 nageoires dorsales et la caudale sont colorées en blanc.
Conf.: aucune, car le genre est monospécifique.
Biot.: diverses zones récifales, depuis la surface et jusqu'à plus d'une centaine de mètres de profondeur. Mer Rouge et Indo-Pacifique, archipel des Maldives inclus.
Biol.: l'espèce se nourrit de poissons, de céphalopodes et de crustacés; les sujets s'observent fréquemment posés au repos sur le sable ou à l'intérieur de grottes. Chez les ♂, la maturité sexuelle survient au stade 100 cm, 125 cm chez les ♀. Chaque ♀ met au monde des portées de 1 à 5 jeunes achevés, dont la taille oscille entre 45 et 60 cm.

Carcharhinus amblyrhynchos
(Bleeker, 1856)
Requin dagsit, gris de récif, requin griset

Descript.: taille adulte : 250 cm. Morphologie typique des squales, puissante ; robe grise, ventre blanc ; dorsale antérieure fréquemment à extrémité blanche ; la seconde ainsi que les nageoires anale et caudale sont noires ; intrados des 2 pectorales également à pointe noire.

Conf.: genre composé de nombreuses espèces, dont certaines très similaires. *C. albimarginatus* (Rüppell, 1837), l'aileron blanc, atteint 275 cm (adulte), se distingue par ses extrémités d'un blanc argenté, tout comme les bordures postérieures de la dorsale antérieure, des nageoires caudale, pectorales et pelviennes. Chez *C. melanopterus* (Quoy & Gaymard, 1824), le requin à pointes noires, 180 cm environ à l'âge adulte, la robe d'un brun pâle est complétée de nageoires aux extrémités noires. Ces 3 espèces sont recensées en Mer Rouge et dans l'Indo-Pacifique, Maldives incluses.

Biot.: généralement les récifs externes, depuis la surface et jusqu'à plus de 200 m de profondeur.

Biol.: les requins dagsit se nourrissent essentiellement de poissons d'une taille inférieure à 30 cm, mais s'attaquent à des proies plus imposantes : céphalopodes, grands curstacés, tels que des langoustes et des crabes. C'est au stade 130-140 cm, à l'âge de 7 ans, qu'ils atteignent leur marturité sexuelle. Ils délaissent annuellement leur territoire habituel pour s'accoupler. Les sujets ♀ sont victimes de nombreuses morsures, infligées par les ♂ au cours de l'accouplement. Les portées, dont la période de gestation est de l'ordre d'1 année, se composent de 1 à 6 individus achevés, d'une taille de 45-60 cm à la naissance. La longévité maximale de l'espèce s'établit aux alentours de 25 années.

■ *Super-ordre des batoidés (raies)*

Les raies possèdent une morphologie souvent fortement comprimée horizontalement. Quelques-unes des 500 espèces connues ont de fortes similitudes avec les requins. Le critère discriminatoire est la position des fentes branchiales ; chez les raies, elles s'ouvrent au niveau de la face ventrale plane. Alors que les requins se propulsent par des battements de queue, les raies (sauf les torpilles et les raies-guitares) se meuvent grâce à leurs pectorales fortement hypertrophiées, insérées dans le prolongement des flancs : elles sont animées d'ondulations d'une grande élégance. Chez les aigles de mer et les mantas, des prolongements les font ressembler à des ailes ; leurs battements donne à l'observateur l'illusion qu'elles volent. Hormis les raies véritables, membres de la famille des rajidés, ovipares, toutes les raies sont vivipares.

■ *Ordre des myliobatiformes (pastenagues, aigles ou diables de mer et mantas)*

Les myliobatiformes, dont plus de 170 espèces sont connues, sont dotés d'un corps très comprimé horizontalement, prolongé d'un appendice caudal de longueur variable, adoptant pafois l'aspect d'un fouet. Chez la majorité des espèces, cet appendice est armé à sa face supérieure d'un ou plusieurs dards acérés, dont le bord externe est tantôt denticulé, tantôt muni d'ardillons. A leur base se trouve une glande à venin.

■ *La famille des dasyatidés (pastenagues)*

Les représentants de cette famille des dasyatidés, au nombre de 61, ne possèdent ni nageoire dorsale, ni nageoire caudale. Les dards qui arment leur appendice caudal en fouet sont capables d'infliger de dangereuses blessures ; en revanche, les attaques dues à ces raies sont presque toujours imputables à des erreurs de comportement des plongeurs eux-mêmes.

Taeniura lymma
(Forsskål, 1775)
Pastenague (raie) à points bleus

Descript.: Ø max.: 95 cm, taille adulte: 240 cm. Corps presque circulaire, légèrement plus long que large. Appendice caudal de longueur supérieure au corps; insertion du ou des 2 dards approx. à mi-longueur. Face supérieure très souvent à dominante jaune à brun orangé, constellée de nombreux points d'un bleu vif. Face ventrale blanche.
Conf.: néant.
Biot.: fonds sablonneux aux abords des récifs coralliens, à faible profondeur. Mer Rouge et Indo-Pacifique occidental.
Biol.: espèce furtive en journée (sous des éperons rocheux). Régime alimentaire composé de poissons, de divers invertébrés benthiques; pour les mettre à jour, elle creuse le sol, ce qui attire fréquemment d'autres poissons commensaux, à l'affût de proies ainsi mises en suspension. A chaque portée, une ♀ peut donner naissance à 7 jeunes.

Taeniura melanospilos
(Bleeker, 1853)
Pastenague (raie) à points noirs

Descript.: Ø max.: 164 cm, taille adulte: 300 cm. Corps presque circulaire, légèrement plus long que large. Appendice caudal de longueur inférieure à celle du corps, muni d'1 ou de 2 dards. Face dors. très souvent à dominante gris-brun à bleu-gris, irrégulièrement constellée de ponctuations et taches noires. Face ventr. blanche.
Conf.: néant.
Biot.: fonds sableux, abords des récifs coralliens, de la surface à plusieurs centaines de mètres de profondeur. Mer Rouge et Indo-Pacifique occidental, Maldives incluses.
Biol.: espèce essentiellement nocturne, furtive de jour (grottes, surplombs rocheux). Les proies sont des lamellibranches, des crabes et divers autres invertébrés benthiques, voire des poissons généralement surpris durant le repos nocturne, alors qu'ils sont assoupis. Juqu'à 7 jeunes par portée.

◼ Famille des myliobatidés (aigles de mer)

Les aigles de mer fréquentent toutes les mers tropicales et subtropicales du globe; 23 espèces, réparties en 5 genres, composent cette famille. Ces raies se distinguent par des nageoires pectorales et des flancs fortement évasés latéralement et s'achevant en pointe, évoquant des ailes. Leur tête est en outre nettement individualisée du reste du corps et s'achève sur un museau en forme de bec. Contrairement à la majorité des raies, les aigles de mer sont pourvus d'une nageoire dorsale peu élevée, dont l'insertion se situe à la base d'un appendice caudal en forme de fouet. Juste en arrière se dresse un dard court. Aucune de ces espèces ne possède de nageoire caudale.

Aetobatus narinari
(Euphrasen, 1790)
Raie léopard

Descript.: envergure max.: 230 cm, voire parfois jusqu'à 400 cm. Morphologie: voir photo ci-dessus, ainsi que le paragraphe ci-dessus. La face dorsale est à dominante noire à bleue nuit, constellée de petites ponctuations. Face ventrale blanche.

Conf.: néant.

Biot.: domaine pélagique, mais les sujets s'observent fréquemment sur tous les domaines récifaux, des premiers mètres et jusqu'à profondeur considérable. Espèce pantropicale.

Biol.: les aigles de mer sont généralement des espèces solitaires, mais on observe régulièrement de petites communautés, composées de 10 individus voire davantage, évoluant souvent dans le domaine pélagique, mais parfois aux abords des récifs. C'est sur les fonds sableux qu'elles chassent, fouillant le sol de leur «bec» à la recherche de lamellibranches, gastéropodes, crustacés et autres invertébrés. Ces poissons se rendent dans les lagunes peu profondes pour briser les carapaces de leurs proies à l'aide de leur puissante denture broyeuse. A chaque portée, une ♀ peut donner naissance à 4 jeunes achevés.

Famille des mobulidés (diables de mer, raies mantas)

Cette famille se compose de quelque 10 espèces, réparties, selon les auteurs, au sein de 2 ou 4 genres. Leur morphologie n'est pas sans rappeler celle des aigles de mer, mais la tête n'est pas aussi nettement individualisée du reste du corps; en outre, le museau est doté de deux prolongements spatulés, baptisés «cornes céphaliques». Elles aussi possèdent une nageoire dorsale réduite en avant de la base de l'appendice caudal et pour certaines espèces, un petit dard situé postérieurement. La nageoire caudale est absente. Les mobulidés se nourrissent d'organismes planctoniques, filtrés à l'aide des branchies. Les cornes céphaliques servent aussi à la captation du plancton.

Manta birostris
(Donndorff, 1798)
Diable de mer, raie manta

Descript.: envergure max.: 670 cm, voire plus. Leur poids peut excéder 2 tonnes. Face dors. à dominante noire, face vent. blanche; quelques ponctuations irrégulières.

Conf.: les petits sujets sont parfois confondus avec d'autres mobulidés (genre *Mobula*), de dimensions inférieures; leur zone céphalique est plus étroite.

Biot.: domaine pélagique, mais fréquemment aux abords des récifs, souvent pour y être déparasités; dès les premiers mètres de profondeur. Distribution circumtropicale.

Biol.: les mantas évoluent en solitaires, parfois en petites communautés, fréquemment accompagnés de poissons-pilotes, voire parfois de quelques juvéniles de l'espèce *Gnathanodon speciosus* (carangue royale jaune). Sur certains sites des maldives, les spécimens hauturiers se rendent à certaines saisons aux abords des récifs pour s'y faire déparasiter. Les ♀ donnent naissance à des portées de 2 juvéniles achevés.

Ordre des rajiformes (torpilles)

Cet ordre se subdivise en deux sous-ordres : celui des rajidés (torpilles) et celui des rhinobatidés (raies-guitares ou guitares de mer), dont une espèce est présentée ci-dessous. Toutes ces espèces sont dépourvues de dard au niveau de l'appendice caudal.

La famille des rhinobatidés (raies-guitares)

Les raies-guitares sont considérées par certains auteurs comme un ordre à part entière, composé de 3 familles. En tout, 53 espèces sont répertoriées, membres de 8 ou 9 genres. Ces poissons présentent une morphologie fuselée, proche de celle des requins, et dont seule la partie antérieure est aplanie. L'ensemble des espèces est vivipare.

Rhynchobathus djiddensis
(Forsskål, 1775)
Grande raie guitare

Descript.: taille adulte : 310 cm. Face dorsale de teinte vert olive à grise nuancée de vert, qui arbore des rangées de taches rondes et blanches, le plus souvent cernées de sombre. Au centre de chaque nageoire pectorale se trouve une tache noire, ronde, entourée de 4 ponctuations blanches et rondes.

Conf.: les critères de taille, de morphologie et les motifs de la livrée permettent l'identification précise des espèces.

Biot.: fonds sablonneux, des premiers mètres et jusqu'à plus de 30 m de profondeur. Mer Rouge, Indo-Pacifique occidental, Maldives incluses.

Biol.: les raies-guitares consomment divers organismes benthiques et des poissons. La maturité sexuelle est atteinte chez les ♂ au stade 160 cm, 180 cm chez les ♀. Ces dernières peuvent mettre au monde jusqu'à 6 jeunes achevés, d'une taille individuelle de 60 cm.

Ordre des torpédiniformes (torpilles, raies électriques)

Les représentants de cet ordre, dont les 4 familles regroupent 43 espèces, se distinguent par un corps circulaire à ovaloïde, prolongé par un appendice caudal puissant et nettement différencié du corps, s'achevant par une nageoire caudale. Ces poissons possèdent des organes électriques, situés de part et d'autre de l'axe médian, qui sont issus de fibres musculaires modifiées. Les chocs électriques qu'ils délivrent, d'une puissance considérable, servent à la prédation et à la défense contre les éventuels agresseurs. Les proies sont ainsi étourdies à distance, puis ingérées entières.

Famille des torpédinidés (raies-torpilles)

Il existe 17 espèces de torpilles, toutes intégrées au sein d'un unique genre. Leur appendice caudal est doté de deux nageoires dorsales peu développées.

Torpedo panthera
Olfers, 1831
Torpille de la Mer Rouge

Descript.: Ø max.: 92 cm, pour une taille adulte totale de 130 cm. La coloration est variable: face dorsale le plus souvent dans les tons bruns à beiges, partiellement constellée de ponctuations claires.

Conf.: il existe une autre espèce, *T. sinuspersici* Olfers, 1831, la torpille auréolée, dont l'aire de distribution est nettement plus vaste, et dont la dominante de coloration est le brun clair et qui présente des marbrures.

Biot.: fonds sablonneux, des premiers mètres et jusqu'à profondeur considérable. Vit en Mer Rouge.

Biol.: le régime alimentaire de l'espèce se compose pour l'essentiel de poissons, qui sont tout d'abord étourdis électriquement avant d'être ingérés. Les ♀ mettent au monde jusqu'à 22 jeunes achevés.

■ Classe des ostéichthyiens (poissons osseux)

Le nombre d'espèces recensées de par le monde varie de plus de 23 000 et jusqu'à 28 000 pour certains auteurs. Une majorité appartient à la classe des ostéichthyiens. La bibliographie fait état de 10 000 à 11 000 espèces dulçaquicoles, le reste vivant en eaux saumâtres et marines. En dépit de larges différences morphologiques, les poissons possèdent bien des caractères communs. Contrairement aux chondrichtyiens, leur squelette, composé d'« arêtes », est entièrement ossifié. La boîte crânienne est composée de plaques osseuses assemblées en une structure fermée et solide. La cavité branchiale, de chaque côté, est protégée par les opercules branchiaux mobiles. Chez 95 % des espèces actuelles, le corps est en tout ou partie recouvert d'écailles, disposées comme les tuiles d'un toit. Ancrées dans le derme profond, elles sont en outre recouvertes d'une fine peau translucide riche en glandes sécrétrices d'un mucus qui enduit toute la surface du corps et le protège des infections fongiques et bactériennes. Il réduit également les frottements lors des déplacements. Les écailles recouvrent un épithélium dont les cellules sont riches en amas de chromatophores, grâce auxquels les poissons se parent de coloris et de motifs spécifiques. Chez nombre d'espèces, la livrée est fonction de facteurs tels que l'âge, le sexe, l'environnement, les rythmes nycthéméraux ou saisonniers ainsi que de l'humeur. Outre au camouflage, la livrée sert à la reconnaissance intraspécifique, à l'identification des partenaires sexuels, voire à la mise en garde d'autres sujets.

La majorité des ostéichthyiens possède une vessie natatoire, une évagination de l'intestin antérieur servant au poisson à harmoniser sa densité globale à toutes les profondeurs, et ainsi à pouvoir évoluer en suspension, sans effort, à toute profondeur ou position. Nombre d'espèces benthiques présente une adaptation particulière à ce mode de vie, à savoir l'involution, voire la disparition pure et simple de cette vessie.

En règle générale, les poissons possèdent des nageoires pectorales et pelviennes, qualifiées de « paires » par opposition aux « impaires » que sont les nageoires caudale, anale et dorsale. Cette dernière est d'ailleurs parfois bi-, voire tripartite. Dans la plupart des cas, seule la nagoire caudale assure la propulsion, tandis que les autres nageoires servent au poisson à se diriger et se stabiliser. Mais chez certaines familles, la propulsion est assurée par d'autres nageoires : les pectorales, chez les scaridés et les labridés, la dorsale et l'anale chez les balistidés et les monacanthidés, ou enfin uniquement la dorsale chez les hippocampes (syngnathidés). Selon les espèces, certaines nageoires sont parfois partiellement ou entièrement involuées, voire encore jointives, ou encore avoir subi des adaptations particulières et assumer d'autres fonctions. Chez le rémora, la dorsale est transformée en ventouse ; elle fait office de dispositif de capture chez la baudroie, ou possède un système de « gachette » chez les balistes. Outre les perceptions visuelles et olfactives, plus ou moins développées d'une espèce à l'autre, les poissons possèdent un organe sensoriel particulier : la ligne latérale, qui autorise la perception à distance de courants, d'ondes de pression engendrées par le déplacements d'autres organismes, voire par leurs propres déplacements : réfléchies par les obstacles rencontrés, ces ondes permettent aux poissons de s'orienter avec précision dans l'espace. La ligne latérale chemine latéralement le long des flancs, joignant la tête à la queue, et se présente sous la forme d'un alignement de pores.

Si l'on fait exception des dipneustes et des crossoptérygiens, qui sont deux sous-ordres indépendants rassemblant chacun guère plus d'une dizaine d'espèces, tous les poissons osseux actuels font partie du sous-ordre des actinoptérygiens (poissons osseux à nageoires rayonnées), ce qui signifie que leurs nageoires paires et impaires sont structurées par des rayons natatoires. En fonction de l'espèce et de la position évolutive d'un sujet, ces rayons sont tantôt simples, tantôt divisés, formés d'une pièce ou de plusieurs éléments, ou encore être rigide ou mous et élastiques. Hormis les quelques groupes ancestraux subsistant en eaux douces-entre autres les esturgeons, les polyptères et les polyodons (chondrostéens et holostéens)- les téléostéens (poissons osseux vrais) constituent l'essentiel des espèces au sein du groupe des actinoptérygiens, avec approx. 22 000 espèces.

■ *Ordre des anguilliformes (anguilles et apparentés)*

Ces poissons se distinguent instantanément de presque tous les autres poissons grâce à leur morphologie longiligne, serpentiforme. De plus, ils sont dépourvus de nageoires pelviennes. Les nageoires impaires sont généralement fusionnées en un ourlet natatoire continu. Les nageoires sont toutes structurées par des rayons mous; les rayons structuraux rigides sont rigoureusement absents. Exception faite de 4 familles dont les représentants sont dotés de minuscules écailles, à peine distinctes, ces poissons possèdent une peau nue, dépourvue d'écaille et protégée par un film mucilagineux. Les poissons anguilliformes recensés de par le monde sont marins pour la plupart. Seules les anguilles fluviatiles séjournent pour une grande partie de leur existence en eau douce, mais se rendent toujours en mer pour s'y reproduire. Si les anguilles ne sont pas absentes des mers froides, c'est sous les latitudes tropicales que l'on rencontre la plus grande diversité d'espèces.

■ *Famille des muraenidés (murènes)*

Les murènes se répartissent en 13 genres, approx. 200 espèces, représentées dans toutes les mers tropicales et subtropicales du globe. Leur corps très musculeux est extrêmement allongé, compressé latéralement, plus nettement vers l'arrière. Elles ne possèdent ni pectorales ni pelviennes. Leur gueule est souvent largement fendue, munie de très nombreuses dents acérées et légèrement orientées vers l'arrière. La fente buccale s'articule en règle générale très en arrière des globes oculaires. La gueule s'ouvre et se referme en permanence: ce comportement, souvent interprété par les plongeurs comme une menace, sert en fait à la respiration des murènes: il crée une aspiration qui fait affluer l'eau oxygénée vers les branchies. L'eau « désoxygénée » est expulsée par les deux orifices branchiaux situés en arrière de la tête, dépourvus d'opercules. Les globes oculaires s'insèrent très en avant sur la tête. Chez la majorité des espèces, les facultés visuelles sont assez médiocres. L'olfaction, en revanche, est prédominante chez les murènes. Les narines antérieures sont souvent prolongées par de petits conduits surélevés, voire parfois dotés d'excroissances latérales en forme de feuilles. Les narines postérieures s'ouvrent un peu en avant des yeux, parfois juste en arrière. Chez beaucoup d'espèces, l'olfaction est très développée. Les murènes ont généralement un mode de vie strictement benthique et nocturne, ne quittant en journée qu'exceptionnellement leur gîte. Dès la tombée de la nuit, ces prédateurs aux moeurs crépusculaires et nocturnes sortent chasser. Les proies sont localisées avec précision par olfaction. Les plus petites d'entre elles sont englouties d'un coup. Lorsqu'elles sont trop imposantes pour être ingérées en une seule fois, le prédateur tente d'en arracher des lambeaux en les secouant latéralement, mais dans bien des cas sans grand résultat: en effet, les crocs acérés des murènes maintiennent fermement leurs proies, mais sont mal adaptées au déchiquetage. Pour pallier à cette carence, certaines espèces ont développé un comportement intéressant qui pourrait s'appeler: l'« astuce du noeud ». La murène se saisit de sa proie et forme une boucle en arrondissant la partie postérieure de son corps, à l'intérieur de laquelle la queue est ensuite « enfilée »: ce noeud coulant va alors « migrer » le long du corps et se resserer au niveau de la tête qui maintient la proie, pour créer un point d'appui au niveau de celle-ci: en tirant sa tête vers l'arrière -donc en desserrant le noeud- la murène parvient à arracher à sa victime un fragment qu'elle pourra déglutir.

En temps normal, les murènes sont inoffensives. Les morsures sont souvent dues à des conduites inadaptées des plongeurs: distributions d'aliments, harcèlement. Contrairement à une idée reçue, la morsure n'est pas venimeuse et pour cause: elles sont dépourvues de dards venimeux. En revanche, le mucus buccal est peut-être légèrement toxique, ou plus exactement possède des facultés allergisantes. Quoi qu'il en soit, une morsure de murène est rarement bénigne: profonde, la plaie est souvent sujette à de sérieuses infections secondaires.

Echidna nebulosa
(Ahl, 1798)
Murène étoilée, à flammes, à cristaux de neige

Descript.: taille adulte : 75 cm. Coloration à dominante blanche à blanche teintée de jaune, complétée de motifs indépendants, de couleur noire, ornant tout le corps. Globes oculaires noirs, cerclés de jaune. Extrémité du museau blanche, portant des narines jaunes et tubuliformes.

Conf.: coloration spécifique assez caractéristique. Le genre se compose d'une quinzaine d'espèces.

Biot.: mares intertidales temporaires, lagunes, zones superficielles du récif, entre la surface et une dizaine de mètre de profondeur ou davantage. Mer Rouge, Indo-Pacifique, Maldives incluses.

Biol.: à l'instar de la majorité des représentants de ce genre, le régime alimentaire se compose essentiellement de crustacés. Les dents sont relativement courtes et de forme conique. Les sujets peuvent s'extraire de l'eau et migrer d'une mare à une autre. Bien qu'assez répandue, l'espèce est assez difficile à observer, en raison de son mode de vie excessivemet furtif.

Acclim.: de dimensions modestes, l'espèce s'acclimate bien en captivité, s'associant même à d'autres poissons (l'espèce consomme des crustacés et autres invertébrés).

Gymnothorax favagineus
(Bloch & Schneider, 1801)
Murène léopard

Descript.: taille adulte : 250 cm. Coloration à dominante blanche à blanche teintée de jaune, complétée d'innombrables taches d'un brun foncé à noires ornant l'ensemble du corps, engendrant un motif réticulé. Les « interstices », de couleur blanche à blanche teintée de jaune sont relativement larges, surtout dans la région céphalique. Les motifs ornent l'intérieur de la cavité buccale.
Conf.: *G. permistus* (Smith, 1962), la murène à taches noires, plus petite (75 cm env.) ne se rencontre que dans l'Océan Indien. Chez elle, les interstices blancs sont plus étroits que chez *G. favagineus*. Les taches noires, à l'inverse, sont plus vastes et leur disposition plus irrégulière.
Biot.: diverses zones du récif, pourvu que l'animal ait la possibilité de se dissimuler. Espèce présente dès la surface. Indo-Pacifique, Maldives incluses.
Biol.: l'intérieur des galeries fréquentées par les murènes est souvent habité par diverses espèces de crevettes-barbiers, tolérées pour leur fonction de déparasitage. On y observe aussi fréquemment, surtout lorsqu'il s'agit de grandes murènes, des poissons-barbiers, qui y évoluent seuls ou en couples, et qui se nourrissent aux dépens des ectoparasites nuisibles fixés sur le derme des poissons. Il n'est pas rare d'en voir un s'enfoncer dans les profondeurs de la cavité buccale du prédateur, pour y éliminer les déchets alimentaires ainsi que les parasites fixés sur leurs délicats arcs branchiaux.
Acclim.: espèce aux dimensions trop imposantes pour être acclimatée.

Gymnothorax flavimarginatus
(Rüppell, 1830)
Murène à tache noire

Descript.: taille adulte : 125 cm au moins. Coloration à dominante brune tirant sur le jaune, constellée d'innombrables taches d'un brun foncé, et qui s'anastomosent par place. Les orifices branchiaux sont brun foncé à noirs.

Conf.: l'espèce est parfois assimilée à *G. javanicus*, la murène javanaise ; cette dernière est néanmoins de dimensions nettement supérieures, sa coloration à dominante brune, complétée de taches noires, de surface variable, sur toute la surface du corps.

Biot.: diverses zones du récif, dès la surface et jusqu'à des profondeurs très considérables. Mer Rouge, Indo-Pacifique, Maldives incluses.

Biol.: au menu de l'espèce figurent des poissons et divers crustacés. Le spécimen ci-dessus a tenté sous nos yeux de déchiqueter un filet de poisson en le secouant en tous sens. Devant l'échec de cette tentative, elle a eu recours à l'« astuce du noeud » (décrite en introduction).

Acclim.: espèce aux dimensions imposantes ; acclimatation difficile.

Gymnothorax javanicus
(Bleeker, 1859)
Murène javanaise, murène géante

Descript. : taille adulte : 240 cm au moins ; certains sujets atteindraient la taille de 300 cm (allégation non vérifiée). Le corps semble comparativement plus massif chez cette espèce. Coloration à dominante brune, constellée d'innombrables taches, de surface variable, d'un brun foncé, parfois jointives, dispersées sur tout le corps.
Conf. : l'espèce est parfois confondue avec *G. flavimarginatus*, la murène à tache noire, qui demeure néanmoins de taille nettement plus modeste, et se différencie par sa livrée à dominante brune tirant sur le jaune et à la présence d'innombrables petites taches d'un brun foncé.
Biot. : diverses zones récifales. Espèce présente dès la surface et jusqu'à grande profondeur. Mer Rouge et Indo-Pacifique, Maldives incluses.
Biol. : cette murène est vraisemblablement la plus grande espèce actuellement recensée, tout au moins l'espèce dont la taille potentielle est la plus importante. Ces poissons atteignent un poids moyen de 35 kg approx., mais il existerait des sujets d'exception, capables d'atteindre les 70 kg. Au menu de l'espèce figure une vaste variété de poissons, mais ces murènes ne dédaignent néanmoins pas les grands crustacés, notamment les langoustes. Les sujets habitués à être nourris finissent par se départir de toute méfiance, voire par se montrer agressifs : du plus loin qu'ils aperçoivent un plongeur, ils se dirigent vers lui et l'assaillent, parfois avec agressivité, allant même jusqu'à infliger de sérieuses morsures. Les autres ont un tempérament plus inoffensif et se montrent craintifs.
Acclim. : espèce aux dimensions trop imposantes pour être acclimatée.

Gymnothorax meleagris
(Shaw & Nodder, 1795)
Murène ponctuée, murène perlée

Descript.: taille adulte: 120 cm. Coloration variable du brun à nuances violettes au brun foncé, constellée d'innombrables petites ponctuations blanches à blanches tirant sur le jaune, dispersées sur tout le corps. L'intérieur de la cavité buccale est blanc.

Conf.: identification fiable, grâce aux caractéristiques originales de la livrée.

Biot.: lagunes et récifs externes fortement colonisés par la faune corallienne, depuis la surface et jusqu'à plus de 35 m profondeur. Mer Rouge et Indo-Pacifique, Maldives incluses.

Biol.: au menu de l'espèce figurent essentiellement des poissons, auxquels s'ajoutent divers crustacés.

L'espèce *Calloplesiops altivelis*, le poisson-comète à grandes nageoires, arbore une livrée très semblable à celle de *G. meleagris*; lorsqu'il se sent menacé, ce poisson imite les jeunes murènes perlées en déployant ses nageoires, dévoilant le large ocelle qui marque la partie postérieure de sa dorsale. Simultanément, il enfonce la tête à l'intérieur d'une anfractuosité rocheuse ou de tout autre refuge. Ce comportement, ainsi que la présence de l'ocelle sur la livrée et la silhouette engendrée par la position particulière des nageoires donnent l'illusion d'une jeune murène positionnée à l'orée de sa galerie.

Acclim.: aucune référence connue.

Gymnothorax undulatus
(Lacépède, 1803)
Murène léopard, murène ondulante
(incrustation ci-dessus)

Descript.: taille adulte : 150 cm et plus. Tête plus étroite que chez les espèces précédentes. Coloration très variable, le plus souvent dans des teintes claires, brune à nuances de jaune à brune tirant sur le vert, complétée de marbrures sombres, évoquant le pelage d'un léopard. Tête généralement plus claire que le reste du corps.
Conf.: peu vraisemblable, grâce à la forme caractéristique de la tête et aux propriétés de la livrée.
Biot.: diverses zones récifales, de la surface à plus de 25 m profondeur. Mer Rouge et Indo-Pacifique, Maldives incluses.
Biol.: les murènes-léopard semblent des animaux aux moeurs résolument nocturnes : il est très rare de pouvoir observer le moindre sujet de jour. D'ailleurs, on ne distingue généralement que la tête de l'animal : à la moindre alerte, celui-ci se retire en un clin d'oeil dans les profondeurs de sa tanière. L'espèce se nourrit de poissons, de céphalopodes, et ne semble pas dédaigner les crustacés.
Acclim.: espèce non acclimatable.

Gymnothorax fimbriatus
(Bennett, 1831)
Murène frangée

Descript.: taille adulte : 80 cm. Tête étroite. Coloration du brun à nuances jaunes au brun verdâtre, constellée d'innombrables petites ponctuations sombres et irrégulières, et de quelques autres de dimensions supérieures. L'intérieur de la cavité buccale est blanc.
Conf.: néant.
Biot.: diverses zones récifales, depuis la surface et jusqu'à plus de 50 m de profondeur. Indo-Pacifique, Maldives incluses.
Biol.: cette espèce, comparativement plus rare que les autres, semble elle aussi de moeurs strictement nocturnes.
Acclim.: impossible.

Siderea grisea
(Lacépède, 1803)
Murène tatouée

Descript.: taille adulte : 70 cm approx. Coloration dans les tons blancs à nuances de jaune à beige clair, complétée de petites ponctuations d'un brun sombre à noires, disposées en alignements au niveau de la tête. Les juvéniles semblent plus clairs que les sujets adultes.
Conf.: néant.
Biot.: diverses zones récifales ; l'espèce est présente dès la surface. Mer Rouge et Océan Indien occidental, Maldives incluses.
Biol.: les représentants de l'espèce possèdent des dents de forme conique et courtes ; ils se nourrissent essentiellement aux dépens de divers crustacés.
Acclim.: de dimensions relativement modestes, l'espèce se prête assez bien à l'acclimatation en aquarium. Par ailleurs, son régime alimentaire, composé pour l'essentiel de crustacés, en fait un hôte facile à nourrir et qui s'associe bien à d'autres poissons. En règle générale, lorsque l'on détient des murènes en captivité, il convient de tenir compte de la faculté dont jouissent ces poissons de se glisser à l'intérieur du moindre interstice pour s'enfuir, d'où la nécessité de disposer de cuves rendant toute évasion impossible. D'un tempérament farouche et furtif, on veillera également à mettre à leur disposition des cachettes et galeries en nombre suffisant.

Rhinomuraena quaesita
Garman, 1888
Murène ruban, anguille ruban

Descript.: taille adulte : 120 cm approx. Corps très fin et fuselé. Orifices naseaux dotés de prolongements tubuliformes et d'appendices membraneux en forme de feuille hypertrophiés. Les juvéniles (< 65 cm) sont noirs ; les ♂ matures (65 -94 cm) sont d'un bleu cobalt vif souligné par des nageoires et l'extrémité du museau de couleur jaune ; les ♀ (> 94 cm) sont entièrement jaunes.
Conf.: néant.
Biot.: lagunes et récifs externes ; souvent, les sujets sont entièrement dissimulés à l'intérieur d'anfractuosités, entre des colonies coralliennes, voire encore enfouies dans le sable, ne laissant émerger que leur tête. De la surface à de grandes profondeurs. Indo-Pacifique, Maldives incluses.
Biol.: *R. quaesita* est l'unique espèce de murène qui connaisse une mutation au cours de son existence. Le phénomène se traduit par un spectaculaire changement de livrée, dès 65 cm : les juv., jusqu'alors entièrement noirs, se muent tout d'abord en ♂, à livrée bleue et jaune. Au-delà de 94 cm, ceux-ci se métamorphosent en ♀, à dominante jaune. Les proies sont essentiellement de petits poissons, chassés dès le crépuscule et de nuit. Dans les Maldives, l'espèce ne se rencontre que sporadiquement.
Acclim.: l'élevage en captivité de cette espèce pose un certain nombre de problèmes, en dépit de son attrait esthétique et de son comportement généralement pacifique. Les distributions de proies vivantes, notamment, sont indispensables au succès de l'acclimatation, mais la présence de poissons très vifs est de nature à les perturber. Ces sujets, passés maîtres dans l'art de l'évasion, requièrent un bac hermétiquement recouvert. En-deçà d'une certaine taille, les poissons sont considérés comme des proies potentielles.

■ *Famille des hétérocongridés (hétérocongres)*

Parfois baptisés « anguilles-asperges », ils sont les seuls vertébrés connus qui aient évolué au cours de l'histoire vers un mode de vie « sédentaire ». Ce caractère particulier les distingue de tous les autres poissons, et facilite l'identification au premier d'oeil pour l'amateur non averti.

Descript.: longueur, selon les espèces, entre 30 et 100 cm, parfois davantage. Les pectorales sont néanmoins fortement atrophiées, parfois absentes ; corps très fin, anguilliforme. Coloration des espèces présentées ci-dessus (de gauche à droite) :

Gorgasia maculata Klausewitz & Eibl-Eibesfeldt, 1959, hétérocongre pointillé : dominante de couleur sable à blanc sale et brun intermédiaire, complétée de quelques ponctuations dans les tons blanc sale au niveau de la tête, et d'un alignement longitudinal de ponctuations, dans des teintes identiques, le long des flancs.

Gorgasia preclara Böhlke & randall, 1981, hétérocongre splendide : dominante de tons brun-orangé, bandes verticales blanches à argentées, disposées irrégulièrement ; région céphalique plus claire, arborant des taches blanches. Corps à zones sombres, d'une surface 3 à 4 fois supérieure à celle des taches blanches.

Heteroconger hassi (Klausewitz & Eibl-Eibesfeldt, 1959), hétérocongre tacheté : dominante ivoire ; innombrables petits points noirs et bruns, sur tout le corps ; 2 grandes taches noires latérales, dans la partie antérieure.

Conf.: mode de vie unique. Livrée et distribution géographique permettent d'identifier la majorité des spécimens jusqu'au stade de l'espèce.

Biot.: fonds sableux de diverses granulométries, intensément et régulièrement drainés par les courants. En fonction de l'espèce, ces cosmopolites se rencontrent depuis les premiers mètres et jusqu'à grande profondeur.

Biol.: moeurs exclusivement grégaires ; une colonie peut compter plus de 5 000 individus, occupant une surface de plusieurs centaines de m^2. D'après mes observations, une colonie est parfois plurispécifique. Chaque sujet vit seul, l'extrémité caudale à l'intérieur d'un fourreau sableux, confectionné à l'aide d'un mucus autosécrété et orienté en fonction des besoins dans diverses directions. Le corps, ployé en forme de point d'interrogation, la tête dirigée à contre-courant, en émerge aux 3/4 : les poissons happent le plancton en suspension dans le courant, qui constitue l'essentiel de leur alimentation. Alertés ou menacés, les hétérocongres réagissent en se repliant totalement à l'intérieur de leurs fourreaux. En plongée, lorsque l'on s'approche sans geste brusque d'une colonie, les premiers individus de la colonie se replient progressivement à mesure que la distance de sécurité s'amenuise. Le plongeur calme peut se retrouver au beau milieu d'une « forêt » d'hétérocongres, qui se redéploient en peu de temps dans un rayon de sécurité de 2 à 3 m. Une certaine distance sépare les fourreaux des membres de la colonie. Parfois, on observe 2 fourreaux anormalement proches : il s'agit-là d'un couple. En saison dereproduction, les ♂ voisins s'adonnent à de nombreux duels et parades d'intimidation. Pendant l'accouplement, la ♀, plus petite, enlace le corps du ♂. Phase juvénile et genèse des colonies sont largement méconnus. La sédentarisation constitue une adaptation à la captation des ressources alimentaires ; le mode de vie colonial permet à l'espèce de mieux se protéger contre ses prédateurs, notamment des poissons-lézards, des lutjans et de divers clupéidés.

■ *Famille des ophichthidés*
 (anguilles-serpents, poissons-serpents)

Les anguilles-serpents sont fréquemment confondues avec les serpents de mer, qui, eux, sont venimeux. Outre cette différence, elles se distinguent également sans ambiguïté grâce à la présence de nageoires dorsale, anale et pectorales ♀
Il s'agit de poissons aux moeurs nocturnes ; ils passent la journée enfouis dans le sable. La nuit venue, on peut les observer en train de serpenter au-dessus du fond. Effrayés, il sont capables de s'enfouir dans le sable à reculons. Leur régime alimentaire se compose de proies telles que de petits poissons benthiques et de crustacés, localisées grâce à leurs facultés olfactives surdéveloppées.

Myrichthys maculosus
(Cuvier, 1817)
Anguille-serpent maculée

Descript. : taille adulte : 100 cm ; le corps est serpentiforme, très fin et long. La tête est dotée d'appendices nasaux orientés obliquement vers le bas et tubuliformes. Coloration à dominante beige clair à jaune pâle, complétée de nombreuses taches rondes à ovales, dans des tons brun foncé à noirs, constellant l'ensemble du corps. Les taches sont souvent plus réduites au niveau de la tête.

Conf. : le genre se compose approx. de 7 espèces. *M. colubrinus* (Boddaert, 1781), l'anguille-serpent à bandes, d'une taille adulte de 90 cm env., occupe une distribution géographique similaire (mer Rouge, Indo-Pacifique, Maldives incluses). Colorée en jaune pâle laiteux, l'animal possède de 25 à 32 bandes noires étroites au niveau de la tête et du corps.

Biot. : zones sablonneuses des lagunes et des platiers récifaux, depuis la surface et jusqu'à plus de 250 m de profondeur. Mer Rouge, Indo-Pacifique, Maldives incluses.

Biol. : voir introduction.

■ *Ordre des gonorhynchiformes*
(tarpons, poissons-banane, poisson-lait,
harengs, athérines, orphies et demi-bec)

Cet ordre englobe un certain nombre de familles pour le moins hétéroclites, et ne possédant entre elles que très peu de points communs sur le plan morphologique. Anatomiquement cependant, ces poissons possèdent des caractéristiques communes au niveau du squelette, et sont presque toutes dépourvues de dents. Sur le plan évolutif, il s'agit la plupart du temps d'espèces très anciennes.

■ *Famille des chanidés*
(poissons-lait)

Cette famille se résume à l'espèce présentée ci-dessous (famille monospécifique). Des fossiles datés d'une cinquantaine de millions d'années ont été mis à jour.

Chanos chanos
(Forsskål, 1775)
Poisson-lait, chanos

Descript.: taille adulte: 180 cm; le corps est fuselé, étroit et s'achève sur une nageoire caudale fourchue. Coloration grise argentée.
Conf.: lorsque les sujets se déplacent en surface, leur grande nageoire caudale affleure en surface; il sont alors fréquemment pris pour des requins.
Biot.: l'animal affectionne les eaux des lagunes et littorales, le plus souvent au voisinage de la surface. Mer Rouge et Indo-Pacifique.
Biol.: tant les juvéniles que les adultes se nourrissent pour l'essentiel de matières végétales (algues) et d'organismes planctoniques. Selon certaines observations, les individus adultes consommeraient également des méduses. L'auteur lui-même a pu observer un banc de chanos se repaissant de méduses et de zooplancton au milieu d'une véritable nuée vivante, constituée d'une forte concentration de ces microorganismes. Une seule ♀ est capable de pondre jusqu'à 9 millions d'oeufs.

■ *Ordre des siluriformes*
  (poissons-chats)

La majorité des poissons-chats (largement plus de 2000 espèces sont répertoriées de par le monde) sont des poissons dulçaquicoles au mode de vie résolument benthique, dotés de barbillons dans la région céphalique, garnis de nombreux récepteurs sensoriels, servant aux poissons à localiser leurs aliments en phase crépusculaire et nocturne ; dépourvu d'écailles, leur corps est tantôt nu, tantôt recouvert de plaques ossifiées.

■ *Famille des plotosidés*
  (poissons-chats coralliens)

Les membres de cette famille, soit plus d'une vingtaine d'espèces, constituent une minorité implantée en eaux marines : ils ne se rendent qu'exceptionnellement en eau douce. Ils se caractérisent par une morphologie fuselée, anguilliforme, ainsi que par un ourlet natatoire continu, formé par la jonction de la seconde dorsale et des nageoires caudale et anale. Ces poissons évoluent très souvent en bancs, constitués d'un grand nombre de sujets en ordre très dense. La majorité des espèces possède des rayons venimeux, intégrés aux nageoires dorsale et pectorale.

Plotosus lineatus
(Thünberg, 1787)
Poisson-chat rayé, balibot rayé

Descript. : taille adulte : une trentaine de cm ; morphologie et ourlet natatoire typiques des siluriformes (décrits ci-dessus) ; 4 paires de barbillons se dressent autour de la gueule. Coloration claire, complétée de bandes longitudinales sombres.
Conf. : néant. Genre composé de 5 espèces, dont 1 dulçaquicole.
Biot. : les juvéniles évoluent en communautés denses au-dessus des herbiers sous-marins et des fonds sablonneux. Adultes solitaires, beaucoup plus furtifs. Dès la surface. Mer Rouge, Indo-Pacifique occidental.
Biol. : la piqûre des rayons natatoires est très douloureuses, mais ils n'attaquent jamais sans y être forcés.
Acclim. : difficile à mettre en oeuvre.

■ *Ordre des aulopiformes*

Dans cet ordre hétéroclite se classent 8 sous-ordres dont certains représentants présentent des caractéristiques radicalement différentes. Cinq d'entre eux sont presque exclusivement composés d'espèces implantées à grande profondeur.

■ *Famille des synodontidés (poissons-lézards)*

Ils constituent l'une des 15 familles membres du sous-ordre des myctophidés (poissons-lanternes). La majorité de ces familles regroupe des espèces implantées en profondeur. Les poissons-lézards, à l'inverse, sont plutôt des habitants du domaine de surface ; on recense une cinquantaine d'espèces, membres de 4 genres, distribuées dans toutes les mers tropicales et tempérées. Ils se caractérisent par un corps de section cylindrique, fuselé et s'achevant en pointe au niveau de la queue. La tête est fendue d'une large gueule, dotée de nombreuses dents fines et acérées.

Synodus variegatus
(Lacépède, 1803)
Anoli bigarré, poisson-lézard commun

Descript.: taille adulte : 25 cm ; coloration dans les tons brun clair, complétée de 4 à 5 bandes en forme de selle, dans des teintes brun sombre à fauves. Entre ces bandes, les flancs sont marqués de 4 à 5 taches, de couleur identique.
Conf.: les espèces composant le genre *Saurida* se distinguent grâce à leur museau moins pointu. Les motifs de la livrée n'en demeurent pas moins le critère distinctif primordial.
Biot.: diverses zones récifales. Depuis la surface et jusqu'à plus d'une vingtaine de mètres de profondeur. Mer Rouge, Indo-Pacifique, Maldives incluses.
Biol.: ce poisson est le type-même du prédateur chassant à l'affût ; bien souvent, il s'enfouit presque entièrement dans le sable, et fond sur ses proies, bien souvent des poissons.

Ordre des béryciformes

Ils se répartissent en 3 sous-ordres, soit une douzaine de familles constituant un groupe très archaïque au sein de la classe des ostéichthyiens, préfigurant pour certains les perciformes. Les rayons structuraux des nageoires sont absents ou en nombre réduit, de conception très rudimentaire. Les béryciformes se distinguent par la présence de canaux mucilagineux cheminant sous l'épiderme de la tête, de configuration variable d'une famille à l'autre. Autre particularité : la présence d'épines aux endroits les plus divers de leur corps.

Famille des holocentridés (poissons-soldats)

Cette famille, composée d'une soixantaine d'espèces, membres de 8 genres, est la plus vaste de son ordre. Ces poissons se caractérisent par un corps comprimé latéralement, tantôt étiré en longueur, tantôt à dos plus fortement arqué ; il est recouvert de grandes écailles ; les globes oculaires sont gros, la gueule largement fendue. Il existe 2 sous-familles : les myripristinés, au museau plus écrasé, aux opercules dépourvus d'épine bien développée ; chez les holocentrinés, le museau est plus pointu ; certaines espèces ont les opercules armés de dards venimeux. Ils sont souvent baptisés «poissons-écureuils». Une majorité d'holocentridés arbore une livrée au moins partiellement rouge. Les moeurs sont souvent nocturnes ; de jour, les sujets restent à couvert (surplombs rocheux, cavernes, anfractuosités)… solitaires ou en groupes. Ils sortent de nuit pour se nourrir : les myripristinés sont plutôt zooplanctophages, affectionnant des proies assez volumineuses (larves de crustacés surtout) dans le domaine pélagique ; les holocentridés capturent des proies benthiques (crustacés, vers ou petits poissons).

Myripristes adusta
(Bleeker, 1853)
Soldat pourpre, ardoisé, marignan ombré

Descript.: taille adulte: 32 cm (dimensions maximales au sein du genre); morphologie: cf cliché ci-dessus à gauche, et lire ci-contre. Livrée rose sombre à rose saumon; écailles bordées d'un liséré sombre, voire noir; les nageoires dorsales, caudale et anale présentent une large bande noire le long de la bordure postérieure, elle-même précédée d'une zone plus étroite et rouge.
Conf.: néant.
Biot.: divers domaines récifaux, richement colonisés par les colonies coralliennes. Espèce présente jusqu'à 25 m de profondeur env., dans la zone indo-pacifique, Maldives incluses.
Biol.: on observe généralement des sujets solitaires, parfois de petites commautés, dissimulées sous des surplombs rocheux, à l'intérieur de grottes; la plupart du temps, plusieurs espèces du genre Myripristes cohabitent.
Acclim.: inconnue.

Myripristes murdjan
(Forsskål, 1775)
Myripristes à grands yeux, soldat à oeillères

Descript.: taille adulte: 27 cm; morphologie: voir cliché ci-dessus et descriptif de la famille. Livrée rouge; les écailles sont bordées d'un liséré sombre, les opercules branchiaux présentent une bordure postérieure d'un brun sombre à noire; les nageoires dorsales, caudale, anale et pectorales sont parfois bordées d'un liséré blanc.
Conf.: on recense un certain nombre d'espèces aux coloris quasiment identiques, dont l'identification précise sur photographie est hors de portée du néophyte.
Biot.: divers domaines récifaux. Espèce présente dès la surface jusqu'à une cinquantaine de mètres de profondeur. Mer Rouge, zone indo-pacifique, Maldives incluses.
Biol.: cf le descriptif de la famille des holocentridés et les informations fournies à propos des autres espèces.
Acclim.: inconnue.

Myripristes vittata
(Cuvier, 1831)
Myripristes bordé de blanc

Descript.: taille adulte: 18 cm; morphologie: voir cliché ci-dessus et descriptif de la famille. Livrée dans les tons de rouge-orangé; les opercules branchiaux ne sont jamais bordés d'un liséré sombre; les nageoires dorsale, caudale, anale et pectorale arborent un liséré blanc.
Conf.: aucune; unique espèce dont les opercules branchiaux n'arborent pas de liséré sombre.
Biot.: généralement aux abords des tombants abrupts; se rencontre dès 3 mètres de profondeur, plus fréquemment au-delà de 15 m et jusqu'à plus de 80 m de profondeur. Indo-Pacifique, Maldives incluses.
Biol.: en journée, on observe parfois de vastes communautés de *M. vittata*, réfugiées sous des surplombs rocheux. On se reportera à la présentation de la famille des holocentridés, ainsi qu'aux informations fournies à propos des autres espèces.
Acclim.: inconnue.

Neoniphon sammara
(Forsskål, 1775)
Poisson-écureuil tacheté (en incrustation)

Descript.: taille adulte: une trentaine de cm; morphologie relativement effilée. Livrée argentée, parfois à reflets rouges; écailles marquées d'un point rouge sombre, composant des rayures longitudinales; une grande tache, de couleur noire tirant sur le rouge, orne la dorsale (d'où le nom vernaculaire).
Conf.: ce genre se compose de 5 espèces. *N. sammara* est seule à arborer une tache au niveau de la nageoire dorsale.
Biot.: divers domaines récifaux. Dès la surface jusqu'à au moins 46 mètres de profondeur. Mer Rouge, zone indo-pacifique, Maldives incluses.
Biol.: l'espèce s'avère moins craintive que les autres holocentridés, évoluant de jour en petites communautés, souvent entre les coraux, les rochers, dans les anfractuosités. Les sujets consomment divers crustacés, généralement chassés la nuit venue.

Sargocentron caudimaculatum
(Rüppell, 1838)
Poisson-écureuil tahitien (en incrustation)

Descript.: taille adulte: 25 cm; morphologie caractérisée par un dos relativement arqué. Livrée rouge; écailles bordées d'un liséré blanc; zone supérieure de l'appendice caudal marquée d'une tache d'un blanc argenté.
Conf.: éventuellement avec d'autres *Sargocentron* à dominante rouge; *S. maculatum* est néanmoins la seule espèce à posséder une tache argentée sur la nageoire caudale.
Biot.: généralement les zones externes du récif, à flanc de tombants possédant une faune corallienne dense, depuis 6 m et jusqu'à plus de 40 mètres de profondeur. Mer Rouge, zone indo-pacifique, Maldives incluses.
Biol.: des sujets solitaires ou de petites communautés s'observent de jour dissimulés à l'intérieur de grottes, d'anfractuosités et d'autres refuges.
Acclim.: inconnue.

Sargocentron diadema
(Lacépède, 1802)
Poisson-écureuil diadème, écureuil couronné

Descript.: taille adulte: 17 cm. Livrée rouge, complétée de rayures longitudinales étroites, argentées, base de l'appendice caudal blanche; une rayure verticale, également argentée, s'observe également en arrière des globes oculaires.
Conf.: éventuellement avec d'autres espèces membres du genre *Sargocentron* à dominante de livrée identique.
Biot.: diverses zones récifales, depuis la surface et jusqu'à plus de 30 mètres de profondeur. Mer Rouge, zone indo-pacifique, Maldives incluses.
Biol.: mode de vie largement comparable à celui d'autres membres de cette famille. Au régime alimentaire de l'espèce figurent essentiellement des vers polychètes et de petits crabes, qu'ils chassent de nuit sur les fonds du récif sablonneux et plats.
Acclim.: inconnue.

Sargocentron spiniferum
(Forsskål, 1775)
Marignan sabre, soldat armé, poisson-écureuil à grandes mâchoires

Descript.: taille adulte : 45 cm ; la morphologie se caractérise par un dos comparativement plus arqué que chez les autres *Sargocentron*. Les opercules sont dotés d'une épine de grande taille, qui prend naissance à la bordure postérieure et s'oriente vers l'arrière. Livrée rouge, parfois partiellement teintée de jaune-orangé ; la bordure postérieure des écailles comporte un liséré argenté à blanc argenté ; la partie postérieure des nageoires caudale, anale, pelviennes et pectorales est dans les tons jaune-orangé.

Conf.: *S. spiniferum* est la plus grande de son genre, qui en compte 26, dont 5 sont implantées dans l'Atlantique. Cette espèce est seule à arborer des nageoires teintées de jaune-orangé.

Biot.: diverses zones du récif. Les juvéniles affectionnent les portions peu profondes et peu agitées. Espèce présente dès les premiers mètres et jusqu'à plus de 100 mètres de profondeur. Mer Rouge, zone indo-pacifique, Maldives incluses.

Biol.: le dard qui arme les opercules branchiaux, chez cette espèce, est venimeux. Les sujets se rencontrzent de jour généralement seuls, pus rarement regroupés en petites communautés à l'intérieur de grottes, dans de vastes anfractuosités ou réfugiés sous de grandes colonies coralliennes. Au crépuscule, ils se mettent en quête des proies dont ils se nourrissent : crabes, crevettes et petits poissons.

Acclim.: impossible, vues les dimensions qu'atteignent les sujets.

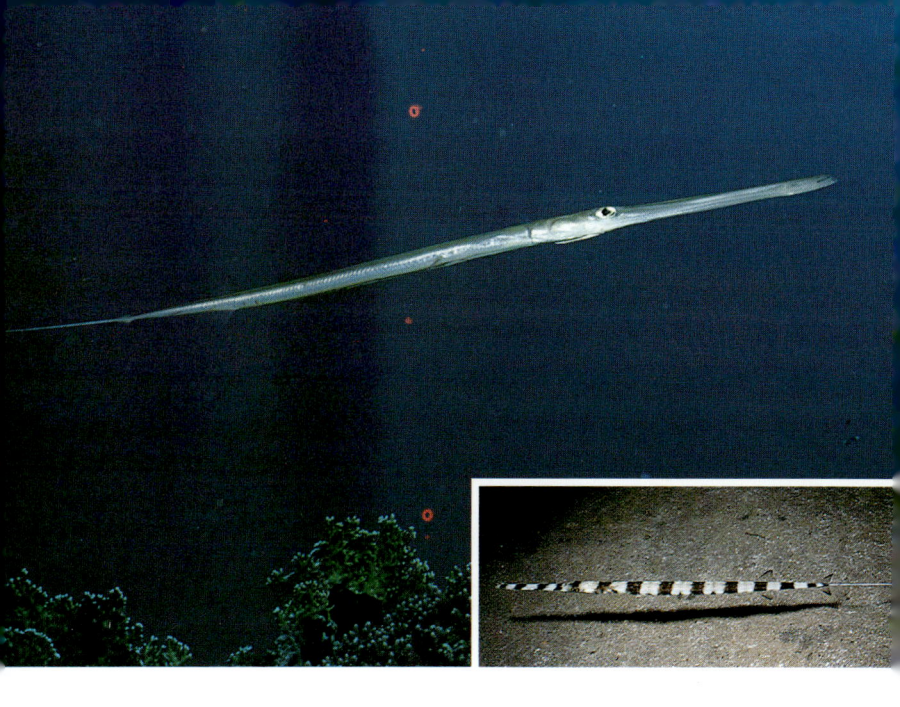

■ *Ordre des syngnathiformes (syngnathes, poissons-aiguilles)*

Il se compose de 7 familles très diversifiées, correspondant à plus de 230 espèces. Certains auteurs considèrent les syngnathiformes comme un sous-ordre au sein des gastérostéiformes. Ces poissons se caractérisent par une cuirasse externe, recouvrant toute ou partie du corps de plaques osseuses, ainsi que par une gueule tubulaire souvent excessivement protractile et fait fonction de pipette d'aspiration : elle leur permet véritablement d'aspirer en un seul coup les proies aux dépens desquelles ils se nourrissent : petits crustacés, poissons, autres microorganismes, de nature différente selon les espèces. Aux familles présentées ci-après s'ajoutent les pégasidés (pégases, poissons-dragons), les macrorhamphosidés (poissons-écuelles) et les centriscidés (poissons-couteaux, poissons-crevettes).

■ *Famille des fistulariidés (poissons-flûtes)*

Il existe 4 espèces rencensées de poissons-flûtes.

Fistularia commersonii
(Rüppell, 1838)
Poisson-flûte, aiguillette du fond

Descript. : taille adulte : 150 cm ; le corps, extrêmement filiforme, se prolonge par un long appendice caudal en forme de fouet. Coloration dans les tons gris à nuances de vert à gris-bruns. Face ventrale de couleur blanche argentée à grise argentée.
Conf. : néant.
Biot. : toutes zones du récif, depuis la surface. Mer Rouge, zone indo-pacifique, Maldives incluses.
Biol. : l'espèce évolue le plus souvent en communautés, plus ou moins vastes, d'individus de longueurs pratiquement identiques. Ces poissons se nourrissent de petits crustacés et de poissons. De nuit, ils revêtent une livrée nocturne particulière et demeurent immobiles, en suspension à quelques cm au-dessus du fond (en incrustation).

Famille des aulostomidés (poissons-trompettes)

On ne recense de par le monde que 2 ou 3 espèces de poissons-trompettes, dont une seule représentée dans l'Indo-Pacifique.

Aulostomus chinensis
(Linnaeus, 1766)
Poisson-trompette

Descript.: taille adulte: 80 cm; morphologie très filiforme; la tête est comprimée latéralement et se termine sur un petit orifice buccal oblique. La mâchoire inférieure présente de petits barbillons. Les nageoires dorsale et anale sont très réduites, et s'insèrent très en arrière, juste en avant de l'appendice caudal. Livrée entièrement jaune, parfois brunâtre à queue jaune, alors complétée de ponctuations blanches à la base de la queue, ainsi qu'au niveau des nageoires dorsale et anale.
Conf.: néant.
Biot.: diverses zones du récif, dès la surface et jusqu'à plus de 100 mètres de profondeur. Zone indo-pacifique, Maldives incluses.

Biol.: solitaires, ils consomment petits crustacés et surtout de petits poissons. Piètres nageurs, ils affectionnent la tactique du camouflage, en se postant verticalement au milieu des coraux et des éponges, immobiles à l'affût. Ils se mêlent également à des bancs de poissons herbivores et tenus pour inoffensifs par les autres poissons pour approcher au plus près leurs proies (de petits poissons), qui seront happées en un éclair. De grands poissons vivants (souvent des perroquets ou des mérous) leur servent occasionnellement à se camoufler; ils nagent juste au-dessus de leur dos; ceux-ci détectent rarement la présence de leur passager clandestin, qui ne se laisse guère distancer, même en cas de brusques changements de trajectoires. Les poissons-trompettes choisissent des espèces inoffensives pour s'approcher des poissons qui leur servent de proies.

Famille des solénostomidés (solénostomes, poissons-fantômes)

Les solénostomes ont une morphologie nettement différente de celle des aulostomes, des hippocampes et des autres familles de syngnathiformes.

Solenostomus sp.
Solénostome, poisson-fantôme

Descript.: taille adulte: 17 cm; ♀ de dimensions nettement supérieures aux ♂. Corps hérissé de très nombreux prolongements épineux. Livrée à dominante jaune à beige, complétée de fins motifs rayés rouges. Espèce variable.

Conf.: certains sujets sont partiellement ou totalement dépourvus d'appendices épineux. La livrée s'avère très variable: du noir au blanc sable, en passant par le brun et le vert, souvent constellée de petits points blancs ou noirs. Il pourrait s'agir d'espèces différentes. Unique au sein de la famille, ce genre fait l'objet d'un remaniement systématique et devrait être éclaté en plusieurs nouvelles unités.

Biot.: selon les «espèces»: les sujets évoluent au sein de formations variables: coraux cornés, herbiers, algues... entre 3 et plus de 30 m de profondeur. Mer Rouge, Indo-Pacifique occidental, Maldives incluses.

Biol.: hyper-adaptés à leur environnement, la perfection du camouflage est telle qu'il faut à la fois beaucoup de chance et un oeil très averti pour parvenir à les observer évoluer, souvent en couples. Le régime alimentaire est à base de petits crustacés. La ♀ assure les soins au frai, incubé à l'intérieur d'une poche formée de la réunion des nageoires pelviennes, soudées contre le corps. Après une dizaine de jours d'incubation, les juvéniles quittent la poche, alors parvenus au stade 11-13 mm.

Acclim.: inconnue; elle s'assimile à celle des hippocampes. Néanmoins, il serait bon de s'en abstenir, vue la rareté de l'espèce en milieu naturel.

▍*Famille des syngnathidés (syngnathes, hippocampes)*

Subdivisée en 2 sous-familles (syngnathes et hippocampes), elle groupe plus de 200 espèces, et une cinquantaine de genres. En Mer Rouge, 31 espèces et 17 genres, dont certains endémiques, sont présents. Hormis de rares espèces distribuées dans les mers froides, en eaux douce ou saumâtre, 70 % vit dans l'Indo-Pacifique tropical et subtropical. Chez les plus petites, la maturité sexuelle survient entre 2,0 et 2,5 cm à peine; d'autres atteignent 60 cm. Les hippocampes s'identifient à leur tête formant un coude par rapport au thorax, d'où une certaine analogie avec celle d'un cheval. Ils possèdent des nageoires pectorales et une dorsale, mais la nageoire anale est très réduite, voire absente. La queue, qui se termine en pointe, est modifié en organe préhensile. Les syngnathes ont une morphologie très fine et longiligne. Contrairement aux hippocampes, ils sont fréquemment dotés d'une caudale ronde. Hippocampes et syngnathes sont incapables d'évolutions rapides : ils ne se propulsent que par des ondulations des nageoires dorsale et anale (lorsqu'elle existe ♀). Leur menu est à base de zooplancton et de divers invertébrés benthiques.

L'acclimatation des hippocampes et des syngnathes implique un certain nombre d'écueils à éviter, une certaine expérience et beaucoup de soin. Ils ne tolèrent que les proies vivantes, donc mobiles; il est indispensable de disposer d'une ressource régulière. De plus, ils scrutent toujours quelques intants leurs proies avant de les happer : l'absorption est donc lente ; éviter l'association à des sujets rapides, qui monopoliseraient les proies. Idéalement, on réservera un bac uniquement peuplé de quelques invertébrés peu urticants.

Corythoichthys nigripectus
(Herald, 1953)
Syngnathe à poitrine noire (ci-contre à gauche)

Descript.: taille adulte : de l'ordre de 11 cm. Livrée beige, complétée de fines rayures rouges au niveau de la tête, et de motifs composés de ponctuations et de rayures rouges et oranges sur le corps. La zone pectorale est noire.
Conf.: *C. haematopterus* (Bleeker, 1851), le syngnathe à nageoires rouges, implanté dans l'Indo-Pacifique occidental, y compris les Maldives, atteint une vingtaine de cm, et s'identifie à la présence de motifs rouges nettement plus épais au niveau de la tête (en incrustation ci-contre à gauche).
Biot.: divers domaines récifaux, le plus souvent à partir de 4 mètres de profondeur et jusqu'à une trentaine de mètres. Mer Rouge, Indo-Pacifique.
Biologie et Acclim.: lire la présentation de la famille des syngnathidés.

Corythoichthys schultzi
(Herald, 1953)
Syngnathe à pointillés

Descript.: taille adulte : de l'ordre de 15 cm. Livrée beige, complétée d'alignements longitudinaux de ponctuations dorées à orangées et de lignes dscontinues.
Conf.: l'espèce se caractérise par un museau plus effilé que chez les trois autres représentants du genre recensés en Mer Rouge.
Biot.: divers domaines récifaux, dès la surface et jusqu'à une trentaine de mètres de profondeur, voire davantage. Mer Rouge, Indo-Pacifique.
Biol.: les frais interviennent aux premières heures du jour. L'accouplement et le frai, qui peuvent durer jusqu'à 45 minutes, se produisent au terme d'une parade nuptiale très codifiée. Les oeufs sont transmis alors que les poissons évoluent parallèlement l'un à l'autre, en faisant onduler leurs corps à la verticale. Les larves planctoniques éclosent en 10 à 14 jours.

Doryrhamphus multiannulatus
(Regan, 1903)
Syngnathe annelé

Descript.: taille adulte : de l'ordre de 18 cm. Livrée variable, dans les tons blancs tirant sur la jaune, complétée d'anneaux rouges à brun fauve (une soixantaine, parfois plus). La face ventrale du museau est colorée en jaune d'or.

Conf.: le présent genre se compose de 10 espèces en tout. *D. dactyliophorus* (Bleeeker, 1853) ou poisson-tuyau zébré, dont la taille atteint 19 cm, se rencontre en Mer Rouge et dans l'Indo-Pacifique occidental : elle se caractérise par des anneaux en nombre plus limité, de l'ordre de 20 à 30, au niveau de la tête et du corps. *D. excisus* Kaup, 1856, le syngnathe à bande bleue, ne dépasse guère 8 cm et s'identifie à la bande longitudinale bleue qui marque ses flancs.

Biot.: dès les premiers mètres de profondeur, sousvent à couvert, à l'intérieur de grottes ou sous des surplombs rocheux. Mer Rouge, bassin occidental de l'Océan Indien, Maldives incluses.

Biol.: contrairement à nombre d'autres espèces de syngnathes, les ♂ de cette espèces n'incubent pas les frais à l'intérieur d'une poche ventrale incubatrice : les oeufs adhèrent simplement à la face ventrale, dont les tissus forment néanmoins de petits réceptacles protecteurs (cf cliché). Ces syngnathes évoluent généralement en couples.

Acclim.: cf paragraphe d'introduction à la famille des syngnathidés.

Hippocampus histrix
(Kaup, 1856)
Hippocampe épineux

Descript.: taille adulte: de l'ordre de 15 cm (déroulé). Morphologie: cf cliché ci-dessus et rubrique d'introduction à la famille. Corps hérissé de nombreux appendices épineux. Livrée variable: du jaune au brun, en passant par le vert.
Conf.: *H. kuda* Bleeker, 1852, l'hippocampe doré ou océanique, atteint 30 cm. Aire de distribution similaire à celle de *D. multiannulatus*, mais dépourvu de prolongements épineux, qui font place à des excroissances en forme de bosses arrondies, moins nombreuses, réparties sur le corps. La livrée varie du jaune sale au noir, en passant au brun fauve.
Biot.: souvent les herbiers sous-marins, rarement les zones strictement coralliennes. Les adultes s'aventurent parfois dans le domaine pélagique, protégés par des algues dérivantes ou tout autre refuge mobile. Dès la surface, en Mer Rouge, dans l'Indo-Pacifique, Maldives incluses.
Biol.: comportement alimentaire largement comparable à celui des syngnathes: crustacés et alevins de poissons constituent leur ordinaire. S'aggrippent souvent à un point fixe à l'aide de leur queue préhensile. En position de nage, elle sera enroulé contre l'abdomen. Tout comme chez les syngnathes, la ♀ transfère les oeufs au ♂ à l'aide de sa papille génitale; celui-ci protège leur développement à l'intérieur d'une poche incubatrice. Selon l'espèce, le ♂ donne naissance en 4-5 semaines à de nombreux alevins achevés, littéralement «expulsés» au terme d'un véritable «accouchement». Le ♂ est alors fermement aggrippé à un support, de nature variable. Suite à l'expulsion, la poche incubatrice est nettoyée et préparée pour accueillir le frai suivant.
Acclim.: cf paragraphge de présentation de l'espèce.

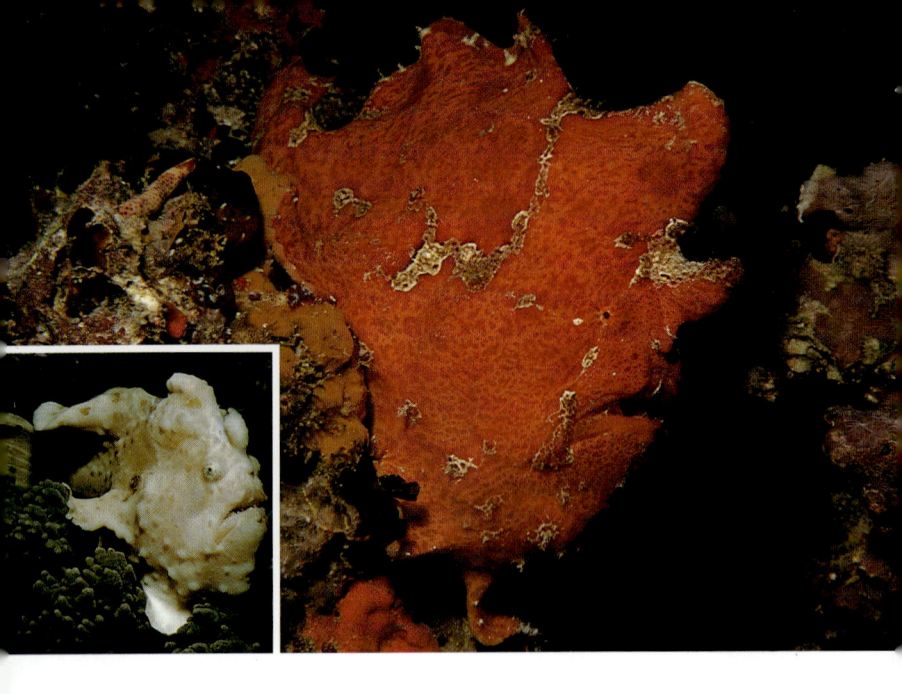

Ordre des lophiiformes (Diables, poissons-oies)

Tous les membres de cet ordre possèdent un organe faisant fonction de canne à pêche. Le premier rayon dorsal s'est en effet adapté, en s'individualisant et devenant mobile. A l'extrémité, une excroissance membraneuse, caractéristique en forme et taille d'une espèce, fait office d'appât en attirant leurs proies, à savoir de petits poissons, qui seront entièrement engloutis d'un trait, dans un réflexe dont la vitesse est stupéfiante. Outre les poissons-grenouilles, cet ordre comprend la famille des lophiidés (diable ou poissons-oies).

Famille des antennariidés (Poissons-grenouilles, antennaires, poissons-pêcheurs)

Tandis que les lophiidés se caractérisent par une forte compression horizontale, elle est verticale chez les antennaires : le dos est arqué, les flancs aplatis. La famille comprend 40 espèces, réparties en 13 genres.

Antennarius commersoni
(Latreille, 1804)
Antennaire géant

Descript.: taille adulte : 33 cm. Livrée variable : depuis les tons proches du blanc à presqu'entièrement noirs, en passant par le jaune, l'orange, le brun, le vert.
Conf.: genre fort de 25 espèces. Principal caractère discriminatoire : la taille et la forme du leurre. Ci-dessus en incrustation : *A. maculatus* (Desjardins, 1840), l'antennaire verruqueux.
Biot.: diverses zones du récif, dès la surface. Mer Rouge, Indo-Pacifique, Maldives incluses.
Biol.: souvent inféodés à un site déterminé, indolents à l'extrême, ils jouissent d'un camouflage quasi-parfait. Ils attirent leurs proies, de petits poissons, en agitant un leurre devant leur gueule prognathe, qui se déploie dans le temps record de 6 millisecondes, aspirant littéralement la victime à l'intérieur de la cavité buccale.
Acclim.: dimensions incompatibles.

▌*Ordres des scorpaeniformes (poissons-scorpions, scorpènes)*

Cet ordre, riche d'un millier d'espèces, regroupées en une vingtaine de genres, est à la fois vaste et varié ; il existe cependant des caractères morphologiques communs. Toutes les espèces possèdent une crête osseuse située sous les globes oculaires, qui protège la « joue » jusqu'au niveau des opercules. La tête est souvent hérissée d'épines, parfois intégralement « cuirassée » par des plaques ossifiées.

Les principales familles ou les plus connues sont bien sûr les scorpénidés (poissons-scorpions), mais également les triglidés (ou grondins), les dactyloptéridés (grondins volants), ainsi que les platycéphalidés (poissons-crocodiles).

▌*Famille des scorpaenidés (poissons-scorpions, rascasses, scorpènes)*

Les 300 espèces de rascasses peuplent toutes les mers tropicales et tempérées du globe ; quelques-unes sont même implantées dans les mers froides. Globalement, ces poissons sont inféodées au substrat, dont les fonds coralliens et rocheux sont l'habitat de prédilection. Exclusivement carnivores, tous possèdent des rayons venimeux, situés principalement dans la dorsale, et dans une moindre mesure au niveau des nageoires anale et pelvienne, parfois complétés de dards venimeux hérissant les opercules.

Chez une grande majorité d'espèces, la fente buccale est de grandes dimensions. La tête, large, arbore souvent des excroissances membraneuses spectaculaires, en forme de panaches ramifiés. La gueule proportionnellement démesurée est capable de se déployer comme l'éclair pour se saisir d'une proie, imprudemment aventurée à proximité : la dépression ainsi générée ne laisse aucune chance à la victime, immédiatement aspirée et ingurgitée. Leur voracité est telle qu'ils s'attaquent à des proies aussi volumineuses qu'eux-mêmes.

A l'intérieur même de la famille, l'existence de variations aspectuelles déterminent la subdivision en de nombreuses sous-familles. Nous nous limiterons ici à traiter les 4 principales, qui sont peut-être également les plus réputées.

Les poissons à la fois les plus spectaculaires et les plus attrayants esthétiquement sont sans doute les ptérois ou rascasses (sous-famille des ptéroinés, genres connus) ; l'aire de distribution se limite à l'Indo-Pacifique. Dotés de pectorales hypertrophiées, surtout longitudinalement, et de rayons dorsaux au moins partiellement libres, leurs livrées arborent des coloris somptueux. De tempérament plutôt indolent, les rascasses volantes évoluent néanmoins majestueusement.

Les scorpaeninés, ou poissons-scorpions, sont implantés hors des limites de l'Indo-Pacifique tropical : certaines espèces membres de cette sous-famille, qui en compte au moins 15, se rencontrent en Méditerranée et dans l'Atlantique. Souvent dépourvus de vessie natatoire, ces poissons sont de piètres nageurs, n'effectuant qu'en cas d'alerte de courts déplacements, pour se poser quelques mètres plus loin sur le fond. En revanche, ce sont de redoutables chasseurs à l'affût, capables de demeurer plusieurs heures parfaitement immobiles, dans l'attente du passage à leur portée d'une proie adéquate. De plus, la majorité des espèces arbore une livrée mimétique, à base de motifs tachetés et complétée d'excroissances membraneuses, qui leur assure un excellent camouflage. Enfin signalons la faculté que possèdent ces poissons d'adapter quasi-instantanément leurs coloris à ceux de leur environnement.

Quant aux poissons-pierres, représentant la sous-famille des synancéiinés, forte de 10 espèces et 6 genres, ils se rencontrent exclusivement dans l'Indo-Pacifique occidental. Ils jouissent généralement de coloris et de textures si bien adaptés à leur environnement qu'il est assez rare de pouvoir les observer. Leur corps présente un aspect extrêmement massif, voire disgracieux, dont la partie la plus développée est la gueule disproportionnée. Les poissons-pierres sont les plus venimeux de tous les poissons. Quant aux poissons-diables, il en existe deux genres, forts de 10 espèces, exclusivement recensées dans l'Indo-Pacifique occidental.

Pterois antennata
(Bloch, 1787)
Poisson-diable, ptérois à antennes

Descript.: taille adulte de l'ordre de 20 cm. Tête dotée d'une paire de tentacules supraorbitaux : de larges excroissances membraneuses, insérées en avant des globes oculaires, au niveau de zones colorées dans des tons fauves, séparées par une zone blanche. Les rayons pectoraux ne sont jointifs que dans leur tiers inférieur ; dans les 2/3 supérieurs, la membrane est absente. La livrée est généralement à dominante fauve, interrompue de nombreuses bandes verticales claires et sombres sur tout le corps. Les rayons pectoraux sont blancs, reliés par une membrane tachetée de bleu ou de noir.
Conf.: néant. Unique espèce dotée de nageoires pectorales à membrane tachetée de bleu ou de noir.
Biot.: diverses zones récifales, dès la surface et jusqu'à des profondeurs considérables. Indo-Pacifique occidental, Maldives incluses.
Biol.: de jour, ils évoluent souvent en solitaire ou en petites communautés, dissimulés dans des anfractuosités et des grottes. En fin de journée ou au crépuscule, ils se mettent en quête de proies : crustacés, crabes et crevettes et petits poissons. Ces rascasses ont développé une technique de chasse originale : elles déploient largement leurs rayons pectoraux, jusqu'à leur envergure maximale, et les utilisent pour empêcher leurs proies de fuir. Il ne leur reste plus qu'à les engloutir sur place, en une fraction de seconde.
Acclim.: les petites rascasses s'acclimatent globalement assez bien, sous réserve de veiller à n'associer que des sujets de dimensions égales ou supérieures. Des sujets trop modestes feront tôt ou tard les frais de leur féroce appétit. Lire les informations fournies au sujet des autres espèces.

Pterois miles
(Bennett, 1828)
Poisson-lion, rascasse volante, rascasse-poule

Descript.: taille adulte vers 40 cm. Présence de 2 tentacules supraorbitaux étroits, insérés en avant des globes oculaires. Les rayons pectoraux sont partiellement libres, mais toujours munis d'une membrane jusqu'à leur extrémité. Livrée variable, généralement à dominante fauve, plus rarement noire, interrompue de nombreuses bandes verticales étroites et blanches sur tout le corps. Rayons pectoraux rayés de bandes alternativement claires et sombres; membrane colorée dans des tons blancs à noirs en passant par le fauve, arborant la plupart du temps des motifs à base de rayures ou de ponctuations.

Conf.: l'espèce figure encore fréquemment sous le nom de *P. volitans*. Selon des travaux récents, les populations implantées en mer Rouge et dans l'Indo-Pacifique seraient désormais considérées comme espèces indépendantes, sur la base de certaines différences morphologiques. *P. volitans* (Linnaeus, 1758), ou rascasse volante du Pacifique, se distingue ainsi de la rascasse volante de la Mer Rouge par la présence d'un nombre supérieur de rayons pectoraux et anaux, des nageoires pectorales plus développées, ainsi que des taches de Ø supérieur dans la partie molle des nageoires dorsale, caudale et anale. La livrée exclut d'emblée toute confusion avec d'autres espèces dont la distribution serait identique.

Biot.: diverses zones récifales, de la surface jusqu'à des profondeurs considérables. Mer Rouge et Océan Indien, Maldives incluses.

Biol.: les sujets évoluent fréquemment de jour, consommant des crevettes, des crabes et de petits poissons. Voir également l'espèce *P. antennata* et *P. radiata*.

Acclim.: lire les fiches des autres espèces de rascasses.

Pterois radiata
(Cuvier, 1829)
Ptérois à raies blanches

Descript.: taille adulte de l'ordre de 20 cm. Tentacules supraorbitaux filiformes. Rayons des nageoires pectorales jointifs dans le tiers inférieur; la membrane est absente sur les 2/3 restants. Livrée foncée, à dominante fauve, interrompue de quelques bandes verticales étroites et blanches. Base de l'appendice caudal à deux lignes longitudinales blanches. Rayons dorsaux et pectoraux blancs.

Conf.: néant. Aucune autre espèce ne comporte deux lignes longitudinales au niveau de l'appendice caudal.

Biot.: diverses zones récifales, dès la surface et jusqu'à plus d'une quinzaine de mètres de profondeur. Mer Rouge et Indo-Pacifique, Maldives incluses.

Biol.: l'espèce semble se nourrir quasi-exclusivement de crabes et de crevettes. Le comportement de reproduction est globalement méconnu: la parade nuptiale et le frai surviennent de nuit.

Acculées, les rascasses se retournent contre leur agresseur, parfois un plongeur inattentif, rayons dorsaux venimeux érigés, qu'elles utilisent avec une précision redoutable. Ceux-ci sont enveloppés d'un tissu épithélial très fin, qui se déchire au contact. La moindre pression sur le rayon provoque l'écoulement du venin, contenu dans une glande située à la base du piquant, le long d'un sillon, et se déverse dans la blessure. Douloureuse à l'extrême, la piqûre s'accompagne de gonflements et de troubles circulatoires. La méthode dite « de l'eau chaude » (cf p. 25) apporte un soulagement provisoire, car les molécules de venin sont de nature protéique. Un suivi médical s'impose.

Acclim.: la plus extrême vigilance est de rigueur lors de toute intervention dans un aquarium peuplé de rascasses volantes ♀ Lire également les conseils donnés à propos de *P. antennata*.

Inimicus filamentosus
(Cuvier, 1829)
Rascasse à filaments

Descript. : taille adulte de l'ordre de 25 cm. Tête volumineuse ; globes oculaires en position nettement supère, très proches ; orifice buccal orienté vers le haut. Nageoire dorsale composée de 15 (parfois 16) rayons longs, individualisés et venimeux. Les 2 premiers rayons des pectorales, fortement élargies et en forme d'ailes, sont libres et épais, semblables à des griffes ; les 2 premiers de la partie en forme d'aile sont allongés et filiformes. Livrée à dominante brune et marbrée, le plus souvent partiellement recouverte de sable, d'où un mimétisme parfait. Nageoires caudale et pectorales colorées en beige à brun foncé ; zone périphérique d'un jaune vif, constellée de taches dans les tons brun foncé à noirs, cerclées de noir.
Conf. : les 8 espèces du genre (sous-famille des Choridactylinés) se différencient par les variations de coloration des pectorales.
Biot. : fonds sableux, y compris en zone littorale, dès la surface et jusqu'à plus de 55 mètres de profondeur. Mer Rouge et Océan Indien occidental, Maldives incluses.
Biol. : l'espèce paraît essentiellement piscivore. Les somptueux coloris ornant leurs pectorales expliquent l'autre nom parfois en vigueur de rascasses-papillons. Piètres nageurs, ces poissons se déplacent par reptation au sol, en s'aidant de leurs rayons pectoraux griffus ; leur nageoire caudale laisse au sol l'empreinte de leur passage, bien visible de loin. En la suivant, l'on a de fortes chances de parvenir à l'animal, qui se tient généralement enfoui jusqu'aux yeux. Menacé ou inquiété, l'animal déploie ses nageoires caudale et pectorales, révélant sa livrée d'intimidation.
Acclim. : aucune référence connue.

Synanceia verrucosa
(Bloch & Schneider, 1801)
Poisson-pierre

Descript.: taille adulte de l'ordre de 35 cm. Corps très massif, à tête très volumineuse; orifice buccal très large, fendu verticalement depuis le haut de la tête. Surface du corps irrégulièrement recouverte d'excroissances de peau et de verrucosités. Coloration très variable, généralement adaptée au substrat, du blanc sale au noir, en passant par divers tons de rouge.

Conf.: le poisson-pierre est fréquemment confondu avec *Scorpaenopsis diabolus*, le scorpion-diable ou poisson cirrheux, de la famille des scorpènes. Mais chez ce poisson, la fente buccale, au lieu d'être verticale, est oblique, et le corps n'est pas aussi massif que chez le poisson-pierre.

Biot.: le plus souvent posé sur les fonds sableux ou biodétritiques; platiers récifaux et lagunes peu profondes, plus rarement les fonds rocheux. L'espèce se cantonne aux eaux superficielles, jusqu'à quelques mètres de profondeur. Mer Rouge et Indo-Pacifique, Maldives incluses.

Biol.: les poissons-pierres ingèrent des proies de leur propre taille (poissons, crustacés). Très indolents, leur réflexe de fuite face à l'homme est quasi-inexistant. Ils menacent essentiellement les baigneurs et plongeurs, car ils se cantonnent à la surface. Une méthode efficace consiste à porter des chaussures de bain. Les poissons-pierres sont de loin les poissons les plus venimeux au monde: leur piqûre passe pour extrêmement douloureuse, voire parfois mortelle. La méthode dite «de l'eau chaude» (décrite p. 25) est un premier secours à appliquer d'urgence, susceptible de neutraliser une grande partie des molécules du venin. Un suivi médical reste indispensable.

Acclim.: espèce excessivement dangereuse de par sa venimosité; acclimatation déconseillée.

Scorpaenopsis diabolus
(Cuvier, 1829)
Poisson cirrheux, scorpion diable

Descript.: taille adulte de l'ordre de 30 cm. Tête volumineuse, à fente buccale obliquement orientée vers le haut. Dos arqué au niveau de l'insertion de la nageoire dorsale, déterminant une gibbosité. Livrée variable, le plus souvent adaptée aux couleurs du substrat. L'intrados des nageoires pectorales est coloré dans de superbes tons de jaune, d'orange et de noir.
Conf.: les confusions avec le poisson-pierre *Synancea verrucosa* sont fréquentes ; celui-ci s'identifie néanmoins à sa morphologie plus massive, ainsi qu'à sa large fente buccale, orientée verticalement en position supère.
Biot.: diverses zones récifales, dès la surface et jusqu'à profondeur considérable. Mer Rouge et Indo-Pacifique occidental, Maldives incluses.
Biol.: les sujets de l'espèce, lorsqu'ils sont dérangés ou menacés, révèlent soudainement les coloris vifs de la face inférieure de leurs nageoires pectorales. Ces coloris peuvent être considérés comme un signal, destiné à avertir tout agresseur potentiel du danger représenté par le poisson cirrheux. Ceux qui ont fait la désagréable expérience de se frotter aux épines venimeuses du scorpion-diable feront un large détour dès qu'ils apercevront à nouveau les pectorales colorées du scorpène.
Les scorpènes jouissent d'un mimétisme très performant, qui leur permet de passer inaperçus. Généralement peu enclins à la fuite, même en présence de plongeurs, la moindre imprudence est susceptible de se solder par une piqûre. Celle-ci provoque des douleurs intenses, parfois suivies de paralysies, mais ne passe pas pour mortelle. Premiers soins identiques à ceux décrits à propos de l'espèce *S. oxycephala* (poisson-scorpion à houppes).
Acclim.: voir *S. verrucosa*.

Scorpaenopsis oxycephala
(Bleeker, 1849)
Poisson scorpion à houppes

Descript.: taille adulte de l'ordre de 36 cm. Tête volumineuse, à fente buccale large, orientée obliquement vers l'avant. La mâchoire inférieure présente de nombreuses excroissances ramifiées en panaches, issues de l'épiderme, relativement développés, de même le corps, dont les innombrables panaches sont plus réduits. Coloration variable, généralement harmonisée au substrat, dans les tons voisins du blanc, roses, rouge-orangé, brun foncé à verts, généralement plus ou moins nettement marbrée.
Conf.: en dépit du nombre important d'espèces recensées de poissons-scorpions, la majorité d'entre elles se distingue aisément de *S. oxycephala*.
Biot.: diverses zones récifales, dès la surface et jusqu'à au moins 35 mètres de profondeur. Mer Rouge et Indo-Pacifique, Maldives incluses.
Biol.: le venin des poissons de cette famille se composant d'une base protéique, l'un des premiers secours à prodiguer est la méthode dite « de l'eau chaude ». Elle consiste à immerger dès que possible le membre concerné dans un bain d'eau aussi chaude que possible, jusqu'à la limite de la tolérance du blessé. Les molécules protéiques étant dénaturées par la chaleur, le venin est lui-même inactivé. Plus le traitement est mis en oeuvre précocement, meilleures sont les chances d'apaisement, en empêchant le venin de se propager et de développer ses effets. On peut compléter ce traitement en administrant des antalgiques, destinés à lutter contre la douleur. Dans les cas les plus graves ou si l'individu développe des réactions allergiques, un traitement médical s'impose.
Acclim.: impossible.

Taenianotus triacanthus
(Lacépède, 1802)
Poisson-scorpion feuille

Descript.: taille adulte vers 10 cm. Corps légèrement comprimé latéralement, à grande nageoire dorsale en drapeau, souvent déployée. Coloration variable, le plus souvent dans les tons jaunes-beiges à verts, mais aussi, quoique plus rarement, noirs, rouges, roses, jaune citron ou blancs argentés, souvent complétée de quelques petites taches irrégulières, alternativement claires et sombres.
Conf.: néant.
Biot.: diverses zones récifales, de la surface à des profondeurs très considérables. Indo-Pacifique, Maldives incluses.
Biol.: le corps de ces poissons imite une feuille ou une touffe d'algues en suspension dans l'eau ; ils oscillent d'un flanc sur l'autre, comme au gré des vagues ou du ressac ; ce comportement renforce encore l'apparence d'un débris végétal à la dérive. Menacés, ils se couchent même sur le flanc. Les coloris de la livrée, évoquant ceux d'un végétal, contribuent à parfaire leur mimétisme. Plus rarement mais régulièrement apparaissent des sujets dont la coloration contraste radicalement avec celle de l'environnement ; la morphologie imite cependant l'aspect d'un végétal à la dérive. Ce type de comportement est désigné par le terme de mimétisme.
L'espèce se distingue par une autre particularité de comportement : l'épiderme mue à intervalles réguliers ; le tégument commence à se déchirer au niveau des bourrelets labiaux et des opercules, et continue à se détacher par morceaux. Dans les quelques jours précédant la mue, le poisson recourbe sa queue vers le haut.
Acclim.: ces hôtes s'avèrent particulièrement exigeants sur la qualité de l'eau. Elle implique des distributions régulières de proies vivantes, telles que des poissons ou des crustacés.

■ *Famille des platycéphalidés*
 (Poissons-crocodiles)

Ils se caractérisent par un corps aplati, effilé, à tête volumineuse et plate, dont la morphologie évoque celle d'un crocodile. Typiquement benthiques, les 60 espèces de poissons, réparties en 12 genres, que compte cette famille sont cosmopolites.

Papilloculiceps longiceps
(Ehrenberg, 1829)
Poisson-crocodile, tête plate

Descript. : taille adulte de l'ordre de 100 cm. Morphologie typique, telle que décrite ci-dessus. Dorsale bipartite, bien séparée. Coloration à dominante blanc sable, complétée de marbrures sombres et irrégulières.
Conf. : l'identification des espèces proches peut s'avérer délicate.
Biot. : le plus souvent sur les fonds sableux à proximité des zones récifales, dès la surface et jusqu'à des profondeurs très considérables. Mer Rouge (très fréquente) et Indo-Pacifique occidental, Maldives incluses (où l'espèce est rare).
Biol. : leur livrée fait d'eux des chasseurs à l'affût très furtifs. Si une proie (petit poisson, crustacé) s'aventure à l'intérieur d'un certain périmètre d'affût (1 mètre autour du poisson), le prédateur fond sur elle en une fraction de seconde et l'ingère. En cas de besoin, les poissons-crocodiles sont également capables de s'enfouir dans le sable, ne laissant affleurer que leur museau et les yeux, lesquels jouissent d'un camouflage particulier : l'iris présente une configuration ramifiée qui en dissout la forme, même yeux écarquillés (cliché en incrustation).
Les poissons-crocodiles manifestent très peu de méfiance à l'égard des plongeurs. Confiants en l'efficacité de leur camouflage, ils se tiennent généralement immobiles à leur approche, ne fuyant qu'au dernier moment, pratiquement à leur contact.
Acclim. : impossible.

❚ *Ordre des perciformes*

Riche de 7800 espèces et de plus de 150 familles, l'ordre des perciformes n'est pas seulement le groupe de poissons le plus vaste et le plus moderne, de par les nombreuses caractéristiques évoluées de ses représentants, c'est aussi le plus vaste au sein du monde des vertébrés, tous groupes confondus. Il ne s'agit pas d'un ordre uniforme, qui aurait évolué à partir d'un ancêtre commun : il regroupe des familles excessivement diverses, définies non pas par leur niveau d'évolution, qui reste vaguement déterminé, mais par les spécialisations qui leur manquent par rapport aux autres familles. Ceci explique en partie la variabilité des informations bibliographiques relatives au nombre des espèces et des familles membres de cet ordre. C'est également pourquoi il reste assez hasardeux de définir des caractéristiques communes applicables à chaque famille.
La majorité des perciformes possède deux nageoires dorsales, qui sont parfois réunies. La dorsale antérieure (ou première dorsale) est presque toujours structurée par des rayons rigides, tandis que la portion postérieure est composée de rayons mous. Les nageoires pelviennes et anale comprennent elles aussi de 1 à 3 rayons rigides, et des rayons mous en nombre supérieur. Les opercules branchiaux sont bien développés. Il existe une série d'autres caractères distinctifs non morphologiques, notamment ceux qui relèvent de l'anatomie du squelette. Beaucoup de perciformes sont des espèces marines ; nombre d'entre elles jouent un rôle sur le plan économique.

❚ *Famille des serranidés (serrans)*

Les serrans, l'une des principales familles au sein de l'ordre des perciformes, rassemblent plus de 320 espèces, issues de 48 genres environ. Elle-même se subdivise en 3 sous-familles : les serrans, les anthias et les mérous. Les membres de cette famille se distinguent par un corps oblong, variablement comprimé latéralement et recouvert d'écailles de type cténoïde. La mâchoire inférieure qui équipe la large gueule protractile est généralement de longueur supérieure à la mâchoire supérieure ; elle est donc souvent proéminente. Les deux mâchoires sont armées de nombreuses dents ; c'est également le cas du palais et parfois de la langue. Ces poissons se caractérisent en outre par la présence d'épines aplaties ou denticules operculaires, orientés vers l'arrière et visibles au niveau du bord postérieur des opercules ; la zone postérieure de l'opercule antérieur est très souvent armée d'une découpe en dents de scie.
D'une espèce à l'autre, on note la présence d'une ou de deux nageoires dorsales. Lorsqu'il n'en existe qu'une, la partie antérieure est constituée de rayons durs et la partie postérieure de rayons mous. Lorsque il existe deux nageoires, la première se compose de rayons rigides, la seconde de rayons mous. Les bords d'attaque des nageoires pelviennes et anale sont également structurés par un à trois rayons rigides.
La taille des représentants de cette famille varie de 4 cm pour les plus petits à 350 cm ; le poids de ces sujets peut alors avoisinner 550 kg.
Le comportement alimentaire des serrans et des mérous est exclusivement prédateur ; leurs proies sont souvent des poissons et/ou divers invertébrés. Les anthias, pour leur part, observent un régime alimentaire exclusivement microphage.
La majorité des espèces est hermaphrodite ; chez la plupart d'entre elles, une mutation sexuelle intervient au cours de leur existence, qui transforme les ♀ en ♂ ; c'est par exemple le cas chez les représentants des genres *Epinephelus* et *Cephalopholis*, et vraisemblablement chez la majorité des autres genres traités. On connaît d'autres cas où un individu possède simultanément les deux sexes, et partant la faculté de s'autoféconder. Les espèces où les deux sexes sont distincts constituent une infime minorité.
Hors de la saison de reproduction, la majorité des serranidés observe un comportement de solitaire ; un individu occupe un territoire aux limites bien définies, qu'il défend contre l'intrusion de tout autre congénère. Les anthias font ici encore exception à cette règle : ils évoluent collectivement en bancs, constitués de centaines, voire de milliers de sujets.

Anyperodon leucogrammicus
(Valenciennes, 1828)
Mérou élégant, loche à lignes blanches, mérou à taches rouges

Descript.: taille adulte de l'ordre de 50 cm. Corps plus effilé, tête plus pointue que chez les autres mérous. Coloration dans les tons gris à nuances de vert, constellée sur tout le corps de nombreuses petites ponctuations de couleur rouge-orangée. Les sujets juvéniles et subadultes arborent 3 à 5 bandes longitudinales sur les flancs (de couleur rouge et bleue, d'après certains auteurs), ainsi qu'une à deux taches noires à la base de la nageoire caudale, parfois cerclées de bleu. Durant la nuit, on observe également chez les sujets adultes entre 3 et 5 bandes longitudinales sur les flancs, dans les tons blanc sale.
Conf.: néant.
Biot.: lagunes et récifs externes, riches en espèces coralliennes, généralement entre 5 et une cinquantaine de mètres de profondeur. Mer Rouge et Indo-Pacifique occidental, Maldives incluses.
Biol.: l'espèce observe un mode de vie relativement furtif, comparativement à d'autres mérous, passant assez souvent inaperçue. Elle se nourrit aux dépens de poissons, et probablement de crustacés. Il semble que dans certaines zones, les juvéniles de petite taille de cette espèce imitent les subadultes des espèces *Halichoeres biocellatus* et *H. melanurus*, de la famille des labres, en arborant des coloris identiques. Leurs proies potentielles sont susceptibles d'assimiler les petits mérous à des labres, beaucoup plus inoffensifs et ne se nourrissant que de petits invertébrés. Dans ce cas précis, un « dangereux prédateur » imite donc une espèce inoffensive ; il s'agit donc d'un cas de mimétisme de prédation.
Acclim.: l'espèce n'est pas acclimatable.

Cephalopholis argus
(Schneider, 1801)
Mérou céleste, vieille cuisinière

Descript.: taille adulte de l'ordre de 50 cm. Coloration à dominante de brun foncé, complétée d'innombrables taches d'un bleu foncé à clair, cerclées de sombre, au niveau de la tête et des nageoires. On observe souvent 5 bandes larges et claires, barrant la moitié postérieure du corps, et une zone triangulaire claire à l'insertion de la nageoire pectorale.
Conf.: néant.
Biot.: zones récifales, entre la surface et plus d'une quarantaine de mètres de profondeur. Mer Rouge, Indo-Pacifique, Maldives incluses.
Biol.: l'espèce consomme essentiellement de petits poissons, pourchassés tant de jour que de nuit. Les juvéniles affectionnent la protection des entrelacs denses de ramifications coralliennes, en eaux peu profondes. Les adultes évoluent en couples, parfois en petites communautés. Les ♀ sont sexuellement matures au stade 22 cm.

Cephalopholis hemistiktos
(Rüppel, 1830)
Vieille d'Arabie (ci-dessus en incrustation)

Descript.: taille adulte de l'ordre de 35 cm. Coloration dans les tons rouges à brun foncé; tête et zone ventrale constellées de petites ponctuations bleues, cerclées de noir; on observe parfois une vaste zone décolorée s'étendant sur la zone dorsale postérieure et dorsalement à la base du pédoncule caudal. La nageoire caudale proprement dite est foncée.
Conf.: des confusions avec d'autres mérous aux coloris similaires ne sont pas exclues, mais cette espèce est seule à arborer une livrée strictement correspondante à celle décrite ci-dessus. Il s'agit du représentant du genre *Cephalopholis* le plus fréquent en Mer Rouge.
Biot.: diverses zones récifales, dès le voisinage de la surface. De la Mer Rouge au Golfe d'Arabie.
Biol.: aucune particularité notable.
Acclim.: l'espèce est difficilement acclimatable.

Cephalopholis miniata
(Forsskål, 1775)
Vieille de corail, vieille étoilée

Descript.: taille adulte de l'ordre de 40 cm. Coloration dans les tons rouges à rouge-orangé, plus rarement tirant sur le brun-rouge ; tête, corps et nageoires invariablement constellés de nombreuses petites ponctuations d'un bleu clair. Les juvéniles de petite taille seraient à dominante dorée, constellés de quelques ponctuations bleues.
Conf.: unique espèce uniformément rouge à rouge-orangé, dont l'intégralité du corps soit constellée de nombreuses petites ponctuations bleues.
Biot.: diverses zones récifales, richement colonisées par les espèces coralliennes, dès le voisinage de la surface et jusqu'à profondeur considérable. Mer Rouge et Indo-Pacifique, Maldives incluses.
Biol.: l'espèce se rencontre évoluant en solitaire ou en petites communautés.
Acclim.: l'espèce est difficilement acclimatable.

Cephalopholis leopardus
(Lacépède, 1802)
Vieille léopard, mérou fauve
(ci-dessus en incrustation)

Descript.: taille adulte de l'ordre de 24 cm. Coloration beige, à marbrures fauves ; partie antérieure marquée de petites taches et ponctuations rouges. Deux taches noires marquent la base de la nageoire caudale.
Conf.: *C. urodeta* (Bloch & Schneider, 1801), la loche urodèle, implantée dans l'Indo-Pacifique, atteint une taille de l'ordre de 27 cm et arbore parfois des coloris identiques, à l'exception des taches noires, absentes de la région caudale.
Biot.: diverses zones récifales richement colonisées par les coraux, entre 3 et une quarantaine de mètres de profondeur. Indo-Pacifique, archipel des Maldives inclus.
Biol.: le comportement de l'espèce est toujours solitaire. Les sujets, très furtifs, sont difficiles à observer.
Acclim.: peu compatible avec les conditions de la captivité.

Cephalopholis sexmaculata
(Rüppel, 1830)
Vieille à six taches

Descript.: taille adulte de l'ordre de 50 cm. Coloration dans les tons rouge-orangé, complétée de nombreuses petites ponctuations bleues au niveau de la tête et du corps, parfois jointives dans la région céphalique. Dos marqué de 6 taches noires à brunes, grossièrement carrées, aux contours souvent irréguliers : 4 au niveau de l'insertion de la dorsale, 2 au niveau du pédoncule caudal. Parfois, des bandes verticales faiblement contrastées, issues des taches dorsales, cheminent jusqu'à la région ventrale.
Conf.: néant.
Biot.: grottes, anfractuosités des récifs externes et tombants abrupts, au-delà de 6 mètres et jusqu'à une profondeur considérable. Mer Rouge, Indo-Pacifique, Maldives incluses.
Biol.: espèce au mode de vie furtif, solitaire ou en petites communautés. Se font occasionnellement déparasiter par des crevettes *Periclimenes elegans*.

Epinephelus flavocaeruleus
(Lacépède, 1802)
Mérou faraud (ci-dessus en incrustation)

Descript.: taille adulte de l'ordre de 100 cm. Les juvéniles en-deçà de 50 cm sont colorés en bleu foncé ; les nageoires et la lèvre supérieure sont colorés en jaune. Par la suite, la livrée évolue : elle devient grise tachetée, et le jaune des nageoires et de la lèvre supérieure s'estompe progressivement.
Conf.: néant, compte-tenu de la livrée caractéristique qu'arborent les juvéniles.
Biot.: diverses zones récifales, généralement à partir de 10 mètres (rarement en-deçà) et jusqu'à profondeur considérable. Indo-Pacifique, Maldives incluses.
Biol.: cette espèce relativement rare se montre familière à l'égard de l'homme.
Acclim.: les mérous, dans leur majorité, sont de dimensions incompatibles avec les conditions d'un aquarium.

Epinephelus fasciatus
(Lacépède, 1802)
Mérou oriflamme, loche rouge, écarlate

Descript.: taille adulte de l'ordre de 35 cm. Coloration variable : des tons de blanc à jaune nuancés de rouge ; une grande tache fauve marque le haut de la tête et la nuque (d'où le nom de « mérou à béret basque »). Cinq bandes verticales dans les tons rouges-orangés à fauves barrent fréquemment les flancs, en fonction de l'état émotionnel des sujets, et sont susceptibles de disparaître en une fraction de seconde.
Conf.: néant.
Biot.: diverses zones récifales, dès la surface et jusqu'à profondeur considérable. Mer Rouge et Indo-Pacifique, Maldives incluses.
Biol.: les mérous oriflammes sont des solitaires endurcis, mais on observe parfois de petites communautés d'individus étroitement associés. A leur régime alimentaire figurent essentiellement divers crustacés et des poissons, qu'ils capturent aussi bien de jour que de nuit. Dans une moindre mesure, ils consomment également des calamars et des ophiures. Des recherches effectuées sur le littoral d'Afrique de l'Est ont avéré que les ♀ atteignaient la maturité sexuelle au stade 16 cm, contre 17,5 cm pour les ♂. L'espèce est le représentant du genre *Epinephelus* le plus fréquent en Mer Rouge.
Acclim.: espèce difficilement acclimatable.

Epinephelus microdon
(Bleeker, 1856)
Mérou marbré

Descript.: taille adulte de l'ordre de 60 cm. Dominante dans les tons brun moyen, constellée de nombreuses petites ponctuations d'un brun foncé et de marbrures claires. Les plages claires et brunes couvrent des surfaces grossièrement identiques; parfois, les zones brunes semblent prédominantes.

Conf.: l'espèce est souvent confondue avec *Epinephelus fuscoguttatus* (Forsskål, 1775), qui possède une livrée très ressemblante. Les sujets peuvent néanmoins mesurer jusqu'à 90 cm. On retrouve chez ce poisson des marbrures alternativement claires et sombres, mais avec une nette prédominance des plages claires. Par ailleurs, les marbrures semblent présenter une plus grande régularité. Ce mérou, d'une taille relativement supérieure, demeure excessivement farouche, faisant office de « petit frère » en mer Rouge et dans l'Indo-Pacifique, Maldives incluses.

Biot.: lagunes et récifs orientés vers le large, richement colonisés par les espèces coralliennes. Dès la surface et jusqu'à plus de 45 mètres de profondeur. Mer Rouge et Indo-Pacifique, Maldives incluses.

Biol.: cette espèce évolue le plus souvent en solitaire, se nourrissant essentiellement de divers poissons et de crustacés, ne négligeant pour autant ni les céphalopodes ni les gastéropodes. Ces sujets sont capables de se montrer familiers envers l'homme. Ils fréquentent à intervalles réguliers les stations de déparasitage où opèrent les crevettes *Periclimenes elegans*; celles-ci éliminent les organismes parasitant leur épiderme.

Acclim.: espèce non acclimatable.

Epinephelus spilotoceps
(Schultz, 1953)
Mérou à quatre selles

Descript.: taille adulte de l'ordre de 35 cm. Les motifs de la livrée évoquent les alvéoles d'une ruche; les contours sont beiges et les centres de couleur brune; certaines zones, assez vastes, sont dans des tons plus foncés. Quatre taches noires marquent la partie postérieure de l'insertion de la nageoire dorsale, ainsi que la partie supérieure du pédoncule caudal.
Conf.: *E. hexagonatus* (Schneider, 1801) possède une livrée très ressemblante; elle s'identifie néanmoins à la présence de ponctuations triangulaires blanches, bien contrastées, entre les centres bruns des motifs en nid d'abeilles.
Biot.: diverses zones récifales, plus ou moins protégées, dès la surface. Indo-Pacifique, archipel des Maldives inclus.
Biol.: aucune particularité notable.
Acclim.: espèce non acclimatable.

Epinephelus merra
(Bloch, 1790)
Mérou gâteau de cire, loche rayon de miel
(en incrustation)

Descript.: taille adulte de l'ordre de 30 cm. Motifs de la livrée évoquant une structure alvéolée en nid d'abeille; contours beiges, centres de couleur brune, les flancs arborent fréquemment 5 bandes verticales sombres de largeur variable.
Conf.: le genre compte un certain nombre d'autres espèces à livrée ressemblante, mais demeurent toutes faciles à identifier.
Biot.: lagunes peu profondes et autres zones récifales protégées. Se rencontre généralement au voisinage de la surface, mais occasionnellement jusqu'à une cinquantaine de mètres de profondeur. Indo-Pacifique, Maldives incluses.
Biol.: les juvéniles se rencontrent la plupart du temps à couvert, sous les entrelacs des ramifications d'acropores. Le régime alimentaire se compose pour l'essentiel de poissons et de crustacés.
Acclim.: non réalisable.

Epinephelus summana
(Forsskål, 1775)
Mérou summan, loche à taches claires

Descript.: taille adulte de l'ordre de 50 cm. Coloration dans les tons brun foncé à vert olive, complétée de quelques grandes taches rondes beiges à blanches et de nombreuses petites ponctuations blanches. La livrée des juvéniles est dans les tons gris-bruns, complétés de grandes taches blanches cernées d'un liséré sombre.
Conf.: on rencontre dans l'Indo-Pacifique une autre espèce étroitement apparentée, à la livrée très semblable : *E. ongus* (Bloch, 1790).
Biot.: diverses zones récifales plus ou moins protégées. Se rencontre généralement dès la surface, uniquement en mer Rouge et dans le Golfe d'Aden.
Biol.: l'espèce peut également être observée en eaux saumâtres.
Acclim.: espèce non acclimatable.

Epinephelus tauvina
(Forsskål, 1775)
Mérou loutre, loche mouchetée
(en incrustation)

Descript.: taille adulte de l'ordre de 70 cm. Livrée dans les tons gris tirant sur le vert à beige clair, complétée de nombreuses ponctuations dans des tons de brun foncé à plus clair, parsemant tout le corps. Cinq bandes verticales plus sombres et peu contrastées barrent parfois les flancs des sujets.
Conf.: bien qu'un certain nombre d'espèces identiques soient recensées, les critères d'identification demeurent nets.
Biot.: lagunes et autres récifs orientés vers le large, densément colonisés par les espèces coralliennes. Dès la surface et jusqu'à plus de 45 mètres de profondeur. Mer Rouge et Indo-Pacifique, Maldives incluses.
Biol.: l'espèce est prédatrice, essentiellement piscivore.
Acclim.: espèce non acclimatable.

Aethaloperca rogaa
(Forsskål, 1775)
Vieille roga

Descript.: taille adulte de l'ordre de 60 cm. Le dos est plus arqué que chez les autres espèces de mérous. Livrée dans les tons brun foncé; l'intérieur de la cavité buccale est orange tirant sur le rouge.
Conf.: néant; le genre est monospécifique.
Biot.: zones récifales riches en espèces coralliennes, en anfractuosités et grottes. Dès la surface et jusqu'à plus d'une cinquantaine de mètres de profondeur. Bien que cosmopolite, l'espèce n'en est pas pour autant fréquente. Mer Rouge et Indo-Pacifique occidental.
Biol.: l'espèce consomme divers poissons et des crustacés. Chez cette espèce, la maturité sexuelle est atteinte au stade 34 cm; les frais se produisent toute l'année.
Acclim.: espèce non acclimatable.

Plectropomus areolatus
(Rüppell, 1830)
Mérou à caudale carrée

Descript.: taille adulte de l'ordre de 90 cm. Coloration dans les tons rouges tirant sur le brunâtre à rouges, constellée de nombreuses ponctuations d'un bleu foncé à bordure sombre, dont certaines ont une forme allongée.
Conf.: *P. leopardus*, dont la livrée est généralement plus claire et n'est distribuée que dans le Pacifique occidental, se distingue de *P. areolatus* par des ponctuations dans les tons bleu clair, plus petites, mais également plus nombreuses. De plus, il s'agit de l'unique espèce membre du genre *Plectropomus* à posséder un anneau bleu presque continu autour de chaque oeil.
Biot.: diverses zones récifales. De la surface à plus d'une vingtaine de mètres de profondeur. Mer Rouge, Indo-Pacifique, Maldives incluses.
Biol.: ce mérou, également trsè attrayant sur le plan de l'esthétique de la livrée, est essentiellement piscivore.

Plectropomus laevis
(Lacépède, 1801)
Mérou sellé, mérou léopard

Descript.: taille adulte de l'ordre de 100 cm. Deux variantes chromatiques sont connues: 1) Dominante blanche à beige clair, complétée de 5 selles noires à brunes foncées, issues du dos et parvenant jusqu'au niveau médian du flanc; la partie postérieure du corps est parfois tachetée de sombre; la tête, plus particulièrement le pourtour de la gueule, le pédoncule caudal et toutes les nageoires sont colorées en jaune. 2) Dominante brune tirant sur le rouge à brune, constellée de nombreuses petites ponctuations bleues, le plus souvent bordées de sombre. Interstices (plus clairs) entre les selles de couleur beige au niveau du dos, sans nuance de jaune. La variante 1 semble correspondre aux juvéniles et subadultes. Les plages blanches et jaunes de la livrée se voient généralement substituées par des plages brun-rouges à brunes au stade 40-60 cm. Malgré tout, la livrée peut varier considérablement indépendamment de la taille des sujets. Le nombre et l'intensité de coloration des ponctuations bleues sont soumis à l'état émotionnel des sujets.

Conf.: néant.

Biot.: lagunes et récifs externes à faune corallienne dense. Au-delà de 4 mètres et jusqu'à une profondeur très considérable. Indo-Pacifique, Maldives incluses.

Biol.: les juvéniles ont des coloris mimétiques de *Canthigaster valentini* (un tétrodon), ce qui leur confère d'une part une meilleure protection contre les prédateurs, mais d'autre part les fait passer pour d'inoffensifs poissons-ballons aux yeux de leurs proies potentielles. L'espèce est en effet piscivore: des études du contenu stomacchal de sujets compris entre 64 et 79 cm de longueur ont permis de retrouver des perroquets, des labres et des chirurgiens d'une taille de 15 à 31 cm

Acclim.: espèce non acclimatable.

Plectropomus pessuliferus marisrubri
(Randall & Hoese, 1986)
Mérou-loche vagabonde

Descript.: taille adulte de l'ordre de 100 cm. Livrée à dominante rouge à brune, ensemble du corps constellé de nombreuses ponctuations d'un bleu foncé et cerclées d'un liséré sombre. Le dos et le pédoncule caudal présentent de 6 à 7 «selles» sombres, irrégulièrement disposées et interrompues, capables de descendre jusqu'au niveau de la face ventrale.

Conf.: la présente sous-espèce se confond parfois avec la seconde variante chromatique de *P. laevis*, laquelle se distingue par la présence de 4 à 5 selles sombres sur le dos. Dans la partie orientale de l'Océan Indien, Maldives incluses, et dans le Pacifique occidental, se rencontre le mérou léopard indien *P.p. pessuliferus* (Fowler, 1904), la seconde sous-espèce, qui n'évolue généralement qu'au-delà de 25 mètres et jusqu'à grande profondeur. Elle possède une livrée d'un rouge vif.

Biot.: diverses zones récifales. Généralement au-delà d'une huitaine de mètres de profondeur. Mer Rouge.

Biol.: les sujets sont des solitaires endurcis; hors saison de reproduction, ils se rencontrent presque toujours seuls.

Acclim.: espèce non acclimatable.

Variola louti
(Forsskål, 1775)
Croissant queue jaune, loche-caméléon

Descript.: taille adulte de l'ordre de 80 cm. Nageoire caudale en forme de croissant de lune nettement échancré. Coloration dans les tons bruns tirant sur le jaune à rouge orangé, constellée de nombreuses petites ponctuations irrégulières roses, bleues ou violettes, sur tout le corps et les nageoires. La bordure de fuite des nageoires dorsale, caudale, anale, pectorales et pelviennes est marquée d'une bande assez large (par rapport à *V. albimarginata*).

Conf.: *V. albimarginata* Baissac, 1956, une seconde sous-espèce d'une taille limitée à 60 cm, est assez ressemblante et se distingue essentiellement par une bordure postérieure au niveau de la nageoire caudale moins large.

Biot.: diverses zones récifales densément colonisées par les coraux. Espèce présente au-delà de 5 mètres et jusqu'à très grande profondeur. Les sujets adultes semblent privilégier le domaine de profondeur au-delà de 15 m, tandis que les juvéniles se rencontrent au voisinage de la surface. Mer Rouge et Indo-Pacifique, Maldives incluses.

Biol.: le régime alimentaire de l'espèce se compose essentiellement de divers poissons, dont la taille n'a pour limite que la voracité de ce prédateur, qui ne se laisse pas impressionner par les grandes proies munies de dards ou venimeuses, telles que les rascasses ou les poissons-soldats, aussi volumineuses que lui-même. Ce mérou consomme également, quoique dans une moindre mesure, des crabes et d'autres crustacés.

Acclim.: espèce non acclimatable, car de dimensions trop imposantes.

Pseudanthias cooperi
(Regan, 1902)
Anthias à tache rouge

Descript.: taille adulte de l'ordre de 14 cm. Morphologie : voir cliché ci-dessus. Nageoire dorsale dépourvue de rayons longs. Femelle orange, à ventre clair. Mâle rouge-orangé à violet argenté ; le flanc s'orne d'une courte barre ou plutôt d'une tache oblongue verticale d'un rouge intense, en position médiane ; la caudale est colorée en rouge vif. Chez les deux sexes, une tache violette marque l'avant de la nageoire dorsale.

Conf.: les ♂ de l'espèce se reconnaissent de loin à la courte barre verticale rouge qui orne leurs flancs. Les ♀, en revanche, sont plus difficiles à distinguer de celles d'autres espèces.

Biot.: parois et tombants verticaux, au moins occasionnellement soumis à un fort déferlement. Espèce présente au-delà de 10 mètres et jusqu'à une soixantaine de mètres de profondeur. Indo-Pacifique, Maldives incluses.

Biol.: l'espèce se rencontre le plus souvent en petites communautés d'individus clairsemés, composées pour l'essentiel de ♀, ce qui est la règle chez tous les anthias. Se reporter également aux autres espèces traitées.

Acclim.: si attrayants que soient les anthias sur le plan esthétique, leur acclimatation durable dans le temps demeure pour le moins délicate. Ils requièrent des cuves spacieuses (500 litres au bas mot), fortement brassées, un milieu saturé en oxygène et très pauvre en nitrates. De plus, le décor doit permettre à chaque membre du groupe de se dissimuler. Le comportement alimentaire de ces poissons n'est pas le moindre des problèmes : zooplanctophages, ils requièrent plusieurs distributions journalières, idéalement sous forme de crevettes planctoniques. Certaines espèces ne tolèrent aucun aliment de substitution.

Pseudanthias evansi
(Smith, 1954)
Anthias bicolore, anthias à dos jaune

Descript.: taille adulte de l'ordre de 10 cm. Morphologie : voir cliché ci-dessus. Livrée rose à violet pâle, dos et queue colorés en jaune soutenu ; la livrée nuptiale des ♂ se pare de coloris plus saturés.

Conf.: possible avec les ♂ de l'espèce *Nemanthias carberryi*, ou anthias à filaments, dotés de coloris somptueux, qui s'identifient néanmoins à la présence de longs filaments dans le prolongement des rayons dorsaux.

Biot.: le plus souvent à flanc de parois plus ou moins abruptes. Espèce présente entre 10 et 35 mètres de profondeur. Océan Indien, Maldives incluses.

Biol.: les anthias évoluent toujours en communautés d'individus clairsemés, plus ou moins nombreux : de quelques sujets seulement à plusieurs centaines. Ils évoluent le plus souvent en zone pélagique, quasi-perpétuellement en quête de proies zooplanctoniques. En cas de danger ou s'ils sont alertés, ils gagnent en quelques fractions de seconde le récif, et s'y dissimulent dans les anfractuosités ou dans l'entrelac de colonies coralliennes buissonnantes. C'est également là qu'ils passent leur repos nocturne, à l'abri de leurs prédateurs. Mais dès que la menace s'estompe, les sujets les plus audacieux ne tardent pas à refaire leur apparition, encourageant le reste du banc à regagner le milieu pélagique qui surmonte les colonies coralliennes ou le flanc de tombants sous-marins et à y reprendre leur activité de chasse. Lire également les données biologiques relatives aux autres anthias.

Acclim.: lire la fiche consacrée à l'espèce *P. cooperi*.

Pseudanthias ignitus
(Randall & Lubbock, 1981)
Anthias flamme

Descript.: taille adulte de l'ordre de 6 cm. Morphologie : voir cliché ci-dessus. Nageoire dorsale dépourvue de prolongements ; caudale bifide, profondément échancrée. Femelle uniformément colorée de rouge-orangé, à dorsale rouge ; bordures supérieure et inférieure de la caudale également rouges. La livrée nuptiale ou d'intimidation des ♂ est à dominante orange. Tête, dos et pédoncule caudal sont roses à violet clair. Nageoire dorsale bordée d'un liséré d'un bleu clair soutenu, bordures supérieure et inférieure de la nageoire caudale d'un rouge vif.
Conf.: exclues dans l'archipel des Maldives. A l'ouest du Pacifique central, on rencontre une espèce aux coloris similaires, *P. dispar* Herre, 1955.
Biot.: parois rocheuses abruptes et tombants récifaux. Espèce présente entre 10 et au moins 30 mètres de profondeur. L'espèce n'est actuellement répertoriée qu'aux Maldives et dans les Îles Andaman.
Biol.: tous les anthias connaissent une phase de mutation sexuelle, qui permet à des sujets ♀, sous des conditions bien particulières, de se transformer en ♂. En fonction du nombre d'individus composant le banc, les sujets ♂ sont au nombre de un ou plusieurs, tout le reste étant composé de ♀. Des travaux de recherches, menés chez l'espèce *P. squammipinnis*, ont permis de mettre en évidence que les bancs constitués d'un nombre inférieur à 10 individus n'incluaient aucun ♂. En revanche, chaque ♂ s'entoure d'un harem constitué de plus de 10 ♀. Au sein de bancs plus importants, le nombre de ♂ est proportionnel à celui des ♀ présentes, les ♀ de petite taille matures constituant toujours approximativement 90% du cheptel. Voir également les fiches relatives aux autres espèces.
Acclim.: voir l'espèce *P. cooperi*.

Pseudanthias squamipinnis
(Peters, 1855)
Barbier rouge, barbier queue de lyre

Descript.: taille adulte de l'ordre de 16 cm. Morphologie : voir cliché ci-dessus. Chez les ♂, le troisième rayon dorsal possède un prolongement bien affirmé, à peine distinct chez les ♀. Celles-ci ont une livrée orange à nuances de rouge, une bande violette, issue du bord inférieur de l'oeil, chemine jusqu'à l'insertion de la nageoire pectorale. Les ♂ sont colorés en rouge soutenu ; les écailles au niveau des flancs portent une petite ponctuation jaune ; les nageoires pectorales portent à leur périphérie une grande tache pourpre à orange foncé.

Conf.: exclues chez les ♂ ; les ♀ peuvent éventuellement être confondues avec celles d'autres espèces.

Biot.: aux abords de grandes colonies coralliennes, d'affleurements et de tombants récifaux, de parois rocheuses. Généralement entre 4 et une vingtaine de mètres de profondeur. Mer Rouge, Indo-Pacifique occidental, Maldives incluses.

Biol.: l'espèce évolue le plus souvent en très vastes communautés. A l'instar des autres anthias, la répartition des sexes est la résultante d'un équilibre social. Lorsqu'une communauté perd un ou plusieurs sujets de sexe ♂, ceux-ci sont remplacés en nombre identique à partir des ♀ les plus grandes et les plus élevées dans la hiérarchie du groupe. Cette mutation s'effectue en l'espace de deux jours. On observe donc régulièrement des sujets à livrée ♀, mais possédant un prolongement dorsal typique des ♂. En Mer Rouge, les frais surviennent en hiver, en été dans l'hémisphère sud, dans la zone du Japon et de la Grande Barrière de Corail. Voir également les fiches relatives aux autres espèces.

Acclim.: voir l'espèce *P. cooperi* (anthias à tache rouge).

Pseudanthias taeniatus
(Klunzinger, 1855)
Anthias à une ligne

Descript. : taille adulte de l'ordre de 13 cm. Morphologie : voir cliché ci-dessus. Aucun des sexes ne présente de rayons dorsaux allongés. ♀ à dominante rouge-orangé, face ventrale rose à violet clair ; pointes de la caudale de couleur rouge-orangé. ♂ à dominante rouge-orangé ; raies longitudinales jaunâtres à blanches à l'insertion de la dorsale, dans la zone médiane du corps et dans la région ventrale ; cette dernière débute au niveau du menton.
Conf. : exclues.
Biot. : généralement à flanc de tombants abrupts. En règle générale au-delà de 20 et jusqu'à au moins 50 mètres de profondeur, rarement en-deçà de 20 m. Mer Rouge.
Biol. : l'espèce s'observe souvent associée à *P. squamipinnis*. Le comportement de reproduction, méconnu chez une majorité d'espèces, se déroule comme suit chez *P. squamipinnis*, le barbier rouge ou barbier queue de lyre : au crépuscule, les ♂ commencent à parader, en évoluant très au-dessus de leur harem, dans le domaine pélagique. A l'apogée de leur trajectoire, ils déploient toutes leurs nageoires et regagnent ainsi la zone benthique, pour remonter à nouveau vers la surface. Ce manège se prolonge jusqu'à ce qu'une ♀ s'associe au ♂, alors qu'il est près du fond, puis l'accompagne dans sa trajectoire ascendante, en nageant très près l'un de l'autre. Le frai se produit à ce moment. Les ♀ fraient une seule fois, contrairement aux ♂, capables de réitérer l'opération plusieurs fois consécutives, avec plusieurs ♀ du harem ; lire à ce sujet les fiches d'autres espèces.
Acclim. : voir l'espèce *P. cooperi* (anthias à tache rouge).

Pseudanthias carberryi
(Smith, 1954)
Anthias à filaments

Descript.: taille adulte de l'ordre de 13 cm. Morphologie: voir cliché ci-dessus. Chez les ♂, deux rayons dorsaux possèdent des prolongements filamenteux très visibles, à l'instar des nageoires caudale et pelviennes; le lobe caudal inférieur est plus long que le lobe supérieur. Livrée orange à rouge-orangé, constellée de petites ponctuations jaunes au niveau des flancs, et complétée de deux bandes operculaires cheminant parallèlement l'une à l'autre, d'un violet pâle. Les nageoires anale et pelviennes, ainsi que la partie postérieure de la nageoire dorsale, sont jaunes. La livrée de parade des ♂ est violette, le dos coloré en jaune, ainsi que la queue et les bandes operculaires.
Conf.: possibles avec les ♀ de l'espèce *P. squamipinnis*, dont les coloris sont similaires, mais se distinguent en ce que les nageoires pelviennes ont des extrémités arrondies, et non filamenteuses. Les ♂ en train de parader ressemblent à ceux de l'espèce *P. evansi*, lesquels sont dépourvus de prolongements filamenteux de la nageoire dorsale. Les anthias (ou barbiers) forment au sein de la famille des serranidés la sous-famille des anthiinés; celle-ci regroupe plus d'une vingtaine de genres, forts de plus de cent espèces, dont toutes ne sont pas encore identifiées.
Biot.: le plus souvent à flanc de parois rocheuses et de tombants récifaux abrupts. Généralement entre 10 et une trentaine de mètres de profondeur. Océan Indien occidental, Maldives incluses.
Biol.: voir les fiches relatives aux autres espèces.
Acclim.: voir l'espèce *P. cooperi* (anthias à tache rouge).

Famille des cirrhitidés
(poissons-faucons, poissons-éperviers)

Les cirrhitidés correspondent à l'une des nombreuses familles qui composent le sous-ordre des percoïdés. Ils se différencient de l'ensemble des autres familles de ce sous-ordre essentiellement par les rayons inférieurs de leurs nageoires pectorales, au nombre de 5 à 9, à la fois non-jointifs et dont l'extrémité détermine une épine. Par ailleurs, ils sont épais et non ramifiés. On retrouve en outre chez les cirrhitidés d'autres particularités caractéristiques de l'ensemble des percoïdés : une ligne latérale complète, un nombre défini de rayons rigides dans les nageoires dorsale et anale, des dents acérées au niveau des mâchoires et quelques autres.

La famille, qui se compose de 35 espèces, de petites dimensions pour la plupart, réparties en 9 genres différents, est relativement modeste ; c'est la raison pour laquelle elle est souvent absente des ouvrages spécialisés. Exception faite du poisson-épervier géant, *Cirrhitus rivulatus*, capable d'atteindre la taille de 45 cm, la majorité des autres représentants se situe entre 10 et 20 cm de longueur. Les cirrhitidés sont présents dans toutes les mers tropicales et subtropicales du globe, mais c'est dans l'Indo-Pacifique qu'ils sont le mieux représentés, car seulement 3 espèces peuplent l'Atlantique et 3 autres encore se rencontrent dans le Pacifique oriental. Le nom attribué aux poissons membres de cette famille fait référence à l'une de leurs principales caractéristiques : la présence, à l'extrémité des rayons dorsaux ainsi qu'au-dessus du museau, de petits panaches ténus, en forme de pinceaux, que l'on nomme des cirrhes. Ces poissons ont également la particularité de se mouvoir d'une façon originale, qui s'explique par l'existence de rayons pectoraux non-jointifs, déjà évoqués ci-dessus, qui leur permettent de s'agripper sur presque tous les supports coralliens ainsi que sur tout substrat, et de les escalader à volonté. C'est d'ailleurs le plus souvent au beau milieu des ramifications coralliennes que les éperviers séjournent, capables de demeurer plusieurs heures d'affilée immobiles à l'affût. Parfaitement spécialisés sur ce mode de prédation, les sujets affectionnent et recherchent les promontoires, d'où ils ont une vision d'ensemble de leur environnement. C'est là qu'ils s'immobilisent et attendent le passage à leur proximité de proies potentielles : petits poissons, petits crustacés benthiques ; ils fondent alors sur leur victime en quelques fractions de seconde. En cas d'échec de l'attaque, il est rare de les voir se lancer à la poursuite de la proie convoitée ; à l'instar de nombreux poissons au mode de vie strictement benthique, les cirrhitidés ne possèdent plus de vessie natatoire. Au lieu de cela, ils regagnent le sommet de leur promontoire en l'escaladant à l'aide de leurs rayons pectoraux spécialisés, en s'aidant de mouvements natatoires brefs et saccadés, et s'y remettent à l'affût d'une autre proie, avec une patience que l'on serait tenté de qualifier d'incommensurable. Ce comportement de chasse, consistant à scruter l'environnement du haut d'un promontoire en relief, est à l'origine du nom familier attribué aux cirrhitidés : poissons-éperviers, tout comme en langue anglaise (hawkfishes).

Oxycirrhites typus
(Bleeker, 1857)
Poisson-faucon à long nez

Descript.: taille adulte de l'ordre de 12 cm. Morphologie fine et effilée, tête pointue ; l'orifice buccal se situe à l'extrémité d'un museau fortement allongé. Coloration dans les tons blanc argenté à blanc tirant sur le jaune, complétée de lignes rouges horizontales et verticales, qui déterminent un motif réticulé.
Conf.: absence d'espèces similaires ; genre monospécifique.
Biot.: le plus souvent sur les ramifications de grandes gorgones et de coraux noirs, ainsi que sur les digitations d'éponges très ramifiées bien implantées dans le domaine pélagique, à flanc de tombants abrupts des récifs externes, au moins temporairement soumis à un puissant brassage. A partir d'une dizaine de mètres et jusqu'à profondeur considérable. Mer Rouge et Indo-Pacifique, Maldives incluses.
Biol.: *O. typus* se nourrit essentiellement de crustacés planctoniques et benthiques, ne dédaignant pas pour autant les petits poissons. Sur le cliché ci-dessus, réalisé au flash, la livrée du sujet semble très vivement contrastée. Mais en milieu naturel, celle-ci constitue cependant un excellent camouflage, car elle dissout les contours de l'animal. Dissimulés entre les ramifications d'une gorgone ou d'un corail noir, en lumière naturelle, ils sont généralement très discrets. Par ailleurs, ils se tiennent généralement sur la face cachée, donc invisible au plongeur, de la gorgone ou du corail, se soustrayant ainsi à sa vue.
Acclim.: réputée très tolérante, l'espèce s'accoutume généralement vite aux aliments congelés, distribués sous forme de crevettes ou assimilés, se montrant sociable envers les sujets de dimensions inférieures. Bien recouvrir le bac, ces poissons ayant pour habitude de s'évader en sautant.

Cirrhitichthys falco
(Randall, 1963)
Epervier nain, épervier à joues épineuses

Descript.: taille adulte de l'ordre de 5 cm. Le dos est relativement arqué, et le museau modérément allongé. Couleur dominante blanche, complétée de bandes verticales de forme aciculaire, la pointe orientée vers le bas, colorées en rouge-orangé à fauve. Les postérieures se transforment parfois en taches discontinues. La tête comporte de 2 à 3 raies fines de couleur orange.
Conf.: le genre se compose de 9 espèces en tout et pour tout, mais dont certaines arborent des livrées très similaires. Les risques de confusions, dans le cas de cette espèce, sont néanmoins assez limités.
Biot.: les sujets se cantonnent très souvent à la base de petites colonies coralliennes, dans des zones du récif plus ou moins densément colonisées par ces organismes. Généralement à partir de 4 mètres et jusqu'à des profondeurs considérables. Indo-Pacifique occidental, Maldives incluses.
Biol.: l'espèce semble être la plus modeste en taille de l'ensemble des cirrhitidés. Sa biologie est largement comparable à celle des autres espèces de poissons-éperviers.
Acclim.: lire les informations fournies à propos des espèces précédentes.

Cirrhitichthys oxycephalus
(Bleeker, 1855)
Epervier lutin

Descript.: taille adulte : 10 cm. Le dos est relativement arqué, et le museau modérément pointu. La livrée varie dans une large mesure : des tons blancs aux rouges, complétée de nombreuses ponctuations de diamètre important, dans tons rouges à brun foncé. Certaines d'entre elles tendent à s'anastomoser.

Conf.: le genre se compose de 9 espèces en tout et pour tout, mais dont certaines se ressemblent assez fortement, notamment sur le plan de leur livrée.

Biot.: le plus souvent postés à l'intérieur, à côté ou à la surface de divers coraux, madrépores et coraux mous, en zone récifale, y compris dans la zone de déferlement. Depuis la surface et jusqu'à une quarantaine de mètres de profondeur au moins. Mer Rouge et Indo-Pacifique, Maldives incluses.

Biol.: d'entre toutes les espèces de la famille des cirrhitidés, c'est *C. oxycephalus* qui possède l'aire de distribution la plus vaste. L'auteur a eu l'occasion d'observer que la majorité des sujets dormait profondément dissimulés au sein de l'entrelac dense de divers madrépores buissonnants. Quelques rares exemplaires ont été trouvés simplement posés à la surface de rameaux de tubastrées. Dans la plupart des cas, les individus arboraient des coloris similaires à ceux de leur livrée diurne ; seul un nombre restreint d'entre eux était paré d'une livrée nocturne presque entièrement rouge.

Acclim.: se reporter aux autres espèces de cirrhitidés.

Paracirrhites arcatus
(Cuvier, 1829)
Epervier strié, épervier à tempe annelée

Descript.: taille adulte de l'ordre de 14 cm. Corps court et trapu. Dominante souvent dans les tons brun clair, complétée d'une bande longitudinale blanche à rose, au-dessus de la ligne médiane : débutant approximativement à hauteur de l'insertion des pectorales, elle chemine jusqu'à l'appendice caudal. Chaque globe oculaire est cerclé d'un motif annulaire bleu clair, rouge et jaune. Un autre motif est visible à la partie inférieure des opercules branchiaux, aux coloris similaires.
Conf.: exclue, grâce aux motifs ornant les régions oculaire et operculaire.
Biot.: diverses zones du récif, le plus souvent au sein de l'entrelac de madrépores ramifiés, notamment les genres *Acropora*, *Pocillopora* et *Stylophora*. Depuis la surface et jusqu'à plus d'une trentaine de mètres de profondeur au moins. Indo-Pacifique, Maldives incluses.
Biol.: l'espèce peut connaître une phase de mutation sexuelle, dans le sens ♀ vers ♂. Ces derniers s'approprient et occupent un territoire, sur lequel seule est admise une communauté de ♀. Parade nuptiale et accouplement ont lieu en couples, au crépuscule du matin ou du soir. Le couple décrit de rapides trajectoires dans la zone pélagique : les produits sexuels sont émis. Ils regagnent le fond immédiatement après. Au terme du stade larvaire, les jeunes poissons, qui dérivent au gré des courants plusieurs semaines durant, adoptent un mode de vie étroitement inféodé au substrat.
Acclim.: l'espèce, de dimensions modestes, semble plus acclimatable que *P. forsteri* (voir cette fiche). Ces poissons ont un mode de vie essentiellement prédateur : ils sont donc capables de s'en prendre à d'autres occupants (poissons ou crustacés) de dimensions nettement plus modestes.

Paracirrhites forsteri
(Schneider, 1801)
Poisson-faucon à taches de rousseur

Descript.: taille adulte: une vingtaine de cm. Corps court et trapu. La livrée évolue, notamment en fonction du stade de croissance. Chez les juvéniles, la moitié supérieure est dans les tons dorés à nuances de vert, la région ventrale est blanche. Les sujets adultes sont le plus souvent à dominante jaune, avec une tête de couleur grise ou brune; large bande brune à brun-noir visible au-dessus de la ligne médiane. Tête constellée de nombreuses petites ponctuations rouges.

Conf.: une variante de l'espèce, colorée en fauve et jaune, a été décrite sous le nom de *P. typee* Randall, en tant qu'espèce à part entière. Dans l'état actuel des connaissances, des recherches supplémentaires sont encore nécessaires.

Biot.: diverses zones de récif, souvent au sein de l'entrelac de madrépores buissonnants, notamment des genres *Acropora*, *Pocilopora* ainsi que des coraux de feu (*Millepora*). Depuis la surface et jusqu'à au moins une trentaine de mètres de profondeur au moins. Mer Rouge, Indo-Pacifique, Maldives incluses.

Biol.: espèce simultanément territoriale et polygame, qui se nourrit pour l'essentiel aux dépens de petits poissons et de crustacés, capturés selon la technique de chasse propre aux poissons-faucons.

Acclim.: conditions d'élevage assez méconnues. De dimensions plus importantes que les autres cirrhitidés, l'acclimatation est sans doute plus difficile. Les cirrhitidés ne cohabitent qu'avec d'autres espèces sociables et peu agressives, compte-tenu de leur comportement alimentaire lent: il leur faut en effet scruter leur proie pendant un certain laps de temps avant de la «capturer»; il y donc risque de les sous-alimenter. Cela étant, la majorité des espèces tolère les aliments de substitution.

■ *Famille des grammistidés (poissons-savons)*

Les poissons-savons, dont on dénombre une vingtaine d'espèces, composant 7 genres, sont des habitants cosmopolites des récifs tropicaux. Ils se différencient des autres familles de perciformes par un caractère essentiel : la possession de grammistine, une substance de défense hautement toxique, localisée dans l'épaisse couche de mucilage qui les enrobe, produite par le derme et les protège efficacement contre les prédateurs. On raconte qu'un prédateur s'emparant de l'un deux est contraint de le libérer immédiatement. Chaque espèce se caractérise souvent par une livrée très contrastée, qui constitue ainsi un signal important d'avertissement.

Grammistes sexlineatus
(Thunberg, 1792)
Poisson-savon à six lignes,
poisson-savon bagnard, loche gingembre

Descript.: taille adulte de l'ordre de 25 cm. Morphologie relativement trapue ; le menton porte une petite excroissance de peau orientée vers le bas. Dominante dans les tons brun foncé, complétée de ponctuations (taille < 5 cm), de 3 (> 5 cm) ou 6 à 8 (> 8 cm) lignes longitudinales d'un jaune clair courant le long des flancs.

Conf.: néant ; le genre est en effet monospécifique.

Biot.: platiers récifaux, lagunes et récifs externes. Depuis la surface et jusqu'à une douzaine de mètres de profondeur au moins. Mer Rouge et Indo-Pacifique occidental, Maldives incluses.

Biol.: l'espèce passe généralement inaperçue, car elle demeure dissimulée en journée à l'intérieur de trous de roches et d'anfractuosités. Elle sort de nuit pour chasser poissons et crustacés, ne reculant pas devant des proies de dimensions pratiquement égales.

Acclim.: très facile ; cela étant, ces poissons constituent un voisinage bien difficile pour les autres occupants du bac, tant en raison de leur toxicité que de leur voracité.

Famille des plésiopidés (poissons-comètes)

La famille des poissons-comètes se compose d'une vingtaine d'espèces, réparties sur six genres. La plupart des ces poissons se caractérisent par des nageoires pelviennes très allongées ainsi que par un profil céphalique arrondi.

Calloplesiops altivelis
(Steindachner, 1903)
Comète à grandes nageoires, comète à ocelle

Descript.: taille adulte de l'ordre de 16 cm. Les nageoires dorsale, caudale, anale et ventrale sont hypertrophiées. Livrée à dominante noire, constellée d'innombrables petites ponctuations blanches à bleu clair, réparties sur l'ensemble du corps et des nageoires. Seules les nageoires pectorales sont translucides, colorées en brun tirant sur le jaune. La bordure postérieure de la base de la nageoire dorsale est marquée d'un ocelle bien contrasté.
Conf.: néant; le genre est monospécifique.
Biot.: le plus souvent sur des zones du récif accidentées et riches en cachettes. Entre 3 et environ 45 mètres de profondeur. Mer Rouge et Indo-Pacifique, Maldives incluses.
Biol.: au régime alimentaire de l'espèce figurent essentiellement de petits crustacés planctoniques et des alevins de poissons. Ces poissons territoriaux passent le plus clair de leur journée dissimulés au fin fond de trous de roches et d'anfractuosités, qu'ils ne quittent qu'au crépuscule. Confrontés à une menace, ils plongent la tête à l'intérieur de leur cachette, ne laissant émerger que la partie postérieure de leur corps; simultanément, ils déploient leurs nageoires, révélant l'ocelle présent sur la nageoire dorsale. Ce comportement imite la «dangereuse» murène perlée *Gymnothorax meleagris*, effrayant ainsi, par simple mimétisme, les agresseurs potentiels.
Acclim.: l'espèce est acclimatable, mais elle est exigeante et requiert un niveau élevé en aquariophilie marine.

■ *Famille des pseudochromidés
(pseudochromis, serrans nains)*

Ce sont en général des poissons de dimensions modestes, longilignes et dotés d'une dorsale longue ; leur aire de distribution est strictement limitée aux récifs coralliens de l'Indo-Pacifique tropical. Beaucoup sont faciles à identifier, car dotés de livrées colorées très esthétiques, d'ailleurs différente d'un sexe à l'autre. 10 espèces sont répertoriées en Mer Rouge. De mœurs généralement très furtives, ces petits poissons se nourrissent aux dépens de microcrustacés benthiques, de polychètes, de zooplancton. Les ♀ du genre *Pseudochromis* émettent une masse sphérique d'oeufs ; le ♂ prodigue les soins parentaux, protection et hygiène du couvain.
L'élevage ne pose aucun problème particulier. Au début de l'acclimatation, les sujets se montrent parfois des plus craintifs. Mais il suffit de les associer à d'autres individus de même taille, sociables, dans un aquarium à invertébrés pour les voir s'enhardir et se départir de toute crainte. L'instinct de territorialité s'exprime fortement : ils sont incapables de cohabiter ni avec leurs congénères, ni même avec d'autres espèces aux coloris similaires.

Pseudochromis fridmani
(Klausewitz, 1968)
Pseudochromis de la Mer Rouge,
serran nain violet

Descript. : taille adulte vers 7 cm. Coloration violette ; une raie sombre, issue de la gueule, chemine jusqu'au bord supérieur de l'opercule branchial, barrant l'oeil.
Conf. : néant.
Biot. : à flanc de tombants rocheux et récifaux verticaux ; sous des éperons rocheux. Depuis la surface et jusqu'à une soixantaine de mètres de profondeur. Mer Rouge.
Biol. : espèce endémique de la Mer Rouge, où elle est le pseudochromidé le plus fréquent, et qui arbore une livrée aux coloris très attrayants.

Pseudochromis flavivertex
(Rüppell, 1835)
Pseudochromis à dos jaune

Descript.: taille adulte de l'ordre de 8 cm. Livrée à dominante bleue ; le museau, la zone frontale, le dos et la nageoire caudale sont jaunes ; la région ventrale paraît plus claire, dans des tons de blanc.
Conf.: néant.
Biot.: généralement aux abords de petits promontoires rocheux et de colonies coralliennes proliférant sur fonds sableux. Entre 2 et une trentaine de mètres de profondeur. Mer Rouge et Golfe d'Aden.
Biol.: aucune particularité ; relire les informations fournies en introduction à cette famille.
Acclim.: l'espèce passe pour extrêmement pacifique. On se reportera aux informations livrées en introduction.

Pseudochromis springeri
(Lubbock, 1975)
Pseudochromis à rayures bleues

Descript.: taille adulte de l'ordre de 5,5 cm. Livrée à dominante gris foncé à noire, complétée de deux bandes longitudinales d'un bleu vif, au niveau de la tête et de sa partie antérieure.
Conf.: néant.
Biot.: diverses zones récifales, toujours à couvert sous des colonies coralliennes. Depuis la surface et jusqu'à une soixantaine de mètres de profondeur. Mer Rouge.
Biol.: cette espèce de dimensions modestes possède un mode de vie étroitement inféodé au milieu corallien, ne s'aventurant qu'exceptionnellement à quelque distance du repaire occupé. On observe souvent des couples. Lire également les informations livrées en introduction.
Acclim.: lire la rubrique d'introduction à la famille des pseudochromidés.

■ *Famille des priacanthidés*
  (priacanthes, gros yeux, soleils)

Avec 18 espèces et 3 genres répertoriés, cette famille est très restreinte, caractérisée essentiellement par un corps très comprimé latéralement, des yeux de très gros Ø, une fente buccale oblique et supère. Une majorité d'espèces arbore une livrée diurne au moins partiellement rouge ; leur livrée nocturne se compose de marbrures, de bandes argentées, parfois de blanc argenté uniforme. Certaines espèces du genre *Priacanthus* alternent rapidement des livrées différentes : rouge uniforme, marbrures alternativement rouges et argentées, entièrement blanc argenté. Les priacanthidés vivent en solitaires ou en petites communautés. De jour, ils se dissimulent à l'intérieur de grottes, d'anfractuosités, sous des surplombs rocheux. Ils quittent de nuit leurs repaires, et chassent des proies zooplanctoniques assez grosses : larves de crabes, de poissons ou de céphalopodes.

Priacanthus hamrur
(Forsskål, 1775)
Beauclaire lanterne

Descript.: taille adulte de l'ordre de 45 cm et plus. Coloration rouge, complétée de petites taches fauves le long de la ligne latérale, parfois de barres verticales alternativement rouges et argentées, parfois encore entièrement argentée. Nageoire caudale bien échancrée.
Conf.: éventuellement avec d'autres espèces membres du genre *Priacanthus*.
Biot.: diverses zones récifales. Généralement à partir de 5 mètres et jusqu'à des profondeurs considérables. Mer Rouge et Indo-Pacifique, Maldives incluses, ainsi que dans le bassin oriental de la Méditerranée, où l'espèce s'est introduite en empruntant la voie du canal de Suez.
Biol.: voir la fiche introductive ci-contre.
Acclim.: espèce incompatible avec les conditions de la captivité.

■ *Famille des malacanthidés*
(malacanthes, poissons-couvreurs)

Ils constituent une famille restreinte, comptant un nombre limité d'espèces, caractérisés par un corps effilé, de petites écailles, ainsi que par une nageoire dorsale continue de la tête à la queue. Les sujets, pour l'essentiel des espèces, ne dépassent pas une quinzaine de cm (genre *Hoplolatilus*). Ils évoluent préférentiellement en couples, sur des fonds sableux ou rocheux, où ils édifient une sorte de grotte. Ils s'y réfugient à la moindre alerte.

Malacanthus latovittatus
(Lacépède, 1798)
Malacanthe bleu, malacanthe à large raie

Descript.: taille adulte vers 43 cm. Morphologie longiligne; museau relativement long. Région dorsale colorée dans des tons de bleu, et comprend de fins motifs foncés. Les flancs sont blancs à nuances de bleu, interrompus au niveau médian d'une large bande longitudinale noire. La tête est colorée en gris-bleu. Les motifs des juvéniles les font ressembler à *Labroides dimidiatus*, le nettoyeur commun.

Conf.: néant. Deux autres espèces sont répertoriées au sein du genre: *M. brevirostris* (Guichenot, 1848), le couvreur à rostre court (en incrustation), 32 cm à l'âge adulte, présente une aire de distribution identique.

Biot.: souvent sur fonds sablonneux, évoluant entre les colonies coralliennes. Entre 6 et une soixantaine de mètres de profondeur. Mer Rouge et Indo-Pacifique, Maldives incluses.

Biol.: excessivement farouches, les sujets ont souvent un mode de vie solitaire, contrairement aux autres *Malacanthus*. Ils ne se réfugient pas dans leur grotte, mais fuient dans le domaine pélagique, en cas de danger. On suppose que les juvéniles imitent la livrée du labre évoqué ci-dessus, car la ressemblance avec cette espèce est frappante.

Acclim.: sous réserve, vues les dimensions de l'espèce.

Famille des apogonidés
(apogons, poissons-cardinaux)

Les quelque 200 espèces d'apogons se répartissent en 24 à 26 genres, regroupés en 3 sous-familles. Globalement, il s'agit de poissons de proportions modestes : guère plus d'une dizaine de cm. Une faible minorité d'espèces atteint une taille adulte de 15 cm. Le corps, comprimé latéralement, est tantôt longiligne et fin, tantôt bref et relativement trapu. Tous se caractérisent néanmoins par une dorsale double, une gueule largement fendue, ainsi que par des globes oculaires de Ø assez important. Une majorité d'espèces arbore des coloris assez insignifiants, et des motifs à base de lignes longitudinales. En journée, les apogons ne sortent guère, demeurant souvent dissimulés sous des surplombs rocheux, entre les coraux, à l'intérieur de grottes ou d'anfractuosités ; au crépuscule ils s'aventurent à l'extérieur, chassent le zooplancton, les microcrustacés benthiques qui constituent l'essentiel de leur régime alimentaire. Toutes les espèces semblent pratiquer l'incubation buccale, ce rôle étant invariablement dévolu au ♂, qui protège ainsi le couvain (oeufs fécondés) jusqu'à la date de l'éclosion des larves.

Cheilodipterus macrodon
(Lacépède, 1802)
Apogon à grandes dents

Descript.: taille adulte vers 24 cm. Morphologie longiligne. Dominante argentée, à rayures longitudinales fauves. Les juvéniles présentent une large tache noire au niveau de l'appendice caudal.

Conf.: avec *C. lineatus* (Lacépède, 1802), dont la livrée présente une coloration et des motifs similaires.

Biot.: diverses zones récifales. Dès la surface et jusqu'à une quarantaine de mètres de profondeur. Mer Rouge et Indo-Pacifique, Maldives incluses.

Biol.: les représentants de l'espèce mènent généralement un mode de vie solitaire.

Acclim.: espèce incompatible avec la captivité, car de dimensions trop importantes.

Cheilodipterus quinquelineatus
(Cuvier, 1828)
Apogon à cinq lignes

Descript.: taille adulte de l'ordre de 12 cm. Morphologie longiligne. Dominante dans les tons blancs argentés à blancs tirant sur le jaune, complétée de cinq rayures longitudinales étroites et noires au niveau des flancs. De chaque côté de l'appendice caudal, on note la présence d'une large tache jaune, dont le centre est matérialisé par une tache noire.
Conf.: l'espèce *C. bipunctatus* (Lachner) est presque identiquement colorée, et ne s'identifie qu'à la présence d'une autre tache noire située sur le bord supérieur de l'appendice caudal, dont le Ø est sensiblement égal à celle qui matérialise le centre de la zone jaune. L'espèce est toutefois de dimensions nettement plus modestes, puisque sa taille adulte n'excède pas 5 cm.
Biot.: diverses zones récifales, aux abords de blocs coralliens, de blocs rocheux et à couvert d'éperons rocheux. Dès la surface et jusqu'au moins une quarantaine de mètres de profondeur. Mer Rouge et Indo-Pacifique, Maldives incluses.
Biol.: l'espèce évolue en communautés plus ou moins étendues. A son régime alimentaire figurent de petits crustacés, des gastéropodes, de petits poissons, chassés tant de jour que de nuit. Les 2 espèces mentionnées s'observent de jour en petits groupes, évoluant entre les longs radioles d'oursins-diadèmes (genre *Diadema*). Menacés, ils se dissimulent aussi profondément que possible entre les piquants, en prenant soin d'orienter leur corps, ainsi que les rayures de leur livrée, parallèlement aux radioles, dont la largeur est sensiblement équivalente à celle des rayures. Peu avant le crépuscule, donc avant que les oursins n'entrent en phase d'activité, les essaims quittent l'hôte et regagnent individuellement leurs repaires nocturnes, situés au sol.
Acclim.: aucune référence à ce sujet.

Apogon aureus
(Lacépède, 1802)
Apogon à caudale annelée

Descript. : taille adulte de l'ordre de 14 cm. Le dos est relativement arqué. Livrée à dominante cuivre à argentée, parfois également rougeâtre, complétée d'une large bande verticale noire barrant l'appendice caudal. Deux raies horizontales, dans des tons bleus à argentés, sont visibles au-dessus et au-dessous des globes oculaires, cheminant de l'oeil lui-même jusqu'à la pointe du museau ; une troisième barre orne le « menton » du poisson.
Conf. : aucune espèce ressemblante n'est recensée.
Biot. : aux abords de grottes et d'anfractuosités, souvent aussi non loin de grandes colonies coralliennes. L'espèce se rencontre dès le voisinage de la surface. Mer Rouge et Indo-Pacifique, Maldives incluses.
Biol. : cette espèce aux coloris chatoyants se rencontre fréquemment de jour, évoluant parfois en vastes communautés dans le domaine pélagique, à proximité immédiate de grandes colonies coralliennes ; c'est là que les sujets chassent les organismes coralliens en suspension dont ils se nourrissent. Bien que relativement commune, l'espèce passe bien souvent inaperçue.
Acclim. : les informations à ce sujet sont imprécises. Voir également l'espèce *A. cyanosoma*, l'apogon à rayures jaunes.

Apogon cyanosoma
(Bleeker, 1853)
Apogon à rayures jaunes

Descript.: taille adulte de l'ordre de 7 cm. Morphologie plutôt longiligne. Livrée à dominante argentée à bleu-argenté, complétée de six bandes longitudinales dorées à orangées au niveau des flancs ; la troisième rayure (en partant du haut) ne chemine pas jusqu'à l'appendice caudal : elle s'interrompt au niveau de l'insertion de la seconde dorsale.
Conf.: aucune espèce ressemblante connue.
Biot.: généralement sous des avancées et surplombs rocheux ; on observe régulièrement des sujets cherchant protection au beau milieu des radioles d'oursins-diadèmes (genre *Diadema*). De la surface à plus d'une cinquantaine de mètres de profondeur. Mer Rouge et Indo-Pacifique, Maldives incluses.
Biol.: évolue généralement en petites communautés, chassant de jour comme de nuit des proies telles que des crustacés planctoniques et d'autres invertébrés. C'est toutefois à la tombée de la nuit que les sujets se montrent les plus actifs. L'activité sexuelle atteint son apogée au plus fort de la saison estivale (de juin à août). Selon les observations réalisées *in situ*, des couples se forment et s'octroient un petit territoire, qu'ils défendent. Si la parade nuptiale peut durer de 30 minutes à plusieurs heures, l'accouplement proprement dit est expédié en 2 à 4 mn. La ♀ émet un amas d'oeufs adhérents (jusqu'à 2800) ; la fécondation par le ♂ est externe, puis il les incube à l'intérieur de sa cavité buccale. L'éclosion survient en 7-8 jours ; les larves, à ce stade, mesurent à peine 2,5 mm, puis 5 cm chez les juvéniles au terme de leur première année d'existence.
Acclim.: considérée comme facile chez la mamajorité des apogons. Une seule contrainte : leur fournir la possibilité de se dissimuler à loisir, afin de perturber le moins possible leur comportement naturel.

Famille des carangidés (carangues)

Forte de plus de 200 espèces et de quelque 30 genres, ses représentants vivent dans toutes les mers tropicales et tempérées du globe, et sont appréciés pour leur chair. Les carangues sont majoritairement des espèces hauturières, à la fois véloces et d'endurantes, approchant 50 km/h en vitesse de pointe. Leur vessie natatoire involuée, parfois absente, les contraint à évoluer en permanence ou à couler. Certaines chassent toutefois aux abords des récifs coralliens. Presque toutes possèdent un corps comprimé latéralement, un dos plus ou moins arqué, un appendice caudal fin, prolongé d'une grande caudale, nettement bifide. La plupart du temps, la dorsale antérieure est invisible, car elle s'escamote à l'intérieur d'un sillon dorsal. Chez nombre d'espèces, l'insertion de la caudale postérieure se situe presque au niveau de la nageoire anale, et sa forme est similaire ; il en résulte une silhouette caractéristique. Les rayons antérieurs étant relativement longs par rapport aux autres, plus postérieurs et très courts, ces nageoires adoptent l'aspect d'ourlets natatoires qui courent jusqu'au niveau de la caudale. Quant aux pectorales, transparentes, elles sont fréquemment très développées en longueur, fines, arquées, falciformes. Chez les carangidés la ligne latérale est intégrale, parfois recouverte d'écailles jusqu'au niveau de la caudale. Beaucoup d'espèces sont colorées dans des tons argentés, et parées de reflets bleus et vert métallique dans la région dorsale.

Les carangidés, rarement solitaires, évoluent en bancs de dimensions variables : de quelques individus seulement à plusieurs centaines. Prédateurs piscivores, leur comportement de chasse consiste généralement à briser la cohésion des bancs. Les proies les plus exposées sont les sujets indécis et isolés.

Carangoides bajad
(Forsskål, 1775)
Carangue à points orange (ci-contre à gauche)

Descript. : taille adulte de l'ordre de 53 cm. Livrée entièrement argentée à argentée et complétée de nombreuses ponctuations d'un jaune-orangé ; parfois encore, tout le corps est jaune-orangé.
Conf. : impossible, tout au moins lorsqu'il s'agit de formes tachetées de jaune-orangé ou entièrement colorées en jaune-orangé.
Biot. : souvent dans le domaine pélagique, aux abords des récifs. L'espèce se rencontre dès les faibles profondeurs. Mer Rouge et Océan Indien, Maldives incluses.
Biol. : comme on le voit sur le cliché ci-dessus, l'espèce évolue parfois au sein de bancs mixtes, associée à *C. fulvoguttatus*, la carangue pailletée. En revanche, le cliché ci-contre à gauche montre une communauté composée d'individus entièrement jaunes et d'autres intégralement argentés.

Carangoides fulvoguttatus
(Forsskål, 1775)
Carangue pailletée, carangue à gouttes d'or

Descript. : taille adulte de l'ordre de 100 cm. Livrée argentée à grise-argentée ; chez certains sujets, notamment les adultes, un alignement longitudinal de taches noires (jusqu'à 6) marque les flancs, à la hauteur de la ligne latérale ; dans certains cas, seules les taches postérieures sont visibles.
Conf. : possible dans le cas de sujets adultes dépourvus de taches noires alignées sur les flancs.
Biot. : souvent dans le domaine pélagique, à proximité des récifs. Se rencontre depuis le voisinage de la surface et jusqu'à plus de 100 mètres de profondeur. Mer Rouge et Indo-Pacifique occidental, Maldives incluses.
Biol. : l'espèce évolue en vastes bancs, principalement aux abords des récifs externes. La photographie ci-dessus montre l'espèce associée à *C. bajad* (carangue à points orange), dans un banc mixte.

Caranx melampygus
(Cuvier, 1833)
Carangue bleue, carangue à anale noire, carangue étoilée

Descript.: taille adulte jusqu'à 100 cm. Partie postérieure de la ligne latérale recouverte d'écailles en relief jusqu'au niveau de l'appendice caudal. Région ventrale argentée à bleue argentée ; région dorsale dans les tons bleus à nuances de vert, parfois à reflets dorés. Ensemble du corps constellé de nombreuses petites taches noires et bleues. Nageoires dorsales, caudale et anale bleues.
Conf.: coloris assez caractéristiques, qui excluent les confusions.
Biot.: lagunes claires et divers autres domaines récifaux. De la surface jusqu'à profondeur importante. Mer Rouge et Indo-Pacifique, Maldives incluses.
Biol.: l'espèce est probablement le carangidé le plus répandu et le plus fréquent dans le domaine corallien, évoluant la plupart du temps en petites communautés, mais on rencontre occasionnellement des sujets solitaires.

Elagatis bipinnulatus
(Quoy & Gaimard, 1824)
Coureur arc-en-ciel

Descript.: taille adulte vers 120 cm. Morphologie longiligne, comparativement profilée. Région dorsale dans les tons vert olive à bleus ; région ventrale en blanc argenté, complétée de 2 étroites bandes longitudinales colorées en bleu clair au niveau des flancs des sujets.
Conf.: impossible, le genre étant monospécifique.
Biot.: la plupart du temps dans le domaine pélagique, occasionnellement aux abords des récifs. L'espèce, présente dès le voisinage de la surface, se rencontre jusqu'à des profondeurs importantes. Distribution cosmopolite pantropicale (température > 21°C), Mer Rouge et Maldives inclus.
Biol.: l'espèce se nourrit aux dépens de divers crustacés planctoniques et de petits poissons. Ces poissons sont réputés pour la qualité et la finesse de leur chair. Le spécimen le plus lourd jamais capturé accusait sur la balance un poids de 15,2 kg.

Gnathodon speciosus
(Forsskål, 1775)
Carangue royale jaune

Descript.: vers 110 cm (adultes). Juvéniles et subadultes: livrée jaune à jaune argentée complétée de barres transversales noires; adultes: taches noires clairsemées.
Conf.: néant.
Biot.: selon l'âge des individus. Les juvéniles évoluent à proximité de la surface; les adultes gagnent les profondeurs. Mer Rouge et Indo-Pacifique, Maldives incluses.
Biol.: les alevins vivent en symbiose avec certaines méduses (dans leurs tentacules). Dès le stade 5 cm, ils accompagnent souvent les déplacements de requins et de grandes carangues, parfois de raies mantas, peu concernés par la voracité de ces prédateurs car encore trop modestes, mais qui les protègent de leurs agresseurs, se nourrissant de leurs restes alimentaires. Les adultes fréquentent les lagunes profondes et les récifs externes, fouillant le sable à la recherche de crustacés et autres invertébrés.

Trachinotus bailloni
(Lacépède, 1802)
Poisson-manège, trachinote à points noirs, pompaneau muscadin

Descript.: 54 cm et plus. Partie antérieure des dorsale et anale particulièrement développée en longueur. Région dorsale dans les tons bleu argenté à gris. Face ventrale argentée à blanc-argenté. Les flancs arborent un alignement de petites taches noires, jusqu'à 5 en tout, de Ø inférieur ou équivalent à celui des globes oculaires.
Conf.: aucune espèce similaire. Le genre se compose néanmoins de 19 espèces.
Biot.: presque toujours au voisinage de la surface, dans les lagunes et diverses autres zones récifales, ainsi que dans la zone de déferlement des littoraux sablonneux. Mer Rouge et Indo-pacifique occidental, Maldives incluses.
Biol.: l'espèce se nourrit aux dépens de petits poissons; les sujets évoluent en bancs de dimensions variables.

Famille des lutjanidés
 (vivanneaux, lujans)

La bibliographie fournit des informations très variables quant à l'étendue de cette famille, dont la composition ne fait pas l'unanimité. Les estimations sont comprises entre 103 espèces sur 17 genres et plus de 250 espèces, réparties en une vingtaine de genres. L'un de ces auteurs fait état d'environ 300 espèces. On considère cependant l'existence de 4 sous-familles ; une seule, celle des lutjaninés, sera traitée dans cet ouvrage. Les lutjans se caractérisent par un corps puissant, comprimé latéralement, au dos variablement arqué d'une espèce à l'autre, parfois massif. Tous sont dotés d'une gueule relativement large et protractile, armée de solides dents. Ils ont également en commun une caudale échancrée, voire nettement bifide chez certaines espèces, ainsi qu'une dorsale continue et allongée, dont la partie antérieure, à rayons rigides, est plus élevée que la partie antérieure, composée de rayons mous. Si la plupart se nourrit aux dépens de crustacés, quelques espèces sont des prédateur piscivore ; d'autres enfin ont un régime microphage spécialisé. Les modes de vie sont solitaire ou grégaire selon l'espèce ; l'activité est tantôt nocturne, tantôt diurne. Mais aussi bien les bancs que les solitaires sont souvent strictement inféodés un un site et on rencontre souvent au fil des ans les mêmes sur un site récifal. A la différence des serrans, très voisins morphologiquement, les lutjans ne se posent jamais à même le substrat : au contraire, ils évoluent, souvent en formation serrée, toujours nettement dans le domaine pélagique, en bancs couramment constitués de plusieurs centaines d'individus ; ils comptent parmi les espèces tropicales et subtropicales de première importance sur le plan économique : de nombreuses espèces sont comestibles, et leur chair est prisée et recherchée.

Lutjanus biguttatus
(Valenciennes, 1830)
Vivaneau à bande blanche
(cliché ci-contre à gauche)

Descript.: taille adulte de l'ordre de 28 cm. Morphologie profilée. Le dos présente une coloration dans les tons bronze, deux ponctuations blanches marquant la région postérieure. Le reste du corps est de couleur cuivre, une large bande longitudinale blanche courant le long de la moitié inférieure du corps. Les nageoires caudale et anale, ainsi que le lobe postérieur de la dorsale, sont colorés en jaune.
Conf.: aucune espèce similaire répertoriée.
Biot.: diverses zones des récifs externes. Evolue généralement au-delà de 3 mètres et jusqu'à environ 36 mètres de profondeur. Indo-Pacifique occidental, Maldives incluses.
Biol.: cette espèce aux coloris attrayants évolue parfois en bancs constitués d'une centaine d'individus et plus.
Acclim.: espèce incompatible avec les conditions de la captivité.

Lutjanus kasmira
(Forsskål, 1775)
Vivaneau à raies bleues

Descript.: taille adulte de l'ordre de 35 cm. Morphologie effilée, à région dorsale légèrement arqué. Livrée à dominante jaune, complétée de quatre lignes longitudinales bleues à contours sombres, au niveau des flancs. Le ventre est dans les tons blancs, les nageoires jaunes.
Conf.: aucune espèce similaire répertoriée.
Biot.: diverses zones récifales. Dès la surface et jusqu'à des profondeurs considérables. Mer Rouge et Indo-Pacifique, Maldives incluses.
Biol.: en journée, l'espèce constitue de vastes bancs, qui se postent en formation dense aux abords de reliefs d'origine corallienne, d'épaves et d'autres promontoires de ce type. Au crépuscule, le banc se disloque ; les individus se mettent en quête de proies, à savoir de crustacés benthiques et de poissons.
Acclim.: espèce incompatible avec les conditions de la captivité.

Lutjanus ehrenbergii
(Peters, 1869)
Vivaneau encrier

Descript. : taille adulte de l'ordre de 30 cm. Morphologie effilée, à région dorsale légèrement arquée. Livrée à dominante argentée, complétée de quatre à six bandes longitudinales étroites et jaunes au niveau des flancs, et d'une large tache noire au niveau médian, dans la partie postérieure du corps. Cette coloration vire au gris-brun au niveau du dos et de la tête.
Conf. : on répertorie quelques espèces aux coloris similaires, mais *L. ehrenbergi* est la seule à posséder une large tache noire et quatre à six bandes longitudinales jaunes.
Biot. : diverses zones récifales. Dès la surface et jusqu'à une dizaine de mètres de profondeur. Mer Rouge et Indo-Pacifique, Maldives incluses.
Biol. : il semble que l'espèce se rende occasionnellement dans les eaux saumâtres des mangroves.
Acclim. : espèce incompatible avec les conditions de la captivité.

Lutjanus gibbus
(Forsskål, 1775)
Vivaneau pagaie, lutjan bossu, perche pagaie

Descript. : taille adulte de l'ordre de 60 cm. Morphologie marquée par un dos arqué et une gibosité affirmée. Livrée fauve à grise nuancée de rouge, virant à l'argenté. Les nageoires dorsale, caudale et anle sont des tons foncés.
Conf. : cette espèce est la seule à posséder une bosse aussi affirmée.
Biot. : diverses zones récifales. Dès la surface et jusqu'à plus de 150 mètres de profondeur. Mer Rouge et Indo-Pacifique, Maldives incluses.
Biol. : ces vivaneaux, en journée, évoluent le plus souvent au-dessus du sol, regroupés en communautés denses, aux abords des crêtes de tombants abrupts. Mais de nuit, c'est en solitaire qu'ils se mettent en quête de proies, essentiellement des crustacés, mais également des oursins, des gastéropodes, des vers, des céphalopodes et petits poissons.
Acclim. : espèce incompatible avec les conditions de la captivité.

Lutjanus monostigma
(Cuvier, 1828)
Vivaneau églefin, perche à tache noire

Descript.: taille adulte de l'ordre de 60 cm. Morphologie marquée par un dos légèrement arqué et trapue. Livrée grise virant au jaune teinté de gris à plus franchement jaune, complétée d'une tache noire, ovale, au niveau médian de la moitié postérieure du corps. Cette tache disparaît parfois chez les sujets de grande taille. Tête souvent partiellement à entièrement colorée en rose ou dans tons de rouge. Nageoires intégralement jaunes.
Conf.: certaines espèces du genre *Lutjanus* (approx. 65, dont 39 distinctes uniquement dans l'Indo-pacifique occidental) ont une livrée similaire; l'identification est possible grâce aux dimensions et à la livrée.
Biot.: zones récifales. De la surface à une soixantaine de mètres de profondeur. Mer Rouge et Indo-Pacifique, Maldives incluses.
Biol.: ces poissons demeurent dissimulés de jour, seuls ou en petites communautés, à l'intérieur de grandes anfractuosités et de grottes, ou encore sous des surplombs rocheux. A la tombée de la nuit, ces prédateurs piscivores aux moeurs nocturnes se mettent en chasse. Dans une moindre mesure ils consomment également des crustacés benthiques, essentiellement des crevettes et des crabes. Sur de nombreux sites de plongée organisant des palanquées nocturnes, il n'est pas rare de voir des individus littéralement assaillir les plongeurs, donnant même l'impression d'une certaine agressivité. C'est en réalité davantage au faisceau lumineux -et aux poissons éberlués et aveuglés- que ces vivaneaux s'intéressent : c'est pour eux l'occasion de les happer, au prix de manoeuvres à la fois rapides et précises entre les plongeurs.
Acclim.: espèce incompatible avec les conditions de la captivité.

Macolor niger
(Forsskål, 1775)
Vivaneau plate, lutjan noir et blanc

Descript.: taille adulte de l'ordre de 75 cm. Morphologie trapue, massive, marquée par un dos arqué. Pectorales relativement développées en longueur, s'achevant en pointes. Livrée dans des tons noirs ; chaque écaille porte une tache bleu-vert à bleu clair, très souvent de forme oblongue. La moitié inférieure du corps et la tête sont parfois à dominante jaune, des motifs à base de lignes très serrées, de couleur bleue à noire, ornant la tête. Les nageoires sont dans divers tons de noir. Les juvéniles s'identifient aisément aux motifs contrastés (blancs et noirs) qui s'étendent sur l'ensemble du corps.

Conf.: on recense dans le Pacifique occidental la seconde espèce composant le genre *Macolor* : *M. macularis* Fowler, 1931, très ressemblante tant au stade adulte qu'au stade juvénile. Ce sont surtout les adultes dont l'identification sous l'eau est particulièrement ardue, car chez les juvéniles, les motifs noir et blanc sont des repères fiables.

Biot.: diverses zones récifales, mais également dans le milieu pélagique. Le plus souvent entre 3 et environ 90 mètres de profondeur. Mer Rouge et Indo-Pacifique, Maldives incluses.

Biol.: les juvéniles de ces deux espèces, qui évoluent toujours en solitaires, arborent une livrée mimétique d'une espèce, *Plectorhinchus pictus*, un gaterin qui sécrète une substance destinée à le rendre incomestible aux prédateurs, voire même venimeuse. Quant aux sujets adultes, que l'on rencontre occasionnellement en solitaires, ils tendent plus souvent à constituer d'immenses communautés composées de plusieurs centaines d'exemplaires. Tant *M. niger* que *M. macularis* se nourrissent aux dépens de proies zooplanctoniques relativement volumineuses, capturées de nuit.

Acclim.: incompatibilité avec les conditions de la captivité.

■ *Famille des échénéididés (rémoras)*

On répertorie neuf espèces de rémoras, regroupées en 3 genres. Ces poissons sont présents dans toutes les mers chaudes du globe. Ils se caractérisent par une dorsale antérieure modifiée en organe de succion, de forme oblongue, qui leur sert à se fixer à divers grands poissons, à des tortues ou encore à des mammifères marins. Ce caractère est unique au sein du monde des poissons. On a longtemps cru que les rémoras se laissaient transporter passivement par leur hôte sans aucune contrepartie. Actuellement, il est avéré que cette association peu banale est en réalité une symbiose de nettoyage ; en effet, le rémora élimine les parasites indésirables présents sur le corps de l'hôte : leur contenu stomacchal contient divers types d'ectoparasites, également observés sur les poissons qu'ils fréquentent habituellement. Il fut même donné à l'auteur d'observer un petit spécimen de rémora se détacher subitement du ventre d'un requin (un « gris du récif »), disparaître presque entièrement à l'intérieur de l'une de ses fentes branchiales. Ce manège ne se prolongea guère au-delà de 2-3 secondes : le rémora ne tarda pas à réintégrer sa place initiale. Les rémoras ne sont pas acclimatables en aquarium.

Echeneis naucrates
(Linnaeus, 1758)
Rémora rayé

Descript.: 90 cm (adulte). Livrée à dominante grise, une bande longitudinale noire sur les flancs (parfois pâle, voire absente). Face ventrale claire, presque blanche.
Conf.: seule espèce comportant une rayure.
Biot.: dès le voisinage de la surface. Distribution cosmopolite.
Biol.: l'espèce se fixe sur les hôtes les plus divers, avec des tentatives sur des plongeurs. Certains individus, parfois regroupés en communautés, évoluent librement, indépendamment d'un hôte, aux abords des récifs.

Famille des caesionidés (fusiliers, caesio)

Les caesionidés, également appelés fusiliers ou caesio, sont distribués dans l'Océan Indien occidental ; neufs espèces, regroupées en 3 genres, y sont recensées, mais on dénombre en réalité environ 25 espèces, étroitement apparentées aux lutjanidés. Elles se caractérisent par une morphologie effilée et fuselée, de petites écailles et une gueule étroite, en position terminale. Leur nageoire caudale est profondément échancrée, nettement bifide. Globalement, ces poissons pélagiques ne semblent jamais cesser d'évoluer ; leur comportement alimentaire est planctonophage ; ils évoluent néanmoins régulièrement aux abords des récifs, y recherchant les stations de déparasitage, attendant patiemment que vienne leur tour. De nuit, la communauté protectrice se désagrège : les individus regagnent leurs sites de repos nocturne, à même le sol, protégés par une livrée nocturne à dominante rouge.

Caesio lunaris
(Cuvier, 1830)
Caesio à croissant

Descript. : taille adulte de l'ordre de 30 cm. Morphologie fuselée, mais moins longiligne que chez les autres espèces de cette famille. Livrée à dominante bleu argenté, parfois complétée de rayures longitudinales jaunes. Les extrémités des lobes de la nageoire caudale, qui est nettement bifide, sont noires.
Conf. : l'identification précise des espèces sur documents photographiques peut s'avérer assez délicate dans certains cas.
Biot. : généralement aux abords de tombants abrupts, sur les récifs externes. L'espèce se rencontre dès les faibles profondeurs. Mer Rouge et Indo-Pacifique occidental, Maldives incluses.
Biol. : lire les indications fournies en introduction à cette famille.
Acclim. : espèce incompatible avec les conditions de la captivité.

Pterocaesio tile
(Cuvier, 1830)
Caesio tricolore, fusilier à ligne olive

Descript.: taille adulte de l'ordre de 25 cm. Morphologie longiligne et fine. La région ventrale est colorée dans des tons de rouge vif; la région médiane des flancs présente une large bande longitudinale d'un bleu clair éclatant. La région dorsale est dans des tons de brun tirant sur le jaune, comportant souvent de fines rayures longitudinales.
Conf.: aucune espèce ressemblante connue.
Biot.: généralement le long des récifs externes et dans les eaux de lagunes profondes. L'espèce se rencontre dès la surface et jusqu'à une soixantaine de mètres de profondeur. Indo-Pacifique, Maldives incluses.
Biol.: cette espèce évolue elle aussi en bancs composés d'innombrables individus. On se reportera à la rubrique d'introduction à cette famille.
Acclim.: espèce incompatible avec les conditions de la captivité.

Caesio teres
(Seale, 1906)
Fusilier à dos jaune et bleu

Descript.: taille adulte de l'ordre de 30 cm. Morphologie fuselée, mais moins effilée que celle d'autres espèces de cette famille. La moitié supérieure du corps et la nageoire caudale sont d'un jaune soutenu, la moitié inférieure est colorée en bleu clair à bleu argenté.
Conf.: aucune espèce ressemblante répertoriée.
Biot.: diverses zones récifales, dès le voisinage de la surface. Indo-Pacifique, Maldives incluses.
Biol.: cette somptueuse espèce évolue généralement en vastes bancs, mais aussi plus rarement en petites communautés. Comme c'est souvent le cas, ces bancs ne sont pas composés d'une seule, mais de plusieurs espèces (2 ou 3) panachées (plurispécifiques). Se reporter à la rubrique d'introduction à cette famille.
Acclim.: espèce incompatible avec les conditions de la captivité.

■ *Famille des haemulidés (gaterins, diagrammes)*

Subdivisée en deux sous-familles : plectorhynchinés et haemulinés, ses représentants sont présents dans toutes les mers chaudes du globe : env. 175 espèces pour 17-18 genres, proches des lutjans. Comme eux, leur corps est comprimé latéralement, leur dos très arqué, typique des perciformes. Par contre, leur gueule est plus réduite, à replis labiaux charnus. La faculté de produire des sons à l'aide de leurs dents pharyngiennes, ensuite amplifiés par la vessie natatoire, leur a valu le nom de grogneurs. Gaterins et diagrammes sont essentiellement nocturnes : de jour, les sujets, solitaires ou regroupés en communautés plus ou moins vastes et densément associés, se cachent dans des grottes, des anfractuosités, sous de gros fragments coralliens et des surplombs rocheux. A l'obscurité, ils s'aventurent hors de leurs repaires, pour se mettre en quête de petits invertébrés benthiques. Contrairement aux autres poissons, les haemulidés se montrent d'emblée familiers à l'égard de l'homme. Les juvéniles fréquentent toujours en solitaires les lagunes, les mares littorales peu profondes, y établissent un territoire aux limites bien définies, qu'ils parcourent en ondulant. Ce comportement les distingue des adultes, ainsi que leurs livrées et leurs motifs radicalement différents, aux couleurs vives et chatoyantes, au point que certains ont parfois été assimilés à des espèces à part entière. Selon certaines hypothèses, ce comportement et ces livrées voyantes correspondraient à des stratégies d'imitation d'invertébrés venimeux ou incomestibles, tels que des plathelminthes ou des nudibranches. Il n'est pas exclu que les juvéniles soient effectivement venimeux ou incomestibles. Si l'hypothèse se vérifiait, livrée et comportement seraient donc des signaux de mise en garde à l'intention des agresseurs potentiels.

Plectorhinchus chaetodonoides
(Lacépède, 1800)
Diagramme arlequin (ci-contre à gauche)

Descript.: 60 cm (adulte). Morphologie : voir photo, lire les informations fournies en introduction. Région dorsale dans les tons verts à olive ; région ventrale dans des tons de brun ; ensemble du corps constellé d'innombrables petites taches noires et rondes. Juvéniles à dominante orangée à fauve, complétée de grandes taches blanches et rondes cerclées d'un anneau sombre.
Conf.: aucune espèce ressemblante répertoriée.
Biot.: diverses zones récifales à faune corallienne riche, dès la surface. Indo-Pacifique, Maldives incluses.
Biol.: cette somptueuse espèce évolue souvent en vastes bancs, plus rarement en petites communautés. Comme souvent, ces bancs ne sont pas composés d'une seule, mais de plusieurs espèces (2 ou 3) panachées (plurispécifiques). Se reporter à la rubrique d'introduction à cette famille.
Acclim.: incompatibilité.

Plectorhinchus orientalis
(Bloch, 1793)
Diagramme oriental

Descript.: taille adulte de l'ordre de 60 cm. Morphologie : cliché ci-dessus et informations fournies en introduction. Adultes dans les tons blanc argenté, complétés de raies longitudinales noires sur l'ensemble du corps ; région frontale et gorge jaunes, de même que les nageoires ; dorsale, caudale et anale à taches et bandes noires. Juvéniles (< 15 cm environ) à dominante brun foncé, complétée de vastes taches de couleur crème, cernées d'un liséré jaune-orangé (en incrustation ci-dessus à gauche ; à droite : forme intermédiaire).
Conf.: seule cette espèce comporte des raies longitudinales noire sur l'ensemble du corps.
Biot.: le plus souvent sur les secteurs externes du récif, entre 2 et plus de 25 mètres de profondeur. Indo-Pacifique occidental, Maldives incluses.
Biol.: lire les informations citées en introduction.
Acclim.: espèce incompatible.

Plectorhinchus gaterinus
(Forsskål, 1775)
Diagramme moucheté

Descript.: taille adulte de l'ordre de 60 cm. Morphologie : voir photo, lire les informations fournies en introduction. Livrée à dominante argentée, complétée d'innombrables petites taches noires dans la région dorsale, les flancs et la région caudale ; tête grise, souvent parée de reflets violets ; les nageoires et les replis labiaux sont jaunes. Les juvéniles (taille < 12 cm) comportent de chaque côté six raies longitudinales noires au niveau de la tête et du corps.
Conf.: aucune espèce ressemblante répertoriée.
Biot.: couramment sur les secteurs externes des récifs, mais également dans d'autres domaines récifaux, jusqu'à plus d'une trentaine de mètres de profondeur. Mer Rouge, zone occidentale de l'Océan Indien.
Biol.: lire les informations fournies en introduction.
Acclim.: espèce incompatible avec les conditions de la captivité.

Diagramma pictum
(Thunberg, 1792)
Diagramme argenté (cliché en incrustation)

Descript.: taille adulte de l'ordre de 100 cm. Morphologie : voir photo, lire les informations fournies en introduction. Livrée à dominante gris argenté à gris pourpre ; tête parfois constellée de petites ponctuations dorées. Les juvéniles (taille < 20 cm environ) comportent des raies longitudinales noires et des nageoires jaunes. Les sujets au stade subadulte se caractérisent par la présence de taches noires.
Conf.: aucune espèce ressemblante répertoriée. Le genre *Diagramma* est monospécifique.
Biot.: fonds sablonneux aux abords des formations coralliennes, dans les lagunes et sur les secteurs externes du récif. Jusqu'à plus d'une quarantaine de mètres de profondeur. Mer Rouge, Indo-Pacifique occidental, Maldives incluses.
Biol.: lire les informations fournies en introduction.
Acclim.: espèce incompatible.

■ *Famille des némiptéridés
(brèmes de mer, faux lutjans,
mamilas, pentapodes)*

La famille se compose d'une quarantaine d'espèces au bas mot, réparties en quatre genres. Dans leur ensemble, ils présentent une morphologie plus ou moins longiligne, et des dimensions modestes à moyennes (40 cm pour les plus importantes); les globes oculaires sont de diamètre considérable et la gueule est petite. Ils se nourrissent aux dépens de petits invertébrés benthiques. Les espèces présentées ci-après connaissent une phase de mutation sexuelle, soumise à la structure sociale des communautés, au terme de laquelle les ♀ se métamorphosent en ♂; c'est vraisemblablement le cas de l'ensemble des espèces composant cette famille.

Scolopsis bilineatus
(Bloch, 1793)
Happeur à deux lignes, mamila griffée

Descript.: taille adulte de l'ordre de 20 cm. Corps comprimé latéralement. Livrée à dominante blanche à beige clair, ou gris argenté, complétée de deux raies longitudinales, étroites, brun foncé, parallèles à la gueule jusqu'au niveau médian de la nageoire dorsale. Au-dessus, le dos est souvent coloré en brun, et comporte 2 fines raies longitudinales blanches au-dessus des yeux, jusqu'au niveau de la bordure postérieure des opercules. Les juvéniles sont à dominante crème, et comportent trois raies longitudinales noires dans la moitié supérieure du corps.

Conf.: les membres du genre *Scolopsis*, une vingtaine environ, possèdent une puissante épine orientée vers l'arrière, insérée juste en arrière des yeux.

Biot.: abords des fonds sablonneux, des lagunes protégées, secteurs externes du récif. De la surface à au moins 25 mètres de profondeur. Océan Indien oriental, Maldives incluses, et Pacifique occidental.

Biol.: les sujets évoluent toujours en solitaire.
Acclim.: aucune référence à ce sujet.

■ *Famille des léthrinidés*
  (becs de cane, bossus, empereurs)

Forte d'une trentaine d'espèces classifiées en cinq genres, elle aussi est étroitement apparentée aux lutjanidés. Ses représentants sont presque exclusivement cantonnés à l'Indo-Pacifique tropical : une espèce est présente dans l'Atlantique. Les léthrinidés, par rapport aux lutjans, possèdent un corps comprimé latéralement, recouvert de grandes écailles, sauf au niveau de la tête, plus exactement de la gueule, qui en est exempte. Les autres particularités morphologiques propres à cette famille sont entre autres des replis labiaux très charnus et de puissantes dents «incisiformes», souvent apparentes, et enfin des globes oculaires insérés très haut. Ces espèces, dans leur majorité, sont nocturnes ; certaines d'entre elles sortent de jour pour chasser leurs proies. Chez diverses espèces du genre *Lethrinus*, une mutation sexuelle métamorphose les ♀ en ♂.

Monotaxis grandoculus
(Forsskål, 1775)
Empereur bossu, daurade tropicale

Descript.: 60 cm. Morphologie puissante, tête volumineuse, yeux très développés. Livrée souvent argentée, plus foncée sur le dos ; bordure postérieure des opercules souvent jaune ; 4 bandes verticales brun foncé, très larges peuvent apparaître instantanément sur les flancs. Chez les juvéniles, ces 4 larges bandes verticales sont permanentes.

Conf.: aucune espèce ressemblante répertoriée. Le genre est monospécifique.

Biot.: divers secteurs du récif, abords des fonds sablonneux. De la surface à au moins une centaine de mètres de profondeur. Mer Rouge, Indo-Pacifique, Maldives incluses.

Biol.: si les juvéniles sont plutôt solitaires, les adultes tendent à former des bancs variables et clairsemés. Ils se nourrissent de crustacés à carapace rigide, collectés dans le sable, de mollusques et d'oursins, plus rarement de poissons.

Lethrinus erythracanthus
(Cuvier, 1830)
Bec de cane à nageoires orange

Descript.: taille adulte de l'ordre de 70 cm. Morphologie puissante, caractérisée par une tête volumineuse. Livrée à dominante brun foncé à brune tirant sur le jaune, bleu-noir à bleue au niveau de la tête ; la face interne des replis labiaux est souvent rouge ; les nageoires sont jaunes.
Conf.: aucune espèce ressemblante répertoriée.
Biot.: divers domaines récifaux. Dès trois mètres, mais le plus souvent à partir d'une vingtaine de mètres de profondeur et jusqu'à plus de 100. Indo-Pacifique occidental, Maldives incluses.
Biol.: l'espèce manifeste en règle générale un comportement de solitaire et un tempérament craintif ; les sujets se nourrissent aux dépens de mollusques, d'oursins, d'ophiures et d'astéries.
Acclim.: espèce incompatible avec les conditions de la captivité.

Gnathodentex aurolineatus
(Lacépède, 1802)
Empereur strié, perche d'or
(cliché en incrustation)

Descript.: taille adulte de l'ordre de 30 cm. Corps à voûte dorsale légèrement accentuée, à tête pointue et grands globes oculaires. Livrée à dominante argentée à rouge argentée, complétée de huit (ou un nombre voisin) lignes longitudinales cuivre à dorées et d'une tache jaune vif.
Conf.: aucune espèce ressemblante.
Biot.: divers domaines du récif. Jusqu'à plus d'une trentaine de mètres de profondeur. Indo-Pacifique, Maldives incluses.
Biol.: l'espèce vit de jour en petites communautés, sans aucune activité notable, parfois également en vastes bancs, réfugiés sous de gros blocs coralliens ou équivalent. De nuit, ils sortent et chassent des invertébrés benthiques tels que crabes, gastéropodes, parfois des poissons.
Acclim.: incompatible.

■ *Famille des mullidés*
(rougets, poissons-chèvres, surmulets,
rougets-barbets, capucins,
rougets-souris)

Les 60 espèces recensées habitent les mers tropicales et subtropicales. En Mer Rouge, 3 genres sont présents, et au moins 13 espèces. Corps allongé, légèrement comprimé latéralement, ligne ventrale assez droite ; dos plus ou moins arqué, doté de deux dorsales ; la première est souvent rabattue contre le dos. Autres caractéristiques : grandes écailles, lèvres charnues, 2 longs barbillons sous le menton, escamotés pendant la nage dans des sillons spéciaux, sous le corps. Hypersensibles, bardés d'innombrables glandes sensorielles, ils sont impliqués dans les perceptions gustatives, introduits dans des trous, des anfractuosités, des substrats meubles, afin d'y repérer des particules ou des proies comestibles. Ce faisant, ils soulèvent sur le sable et la vase d'imposantes « nuées » sédimentaires, qui attirent d'autres espèces. En effet, ce fouissement ne met également des résidus organiques comestibles en suspension, qu'ils ne peuvent valoriser. D'où la présence de ces « pique-assiettes », attirés de loin non seulement par le nuage, mais aussi par la seule silhouette des mullidés, qui leur offrent ainsi involontairement le couvert. Une association de ce type est appelée une carpose (l'hôte ne subit aucun préjudice), plus précisément de commensalisme. Ces activités laissent de profonds et vastes cratères et sillons dans le sable. D'une espèce, les moeurs sont tantôt nocturnes, tantôt diurnes, parfois les deux. Les espèces diurnes dorment simplement posées à même le substrat. Leur sommeil est léger : un simple faisceau lumineux suffit à les éveiller et à les mettre en fuite. Leur livrée nocturne comporte une fraction plus importante de rouge que de jour (comme chez ce *Parupeneus* sp., cliché ci-dessus).

Parupeneus bifasciatus
(Lacépède, 1801)
Rouget-barbet à deux taches

Descript.: 35 cm (adulte). Morphologie : cliché ci-dessus ; cf. introduction. Livrée variable : tons blancs, jaunes ou gris-brun à gris-bleu, 2 taches verticales chevauchantes, en forme de selle, de couleur noire, sur les flancs. Région caudale souvent plus claire que le corps ; ventre souvent plus sombre que le dos.
Conf.: néant.
Biot.: lagunes et secteurs externes du récif ; les juvéniles privilégient les zones récifales superficielles, telles que les platiers ; les adultes fréquentent préférentiellement les zones abruptes du récif. De la surface jusqu'à grande profondeur. Indo-Pacifique, Maldives incluses.
Biol.: bien que solitaire, on observe parfois de petites communautés, actives de jour comme de nuit. De jour, les proies sont essentiellement des crustacés ; de nuit, ils se nourrissent de petits poissons et de larves de crabes.

Parupeneus cyclostomus
(Lacépède, 1801)
Rouget-barbet doré

Descript.: 50 cm (adulte). Livrée d'un jaune vif uniforme ou dans les tons jaunes, complétée de taches bleues sur les écailles (les sujets implantés en profondeur sont dans les tons roses à violet clair) ; une tache jaune en forme de selle visible à la face supérieure de l'appendice caudal ; ventre jaune.
Conf.: néant.
Biot.: pratiquement tous les secteurs du récif, affectionnant cependant les fonds durs. De la surface à grande profondeur. Mer Rouge et Indo-Pacifique, Maldives incluses.
Biol.: cette espèce exclusivement diurne se nourrit essentiellement de petits poissons, qu'ils capturent en les contraignant à quitter les grottes au sein desquelles ils se dissimulent à l'aide de leurs longs barbillons. Parfois, le mullidé est étroitement flanqué de la carangue bleue, *Caranx melampygus*, qui lui « souffle » souvent ses proies.

Parupeneus forsskali
(Fourmanoir & Guézé, 1976)
Rouget-barbet de la Mer Rouge

Descript.: 28 cm, adulte. Morphologie conforme au cliché ci-dessus et aux informations fournies en introduction. Livrée à dominante blanchâtre à blanche tirant sur le jaune, complétée d'une raie longitudinale noire issue de la gueule et cheminant jusqu'au niveau de la dorsale postérieure; au-dessus de cette raie, le dos est brun à brun tirant sur le vert, et vire au jaune à l'extrémité de la raie, dans la région caudale; l'appendice caudal porte une tache noire, dans le prolongement de la raie longitudinale noire; les nageoires caudale et dorsale portent des motifs bleus, composés de lignes.

Conf.: dans l'Indo-Pacifique, certaines espèces présentent des coloris très ressemblants (à titre d'exemple *P. barberinus* (Lacépède, 1801), barbet rayé ou surmulet à bande noire), mais celles-ci ne sont pas distribuées en Mer Rouge.

Biot.: divers secteurs du récif, mais habituellement sur les fonds sablonneux aux abords des récifs. Dès les faibles profondeurs. Mer Rouge et Golfe d'Aden.

Biol.: l'espèce se rencontre tant en solitaire qu'en communautés plus ou moins étendues, susceptibles de compter jusqu'à une quarantaine d'individus. Les sujets sont de mœurs exclusivement diurnes et fouissent le sable en permanence, à la recherche d'éléments comestibles appropriés, fréquemment accompagnés dans cette activité par de nombreux poissons d'autres espèces (cf rubrique d'introduction). Les frais, chez cette espèce, se déroulent essentiellement du printemps à l'été. Comme tous les mullidés, les juvéniles, au cours de leurs premières semaines d'existence, demeurent dans le domaine pélagique hauturier, ne regagnant le biotope récifal ou le milieu sablonneux que parvenus à une taille de plusieurs centimètres.

Acclimatation en aquarium: les mullidés ont un mode de vie peu compatible avec leur maintien en captivité.

■ *Famille des pemphérididés*
(poissons-hachettes, poissons-harpes, balayeurs)

Cette famille restreinte se compose d'une vingtaine d'espèces, réparties en 2 genres, majoritairement distribuées dans les régions tropicales et subtropicales, dans les 100 premiers mètres de profondeur, souvent plus près de la surface. De dimensions faibles à moyennes, le corps est variablement comprimé latéralement et les yeux développés. L'identification sur photo est ardue, voire impossible. En revanche, les 2 genres se différencient nettement. Les 5 ou 6 espèces du genre *Parapriacanthus*, ou « poissons de verre », n'excèdent jamais 10 cm de longueur. Leur corps, symétrique longitudinalement, est partiellement transparent, paré de reflets iridescents. De jour, ils évoluent en gigantesques bancs, à couvert à l'intérieur de grottes, d'épaves de bateaux, sous des surplombs rocheux. De nuit, ils se désagrègent : les poissons se dispersent sur le récif, et chassent leurs proies zooplanctoniques.

Chez le genre *Pempheris*, une quinzaine d'espèces appelées « poissons-hachettes », la taille adulte est de 15-20 cm et le ventre est plus arqué que le dos (asymétrie longitudinale). Mais les poissons-hachettes *Pempheris* se distinguent aussi des poissons de verre *Parapriacanthus* par leurs coloris : leur corps est toujours intégralement pigmenté, avec une prédominance de tons argentés ou cuivrés. Ethologiquement, leurs bancs ne sont pas aussi vastes que ceux des poissons de verre ; ils se dissimulent de jour dans des grottes, sous des surplombs rocheux ou tout autre refuge. Une espèce s'est implantée en Méditerranée.

La biologie de ces espèces est largement méconnue. La position systématique de certaines espèces, encore incomplètement définie, requiert des recherches supplémentaires.

∎ *Famille des éphippidés*
(platax, roussettes)

Sept genres composent cette famille ; seul le genre *Platax*, soit 4espèces, fréquente les biotopes récifaux. Leur corps est fortement comprimé latéralement, la voûte dorsale très élevée et la gueule très petite, coloré dans les tons argentés à gris argenté, avec au moins 2 bandes verticales noires, au-dessus de l'oeil et au niveau de la bordure postérieure des opercules. Chez les juvéniles, les nageoires dorsale, anale et pelviennes présentent un fort développement vertical : d'où un corps beaucoup plus élevés que longs. Au fur et à mesure du qu'ils avancent en âge, le développement des nageoires est proportionnellement inférieur.

Platax teira
(Forsskål, 1775)
Platax à longues nageoires

Descript.: taille adulte de l'ordre de 50 cm. Morphologie et coloris conformes au cliché ci-dessus et aux informations fournies en introduction.
Conf.: les juvéniles *P. orbicularis* (Forsskål, 1775), ou poule d'eau, ou roussette, sont colorés en brun, et imitent des feuilles mortes. Ceux de *P. pinnatus* (Linnaeus, 1758), ou platax à nageoires noires, sont à dominante sombre, une bande longitudinale plus claire dans l'axe médian, et un liséré orange vif à la périphérie de leur corps. En revanche, les adultes sont plus difficiles à identifier les uns des autres.
Biot.: les juvéniles fréquentent les zones récifales superficielles et protégées, tandis que les adultes privilégient le domaine pélagique aux abords immédiats du récif corallien. Dès la surface et jusqu'à au moins une trentaine de mètres de profondeur. Mer Rouge, Indo-Pacifique occidental, Maldives incluses.
Biol.: les adultes évoluent souvent en vastes bancs. Ils consomment des méduses, des crustacés et d'autres catégories d'invertébrés. Contrairement aux 2 autres espèces, les représentants de *P. teira* se montrent très familiers à l'égard des plongeurs.

■ *Famille des chaetodontidés (poissons-papillons)*

Ils comptent parmi les poissons coralliens les plus somptueusement colorés au monde. Près de 120 espèces sont répertoriées, membres de dix genres, dont l'habitat sont les eaux littorales des mers tropicales et subtropicales. Le biotope d'une majorité d'espèces est le récif corallien, entre la surface et une vingtaine de mètres de profondeur. 27 espèces sont recensées dans les Maldives, 15 en Mer Rouge, dont 7 y sont endémiques. Une faible minorité vit en eau profonde, où les coraux ne se développent pas. Globalement, les papillons sont de dimensions modestes à intermédiaires, caractérisés par un corps fortement comprimé latéralement et une voûte dorsale très élevée, intégralement recouvert d'écailles assez petites. Souvent, le museau, plus ou moins allongé et s'achèvant sur une gueule réduite, est protractile, leur conférant la possibilité de déloger des proies au fond de profondes anfractuosités. Les 2 mâchoires sont garnies de nombreuses petites dents en forme de soies; d'où le nom attribué à cette famille de poissons (du grec: «à dents soyeuses»).

Or les particularités des papillons que nous venons d'énumérer se retrouvent chez les pomacanthidés (poissons-empereurs ou poissons-anges). Il y a peu de temps encore, chétodons et pomacanthes étaient considérés comme une seule et unique famille, celle des chaetodontidés. La séparation en 2 familles distinctes s'est avérée nécessaire en raison de divergences morphologiques objectives et au cours du développement larvaire. Mais le critère d'identification le plus fiable, le plus essentiel est l'existence chez tous les pomacanthes d'une épine bien visible, située au niveau de la bordure inférieure de l'opercule branchial, et dont les chétodons sont dénués.

Les coloris des papillons sont très constants: la livrée suffit à identifier l'ensemble des espèces. La majorité arbore une bande verticale noire ou sombre caractéristique en travers de l'oeil et le camouflent. Beaucoup possèdent en outre un ocelle sombre situé dans la partie postérieure du corps. Ce type de motif constitue une protection contre les agresseurs, lesquels s'orientent fréquemment en prenant l'oeil de leur victime pour point de repère. En cas d'attaque, une «fuite en arrière» (donc dans le sens inverse à celui de l'oeil «véritable») provoque un effet de surprise qui peut sauver la vie de la victime. Lors des combats intraspécifiques, la concentration des attaques dans la zone postérieure du corps, moins vulnérable, protège les fragiles globes oculaires. Contrairement aux pomacanthes, les chétodons, dès le stade juvénile, arborent des coloris largement semblables à ceux des adultes. Au cours de la croissance, les coloris de la livrée varient très peu.

La fonction des superbes coloris de la livrée des chétodons, comme celle d'autres poissons coralliens, a été très diversement interprétée. Le célèbre éthologiste autrichien Konrad Lorenz leur attribuait un rôle de communication signalétique, avec pour but de matérialiser les limites de leur territoire pour le défendre. Selon des recherches plus récentes, ces couleurs, tout au moins chez les chétodons, jouent plutôt un rôle dans la recherche du partenaire en saison de reproduction. Ils pourraient constituer un avertissement à l'égard des prédateurs, destiné à les informer de l'inconsommabilité des chétodons (liée à la présence d'un squelette dur, d'arêtes acérées par exemple). Les chétodons sont des poissons diurnes par excellence; de nuit, ils demeurent immobiles à l'intérieur d'anfractuosités coralliennes. Nombre d'espèces revêtent une livrée nocturne, en gros semblable à la livrée diurne, mais dans des tons plus sombres, plus voilés. D'autres ont recours à une autre méthode: la moitié supérieure du corps se teinte de sombre, et une, parfois 2 taches claires y apparaissent sur chaque flanc.

La biologie de reproduction des chétodons est peu connue. Le frai intervient en règle générale au crépuscule. Les oeufs, microscopiques, gagnent la surface; l'éclosion se produit dans les deux jours consécutifs. Les larves dérivent au gré des courants dans la zone pélagique quelques semaines, voire plusieurs mois.

Le maintien en captivité des chétodons étant interdit, en Allemagne et dans d'autres pays européens, la rubrique «acclimatation» ne sera pas traitée.

Chaetodon austriacus
(Rüppell, 1836)
Poisson-papillon côtelé

Descript. : 14 cm (adulte). Morphologie conforme au cliché ci-dessus et aux informations fournies en introduction. Livrée à dominante jaune, à fines raies longitudinales bleutées et 1 tache oblongue légèrement sous de la dorsale. Museau et barre oculaire noirs ; en arrière, une seconde barre verticale bleutée est visible. Nageoire dorsale blanche, bordée d'un liséré postérieur noir. Nageoires caudale et anale noires, avec un liséré jaune à orangé.

Conf. : espèce étroitement apparentée à *C. trifasciatus* et à *C. melapterus*. Malgré leurs coloris ressemblants, ces trois espèces demeurent faciles à identifier. *C. trifasciatus* se caractérise par sa nageoire anale orange.

Chez *C. melapterus* Guichenot, 1862, la tache oblongue sous la dorsale au niveau des flancs est absente ; taille adulte des sujets : vers 12 cm ; livrée jaune, à fines raies longitudinales et une bande oculaire noire, puis d'une seconde bande sombre en arrière. Partie postérieure du corps et nageoires dorsale, anale et caudale noires. Golfe Persique, d'Aden, d'Oman, littoral sud-est de la Péninsule Arabique, également à l'île de la Réunion et aux Seychelles.

Biot. : sur les secteurs à faune corallienne luxuriante, généralement en-deçà de la limite des 12-15 mètres de profondeur. Mer Rouge.

Biol. : les 3 espèces décrites dans cette fiche sont probablement inféodées à un régime alimentaire spécialisé, exclusivement à base de polypes coralliens. L'espèce évolue généralement en solitaire ou en couples. Parfois, on observe de petites communautés, occupées se nourrir. Les juvéniles sont moins vivement colorés et se distinguent par la présence d'une tache noire visible sur le pédoncule caudal ; par ailleurs, ils mènent un mode de vie excessivement furtif.

Chaetodon trifasciatus
(Park, 1797)
Poisson-papillon à trois bandes, chétodon délavé

Descript.: taille adulte de l'ordre de 17 cm. Morphologie conforme au cliché ci-dessus et aux informations fournies en introduction. Livrée à dominante jaune et blanche à jaune et bleutée, complétée de fines raies longitudinales bleues et d'une tache noire oblongue légèrement au-dessous de la nageoire dorsale. Museau et barre oculaire noirs ; en arrière, une seconde barre verticale bleutée est visible, bordée en avant d'un fin liséré blanc. Nageoire dorsale blanche, la nageoire caudale comporte une bande verticale noire, bordée en avant et en arrière d'un liséré jaune à orange. La nageoire anale est orange, bordée d'un liséré jaune, avec une zone d'insertion jaune pâle et noire.

Conf.: selon BURGESS (1978), une sous-espèce individualisée, *C. trifasciatus lunulatus* serait distribuée dans le Pacifique. Lire également la fiche consacrée à l'espèce *C. austriacus*, le poisson-papillon côtelé.

Biot.: lagunes et récifs coralliens protégés, caractérisés par une faune corallienne luxuriante. Depuis la surface et jusqu'à une vingtaine de mètres de profondeur. Indo-Pacifique, Maldives incluses.

Biol.: cette espèce est elle aussi inféodée à un régime alimentaire spécialisé, exclusivement à base de polypes coralliens. L'espèce évolue en règle générale en couples. Contrairement à la majorité des autres espèces de chétodons, un couple, selon les observations réalisées par STEENE (1977), ne s'octroierait pas de territoire aux limites nettement définies ; ceux-ci parcourent de grandes distances sur le récif, en prenant soin d'éviter la compagnie d'autres couples de leurs propres congénères.

Chaetodon auriga
(Forsskål, 1775)
Chétodon cocher, poisson-papillon à étendard

Descript.: taille adulte de l'ordre de 23 cm. Morphologie conforme au cliché ci-dessus et aux informations fournies en introduction. Partie postérieure de la dorsale à long prolongement filamenteux, au-delà de la caudale. Livrée à dominante blanche et raies en chevrons, bande oculaire noire et motif cunéiforme noir, parfois dans des tons voilés, la pointe dirigée vers le bas. Région postérieure des nageoires dorsale et anale et nageoire caudale jaunes ; la nageoire dorsale comporte occasionnellement un ocelle.

Conf.: deux sous-espèces, rattachées à *C. auriga*, sont recensées, différentes par leurs coloris et leur aire de distribution géographique. *C. auriga auriga* (cliché ci-dessus) est exclusivement distribuée en Mer Rouge ; le filament prolongeant la dorsale est nettement moins développé en longueur. Chez les adultes, la tache noire au niveau de la dorsale est absente, alors qu'elle est bien visible et contrastée chez les juvéniles. Dans l'Indo-Pacifique se rencontre *C. a. setifer*, dotée d'un prolongement dorsal en « étendard » développé en longueur et d'une tache noire sur cette même nageoire.

Biot.: pratiquement tous les secteurs du récif, et aux abords des herbiers sous-marins. Généralement entre la surface et une dizaine de mètres de profondeur, et couramment bien au-delà. Mer Rouge, Indo-Pacifique, Maldives icnluses.

Biol.: deux sous-espèces très répandues, chacune dans leur zone de distribution géographique. Comportement toujours solitaire ou de couples sur les récifs. Les bancs assez étendus sont rares. Régime alimentaire à base de polypes coralliens, de tentacules d'anémones de mer, de vers polychètes (« vers de feu »), d'algues, de crevettes et de petits gastéropodes. Ces chétodons s'avèrent moins craintifs que beaucoup d'autres espèces de papillons.

Chaetodon bennetti
(Cuvier, 1831)
Chétodon de Bennett, chétodon à lignes bleues

Descript.: taille adulte de l'ordre de 20 cm. Morphologie conforme au cliché ci-dessus et aux informations fournies en introduction. Livrée à dominante jaune, complétée sur chaque flanc d'une large tache noire, cerclée d'une bordure circulaire bleu clair, continue ou estompée par places, et entourée d'un halo sombre et diffus. Deux raies obliques et partiellement courbes, dans les tons bleu clair, sont visibles dans la partie inférieure du corps, cheminant des opercules jusqu'au niveau de la nageoire anale. La barre oculaire est brune à noire, bordée en avant et en arrière d'un liséré bleu clair.

Conf.: aucune, l'espèce arborant une livrée caractéristique.

Biot.: récifs orientés vers la haute mer, caractérisés par une faune corallienne luxuriante. Les juvéniles affectionnent généralement l'entrelac de ramifications des buissons de coraux *Acropora* (acropores). Le plus souvent entre 5 et au moins une trentaine de mètres de profondeur. Indo-Pacifique, Maldives incluses.

Biol.: la présente espèce, qui demeure relativement rare, se caractérise par son comportement craintif. Dans la plupart des cas, les sujets évoluent en solitaires, et beaucoup plus rarement en couples. A l'instar de nombreux autres poissons-papillons, le chétodon de Bennett est principalement corallophage. La livrée des juvéniles correspond pour l'essentiel à celle des sujets adultes; la seule différence se situe au niveau du pourtour de la tache noire visible dans la région dorsale: au fur et à mesure que le sujet avance en âge, la bordure bleu clair perd progressivement en contraste et finit par s'estomper.

Chaetodon collare
(Bloch, 1787)
Papillon à collier blanc, papillon pakistanais

Descript.: taille adulte de l'ordre de 18 cm. Morphologie conforme au cliché ci-dessus et aux informations fournies en introduction. Livrée à dominante grise et jaune, complétée de motifs réticulés sombres et de raies, d'une bande verticale relativement large et d'un blanc intense en arrière de l'oeil, et d'une autre bande verticale fine au niveau du museau, également d'un blanc soutenu. Nageoire caudale orange, complétée d'une bordure postérieure blanche.

Conf.: dans le Pacifique occidental est distribuée une espèce présentant des coloris similaires: *C. reticulatus* Cuvier, 1831, le chétodon réticulé ou chétodon à mailles, dont les représentants, à l'âge adulte, atteignent une taille de 15 cm; la principale différence est une nageoire caudale de couleur blanche, ainsi qu'une bande verticale claire, en arrière de l'oeil, encore plus large que chez *C. collare*.

Biot.: le plus souvent dans la zone des récifs externes. Entre 5 et 15 mètres de profondeur, rarement en-deçà ou au-delà. Océan Indien, Maldives incluses.

Biol.: les chétodons à collier évoluent le plus souvent en couples, mais l'espèce forme par place des bancs variablement étendus, susceptibles de regrouper plus d'une cinquantaine d'individus. Il a été donné à l'auteur d'observer à plusieurs reprises sur deux sites de l'archipel des Maldives de telles communautés; selon les témoignages de plongeurs autochtones, ces deux bancs semblent inféodés à ces zones. Tous les sujets étaient de dimensions sensiblement identiques. L'espèce semble principalement corallophage. Ces sujets ne manifestent en règle générale aucune craintivité à l'égard des plongeurs, ce qui permet de les approcher à de très faibles distances.

Chaetodon fasciatus
(Forsskål, 1775)
Poisson-papillon tabac

Descript.: taille adulte : 25 cm. Morphologie : cf cliché et informations en introduction. Livrée à dominante jaune et quelques fines raies longitudinales légèrement obliques, fauves à noires au niveau des flancs ; barre oculaire noire ; une tache frontale blanche ; une large tache noire sous la partie antérieure de l'insertion de la dorsale. Nageoires dorsale, caudale et anale bordées d'un liséré noir ; nageoire caudale comportant un alignement de petites ponctuations de couleur orange.

Conf.: dans l'ensemble de l'Indo-Pacifique se rencontre l'espèce *C. lunula* (Lacépède, 1803), le chétodon à raies rouges ou « raton laveur », une trentaine de cm à l'âge adulte, qui se distingue du chétodon tabac par la présence de raies obliques jaunes sur la tache noire visible sous l'insertion de la dorsale et d'une tache noire sur les deux faces de l'appendice caudal.

Biot.: pratiquement tous les secteurs du biotope récifal. De la surface et à 25 mètres de profondeur au moins. Mer Rouge.

Biol.: l'un des chétodons les plus répandus et les plus courants en Mer Rouge. D'un tempérament assez familier, ils sont faciles à approcher. On les observe évoluant en couples, plus rarement en solitaires. Ils forment parfois de petites communautés. A plusieurs reprise, il fut donné à l'auteur d'observer de petits groupes, constitués de cinq à dix individus, fondre sur les gonades de méduses en train de dériver au-dessus des récifs et les dévorer. Mais les poissons-papillons tabac, outre les polypes coralliens qui composent l'essentiel de leur régime alimentaire, consomment également des algues et diverses catégories d'organismes invertébrés. Les juvéniles comportent un ocelle noir, visible dans la partie postérieure de la nageoire dorsale.

Chaetodon guttatissimus
(Bennett, 1832)
Poisson-papillon moucheté

Descript.: taille adulte de l'ordre de 15 cm. Morphologie conforme au cliché ci-dessus et aux informations fournies en introduction. Livrée à dominante blanche à gris clair, complétée d'un nombre important de petites ponctuations noires, constellant les flancs, et d'une étroite bande oculaire noire.

Conf.: l'espèce *C. punctatofasciatus* Cuvier, 1831, ou chétodon à bande ponctuée, présente des coloris similaires; elle se rencontre dans le Pacifique occidental et peut atteindre à l'âge adulte une dizaine de cm. Les sujets se reconnaissent à la présence de quelques raies verticales sombres dans la partie supérieure du corps. La bande oculaire ne s'étend pas jusque sur le front et n'est pas noire.

C. pelewensis Kner, 1868, ou chétodon à points-tirets, d'une taille adulte de l'ordre de 13 cm, se rencontre sur la Grande Barrière de Corail australienne; les sujets présentent une bande diagonale sombre et leur bande oculaire, de couleur claire, ne s'étend pas jusqu'à la région frontale.

Biot.: divers domaines des récifs coralliens. Depuis le voisinage de la surface et jusqu'à une vingtaine de mètres de profondeur. Zone méridionale de la Mer Rouge et Océan Indien, Maldives incluses.

Biol.: au menu de cette espèce aux dimensions modestes figurent essentiellement des vers polychètes («vers de feu»), des algues et des polypes coralliens. Ces poissons se rencontrent tant en solitaires qu'en couples ou encore en petites communautés.

Chaetodon kleinii
(Bloch, 1790)
Poisson-papillon de Klein

Descript.: taille adulte de l'ordre de 15 cm au maximum. Morphologie conforme au cliché ci-dessus et aux informations fournies en introduction. Livrée à dominante jaune, complétée d'une étroite barre oculaire noire, puis d'une seconde barre verticale plus large, de couleur blanche à gris-jaune, juste en arrière. La tête, en avant de la barre oculaire noire, est colorée dans des tons blanc sale à blancs, et la gueule est noire. Chez les sujets avancés en âge, la partie supérieure de la barre oculaire se teinte de tons bleutés. Les flancs sont constellés de nombreuses petites taches blanches, argentées ou sombres. Les nageoires dorsale et anale sont chacunes bordées de très fins lisérés noirs, puis blancs.
Conf.: aucune espèce ressemblante recensée.
Biot.: lagunes profondes densément colonisées par la faune corallienne et formations coralliennes des secteurs externes du récif, comportant des fonds sablonneux et faiblement exposés aux courants. Le plus souvent entre moins de 5 et jusqu'à plus d'une soixantaine de mètres de profondeur. Zone méridionale de la Mer Rouge et Indo-Pacifique, archipel des Maldives inclus.
Biol.: l'espèce se nourrit pour l'essentiel aux dépens des polypes de divers coraux cornés et mous (tels que *Sarcophyton trocheliophorum* et *Lithophyton viridis*), d'algues et d'organismes zooplanctoniques. Les sujets évoluent la plupart du temps en solitaires ou en couples, parfois également en petites communautés, constituées d'une dizaine de sujets au maximum.

Chaetodon madagascariensis
(Ahl, 1923)
Poisson-papillon de Madagascar

Descript.: taille adulte de l'ordre de 14 cm. Morphologie conforme au cliché ci-dessus et aux informations fournies en introduction. Livrée à dominante blanche, complétée de raies sombres en chevrons, légèrement orientées vers l'avant, visibles au niveau des flancs, d'une zone orange pâle dans la partie postérieure du corps, d'une tache frontale noire, très contrastée. Barre oculaire noire. La partie postérieure des nageoires dorsale et anale, ainsi que la bordure postérieure de la nageoire caudale, sont également colorées en orange pâle.

Conf.: on recense en tout trois autres espèces aux coloris très similaires, considérés par certains auteurs comme de simples sous-espèces : *C. paucifasciatus*, le poisson-papillon orange, est distribué exclusivement en Mer Rouge ; il se distingue des trois autres (sous-) espèces par sa barre oculaire colorée dans des tons jaunes-orangés. *C. mertensii* Cuvier, 1831, le poisson-papillon de Mertens, qui se rencontre dans l'Océan Pacifique, s'identifie à sa tache frontale peu contrastée.

Enfin, *C. xanthurus* Bleeker, 1857, ou poisson-papillon à filet, répandu dans la région qui s'étend de l'est du sous-continent indien aux Philippines, est la seule des quatre espèces à arborer des motifs réticulés ou maillés sombres au niveau des flancs.

Biot.: abords des formations coralliennes et sur les fonds graveleux. Le plus souvent à partir d'une dizaine de mètres de profondeur. Océan Indien, Maldives incluses.

Biol.: cette espèce évolue généralement en couples. La composition de son régime alimentaire n'est pas connue avec précision ; le comportement alimentaire se rapproche vraisemblablement de celui de l'espèce *C. paucifasciatus*, le poisson-papillon orange.

Chaetodon paucifasciatus
(Ahl, 1923)
Poisson-papillon orange

Descript.: taille adulte vers 14 cm. Morphologie conforme au cliché ci-dessus et aux informations fournies en introduction. Livrée à dominante blanche, complétée de raies sombres en chevrons, légèrement orientées vers l'avant, visibles au niveau des flancs, d'une zone d'un orange soutenu dans la partie postérieure du corps, d'une tache frontale noire, très contrastée. Barre oculaire dans les tons de jaune-orangé. Partie postérieure des nageoires dorsale et anale, bordure postérieure de la nageoire caudale, également colorées d'orange vif.

Conf.: on recense en tout trois autres espèces aux coloris très similaires, considérées par certains auteurs comme de simples sous-espèces : *C. madagascariensis*, le papillon de Madagascar, distribuée exclusivement dans l'Océan Indien, Maldives incluses ; il se distingue des trois autres (sous-) espèces par la combinaison de barres en chevrons sur les flancs, d'une barre oculaire noire, et enfin d'une tache frontale noire aux contours nettement contrastés.

C. mertensii Cuvier, 1831, le papillon de Mertens, e rencontre dans l'Océan Pacifique et s'identifie à sa tache frontale aux contours plus diffus.

Enfin, *C. xanthurus* Bleeker, 1857, ou poisson-papillon à filet, répandu entre l'est du sous-continent indien et les Philippines, est la seule des 4 espèces à arborer des motifs réticulés ou maillés sombres au niveau des flancs.

Biot.: abords des formations coralliennes et fonds graveleux. Le plus souvent entre 4 et une trentaine de mètres de profondeur. Mer Rouge et Golfe d'Aden.

Biol.: cette espèce évolue généralement en couples ou en petites communautés. Les sujets se nourrissent aux dépens de polypes coralliens, de coraux cornés, d'algues, de vers polychètes et de petits crustacés.

Chaetodon lineolatus
(Cuvier & Valenciennes, 1831)
Poisson-papillon strié, chétodon linéolé

Descript.: taille adulte de l'ordre de 30 cm. Morphologie conforme au cliché ci-dessus et aux informations fournies en introduction. Livrée à dominante blanche, complétée de fines raies verticales noires, d'une barre oculaire large et continue et d'une zone falciforme de couleur noire au niveau de la bordure postérieure du corps, qui s'étend jusqu'au milieu de la naissance de la nageoire anale. La partie postérieure du dos, ainsi que des nageoires dorsale, caudale et anale sont colorées en jaune.

Conf.: *C. oxycephalus* Bleeker, 1853 (cliché en incrustation), le poisson-papillon trompeur, est une espèce étroitement apparentée, dont l'aire de distribution recoupe au moins partiellement celle du chétodon linéolé ; elle s'identifie néanmoins à sa bande oculaire discontinue, à la présence d'une tache frontale, à sa zone falciforme noire à la bordure postérieure du corps, qui ne s'étend que jusqu'à la base de la nageoire caudale (et non jusqu'à la nageoire anale).

Biot.: lagunes et secteurs externes des récifs, colonisés par une faune corallienne luxuriante. Depuis le voisinage de la surface et jusqu'à de très grandes profondeurs. Mer Rouge et Indo-Pacifique (la bibliographie courante ne mentionne pas si l'espèce est également distribuée dans l'archipel des Maldives).

Biol.: l'espèce se nourrit principalement aux dépens de polypes coralliens et de tentacules d'anémones de mer, mais ne rechigne pas à consommer d'autres petits invertébrés et des algues. Les sujets évoluent généralement en solitaires ou en couples, mais se montrent relativement craintifs.

Chaetodon falcula
(Bloch, 1793)
Poisson-papillon à selles

Descript.: taille adulte de l'ordre de 20 cm au moins (susceptible d'atteindre 29 cm, selon certaines sources). Morphologie conforme au cliché ci-dessus et aux informations fournies en introduction. La gueule est sensiblement plus allongée que chez les espèces précédentes. Livrée à dominante blanche, les régions dorsale et caudale sont colorées en jaune; deux taches chevauchantes, évoquant des selles, sont visibles dans la région dorsale, complétées de quelques fines raies verticales dans les tons noirs ornant les flancs et d'une bande oculaire noire. Les nageoires dorsale, caudale et anale sonr de couleur jaune.

Conf.: dans le Pacifique occidental se rencontre *C. ulietensis* Cuvier, 1831, ou chétodon d'Uliétéa à double selle, qui revêt des coloris très proches de ceux de *C. falcula*. Elle se caractérise par des «selles» légèrement plus longues, et aux coloris moins saturés. En outre, la région dorsale, au lieu d'être colorée en jaune, est blanche.

Biot.: divers domaines du biotope corallien. Généralement depuis le voisinage de la surface et jusqu'à une quinzaine de mètres de profondeur. Océan Indien, Maldives incluses.

Biol.: l'espèce possède un régime alimentaire largement diversifié: elle appartient au groupe des chétodons omnivores. Les sujets consomment des polypes de madrépores et de coraux mous, de petits polychètes («vers de feux»), des crustacés ainsi que les organismes zooplanctoniques les plus divers. Ils parcourent généralement en solitaire ou en couples le récif, parfois en groupes susceptibles de rassembler jusqu'à une vingtaine d'individus.

Chaetodon melannotus
(Bloch & Schneider, 1801)
Poisson-papillon à dos noir

Descript.: taille adulte vers 15 cm. Morphologie conforme au cliché ci-dessus et aux informations fournies en introduction. Livrée à dominante blanche et fines raies verticales sombres; zone dorsale noire; nageoires dorsale, caudale et anale et pelviennes jaunes. La tête porte une barre oculaire étroite, colorée en noir. Les sujets subadultes se reconnaissent à la présence d'un ocelle noir porté par le pédoncule caudal.

Conf.: *C. ocellicaudus* Cuvier, 1831, le papillon à point caudal, semble cantonné à la zone qui s'étend au nord de l'Australie; ce poisson s'identifie principalement à la présence d'une tache noire, de forme ronde, visible de chaque côté de l'appendice caudal.

Biot.: lagunes, platiers récifaux et secteurs externes des récifs, colonisés par des espèces coralliennes buissonnantes. De la surface à plus d'une quinzaine de mètres de profondeur. Mer Rouge et Indo-Pacifique, Maldives incluses.

Biol.: les papillons à dos noir évoluent généralement en solitaires ou en couples sur des territoires bien précis. Ils se nourrissent principalement aux dépens des polypes de coraux mous et de coraux-cuirs. Très peu craintifs, ils possèdent la faculté de faire varier leur livrée de façon spectaculaire. La nuit, mais également lorsqu'ils sont effrayés, le dos et les flancs, jusqu'au niveau médian du corps, se colorent en noir, à l'exception d'une ou deux taches en guise de signaux, tandis que la zone inférieure conserve ses coloris habituels. Cette coloration que l'on retrouve également chez l'espèce *C. trifascialis*, ou papillon à chevrons, semble utilisée par les congénères à des fins de reconnaissance intraspécifique durant la phase crépusculaire, mais également, semble-t-il, à effrayer les prédateurs potentiels.

Chaetodon meyeri
(Schneider, 1801)
Poisson-papillon de Meyer

Descript.: taille adulte de l'ordre de 20 cm. Morphologie conforme au cliché ci-dessus et aux informations fournies en introduction. Livrée à dominante blanche, complétée de raies relativement épaisses, à trajectoire variablement recourbée sur l'ensemble du corps, ainsi qu'au niveau des nageoires dorsale et anale. L'ensemble du pourtour du poisson est souligné d'un liséré de couleur jaune à orange. Barre oculaire noire. Les juvéniles (cliché en incrustation) revêtent une livrée pratiquement identique, ne se différenciant que par l'agencement des raies noires ornant leur corps.

Conf.: aucune espèce ressemblante n'est répertoriée. La livrée des juvéniles n'est pas sans évoquer celle de l'espèce *C. ornatissimus* Cuvier, 1831, le papillon orné, chez lequel toutefois les raies visibles sur tout le corps du poisson, au lieu d'être de couleur noire, sont dorées à orange. De plus, d'une taille adulte d'environ 18 cm, son aire de ditribution est limitée à certaines zones du Pacifique.

Biot.: lagunes et secteurs externes des récifs, caractérisés par une faune corallienne dense. Le plus souvent entre 5 et 25 mètres de profondeur. Indo-Pacifique, Maldives incluses.

Biol.: cette espèce aux somptueux coloris forme des couples, qui s'octroient et défendent un territoire aux limites bien définies ; leur régime alimentaire est exclusivement corallophage. Les juvéniles ne s'aventurent jamais loin de colonies coralliennes buissonnantes, auprès desquelles ils se protègent, notamment l'entrelac dense de ramifications de coraux en table ou de coraux-cornouillers.

Chaetodon mitratus
(Günther, 1860)
Poisson-papillon mître

Descript.: taille adulte de l'ordre de 14 cm. Morphologie conforme au cliché ci-dessus et aux informations fournies en introduction. Les flancs sont colorés dans les tons blancs à jaune vif, complétés de deux larges bandes obliques, brun foncé à noires. La zone inférieure du corps est colorée en jaune vif. La partie postérieure de la nageoire dorsale est transparente, teintée de jaune ; elle comporte sur toute sa longueur une étroite bordure noire et blanche. La barre oculaire, relativement large, est également colorée dans les tons brun foncé à noirs.

Conf.: l'espèce ressemble à *C. burgessi* Allen & Stark, 1973, le poisson-papillon de Burgess, répandue dans l'Océan Pacifique. Ce dernier se différencie par une fraction de jaune plus importante dans sa livrée, ainsi qu'à la zone postérieure de sa nageoire dorsale, colorée en noir. Les deux aires de distribution géographique ne se recoupant pas, toute confusion est d'emblée exclue.

Biot.: habituellement à flanc de parois abruptes, sur les secteurs externes des récifs coralliens. A partir d'une trenaine de mètres de profondeur et très au-delà. Océan Indien, Maldives incluses.

Biol.: le poisson-papillon mître, à l'instar du poisson-papillon de Burgess est une des rares espèces de chétodons implantées à grande profondeur. Cette particularité explique qu'en 1973, un seul représentant de l'espèce avait été répertorié scientifiquement. Ces poissons sont de tempérament plutôt solitaire et s'observent rarement évoluant en couples ou en petites communautés.

Chaetodon semilarvatus
(Cuvier & Valenciennes, 1831)
Poisson-papillon jaune

Descript.: taille adulte de l'ordre de 30 cm. Morphologie conforme au cliché ci-dessus et aux informations fournies en introduction. Livrée à dominante jaune, complétée d'un nombre voisin de 13 raies verticales fines, de couleur fauve, ornant les flancs, ainsi que d'une vaste plage noire à reflets bleutés englobant chaque globe oculaire, de chaque côté de la tête. Absence de barre oculaire.

Conf.: on ne répertorie aucune espèce susceptible d'être confondue avec *C. semilarvatus*.

Biot.: divers domaines du biotope récifal, densément colonisés par la faune corallienne. Le plus souvent entre 4 et au moins un vingtaine de mètres de profondeur. Mer Rouge.

Biol.: les poissons-papillons jaunes évoluent la plupart du temps en couples, mais il arrive d'observer de petits bancs, constitués d'une cinquantaine d'individus, voire davantage. Ces poissons demeurent de longs moments immobiles en journée, logés entre des colonies coralliennes, à l'intérieur d'anfractuosités, sous des surplombs rocheux, ou encore sous les vastes avancées de coraux en table. C'est dans les dernières heures de l'après-midi que leur activité s'intensifie. En règle générale très peu méfiants à l'égard de l'homme, ils se laissent approcher sans difficulté. Certains individus présentent des motifs divergents par rapport à la norme de l'espèce : on observe des raies verticales à trajectoire courbe, à titre d'exemple, parfois partiellement anastomosées les unes aux autres.

Chaetodon triangulum
(Cuvier, 1831)
Poisson-papillon triangle

Descript.: taille adulte de l'ordre de 15 cm. Morphologie : cf cliché ci-dessus et informations en introduction. Museau réduit, s'achevant en pointe. Livrée à dominante blanche teintée de jaune et nombreuses raies verticales en chevrons, à pointe légèrement orientées vers l'avant, dans les tons bleutés. Partie postérieure dans des tons sombres, brunâtres à noirâtres. Museau dans les tons bruns à reflets rougeâtres ; barre oculaire brun-rouge à noire, suivie en arrière d'une seconde bande verticale identiquement colorée, légèrement orientée vers l'avant. Bordure externe des nageoires dorsale et anale dans les tons fauves, limitée par une fine ligne noire et bleue. Appendice caudal portant une courte ligne verticale jaune. la nageoire caudale porte une tache triangulaire noire, bordée d'un liséré jaune (d'où le nom d'espèce).

Conf.: la partie occidentale du Pacifique est l'aire de *C. baronessa* Cuvier, 1831, le chétodon baronne, selon certains auteurs une simple sous-espèce. Elle se différencie par l'absence de tache caudale triangulaire noire bordée de jaune : elle ne possède qu'une étroite bande verticale noire sur cette nageoire.

Biot.: toujours sur secteurs récifaux colonisés par des coraux buissonnants que sont les représentants du genre *Acropora*. De la surface à au moins une quinzaine de mètres de profondeur. Essentiellement dans l'Océan Indien, Maldives incluses.

Biol.: les deux espèces évoquées ci-dessus ont en commum un tempérament excessivement craintif, rendant difficile toute tentative d'approche à moins de plusieurs mètres. Ils évoluent en solitaires ou en couples, toujours sur un territoire qu'ils défendent. Ils se nourrissent exclusivement de polypes coralliens, aux dépens d'acropores.

Chaetodon trifascialis
(Quoy & Gaimard, 1825)
Poisson-papillon à chevrons

Descript. : taille adulte de l'ordre de 10 cm. Morphologie : cf cliché ci-dessus et informations en introduction. Livrée à dominante blanche, complétée de fines raies noires en chevrons, à pointe nettement orientée vers l'avant. Barre oculaire noire, relativement large, bordée en avant et en arrière de lisérés jaunes à blanc argenté. Nageoires dorsale et anale dans des tons de jaune, bordées de 2 fins lisérés, noir, puis blanc. Nageoire caudale noire, à bordure postérieure jaune. Les juvéniles (en incrustation du haut) se distinguent par une caudale de couleur jaune et une large bande verticale noire dans toute la partie postérieure du corps.
Conf. : aucune espèce ressemblante connue
Biot. : souvent au-dessus de grandes colonies coralliennes en table, type *Acropora*, dans divers domaines des récifs coralliens. Du voisinage de la surface à env. 30 mètres de profondeur. Mer Rouge et Indo-Pacifique, Maldives incluses.

Biol. : instinct de territorialité très affirmé ; les sujets évoluent seuls ou en couples, sur un territoire aux frontières clairement établies, non loin d'une colonie corallienne en table, qu'ils défendent farouchement contre toute intrusion. A l'instar de *C. melannotus*, le chétodon à dos noir, le papillon à chevrons revêt de nuit une livrée nocturne particulière (incrustation du bas). Au crépuscule, la région dorsale et les flancs se colorent en noir jusqu'au niveau médian du corps et deux taches signalétiques blanches apparaissent, la moitié inférieure du corps conservant ses coloris habituels. Cette livrée se manifeste également lorsque les sujets sont effarouchés. Selon toute hypothèse, elle sert à la reconnsaissance intraspécifique en phase crépusculaire d'une part, d'autre part à effrayer les prédateurs potentiels.

Chaetodon unimaculatus
(Bloch, 1787)
Poisson-papillon larme,
poisson-papillon à une tache

Descript.: taille adulte de l'ordre de 20 cm. Morphologie conforme au cliché ci-dessus et aux informations fournies en introduction. Il existe une variante xanthique et une albinique. Chez toutes deux, on retrouve dans la zone centrale de la moitié supérieure du corps, sur chaque flanc, une tache noire très contrastée, une bordure postérieure noire ainsi qu'une barre oculaire noire.
Conf.: certains auteurs pensent que la variété à dominante jaune et celle à dominante blanche correspondent à des sous-espèces. La première, baptisée *C. unimaculatus interruptus*, est principalement répandue dans l'Océan Indien, y compris les Maldives. La seconde, *C. unimaculatus unimaculatus*, serait originaire du Pacifique.
C. speculum Cuvier, 1831, le chétodon à miroir ou chétodon à tache ovale, est lui aussi une espèce implantée dans le Pacifique, dont la livrée est à dominante d'un jaune soutenu, complétée sur chaque flanc d'une tache noire ; il s'identifie néanmoins de la forme xanthique de *C. unimaculatus* grâce à sa bordure postérieure jaune.
Biot.: divers domaines coralliens caractérisés par de riches populations de coraux mous, de coraux-cuirs et de madréporaires. A partir du voisinage de la surface et jusqu'à une vingtaine de mètres de profondeur, parfois au-delà. Indo-Pacifique, Maldives incluses.
Biol.: des examens du contenu stomaccal, menés sur l'espèce, ont permis de déterminer son régime alimentaire ; celui-ci est à base de coraux (coraux mous, coraux-cuirs et madrépores), mais comprend également une fraction composée de spongiaires, d'algues filamenteuses, de petits crustacés et de vers polychètes. Les sujets évoluent généralement en couples ou en petites communautés.

Chaetodon xanthocephalus
(Bennett, 1832)
Poisson-papillon à tête jaune

Descript.: taille adulte de l'ordre de 20 cm. Morphologie conforme au cliché ci-dessus et aux informations fournies en introduction. Le museau est de forme plus allongée et plus pointu que chez la plupart des espèces précédentes. Livrée à dominante blanche, complétée de quelques fines raies verticales sombres sur les flancs ; nageoires dorsale et anale dans les tons jaunes. La tête, à savoir le front, la gorge, le museau ainsi que la bordure postérieure des opercules branchiaux, jusqu'au niveau des globes oculaires, est jaune-orangé. Les globes oculaires comportent une barre longitudinale sombre. Chaque oeil est souligné d'une tache de couleur bleu clair. Chez les juvéniles, les flancs sont dépourvus de raies verticales et de tache bleu clair sous les globes oculaires ; en revanche, ils s'identifient à la présence d'une barre oculaire noire, d'une tache noire portée par l'appendice caudal, et d'une autre tache noire dans la partie postérieure de la nageoire dorsale.

Conf.: aucune espèce ressemblante recensée. Dans l'Indo-Pacifique se rencontre néanmoins une espèce assez similaire de par sa morphologie et la coloration de la tête. Il s'agit de *C. ephippium* Cuvier, 1831, le chétodon à selle noire, qui s'identifie néanmoins à ses raies longitudinales au niveau des flancs et à la tache noire chevauchante visible dans la partie postérieure de la région dorsale.

Biot.: divers domaines coralliens caractérisés par une faune corallienne dense. Généralement entre 5 et 25 mètres de profondeur. Océan Indien occidental, Maldives incluses.

Biol.: l'espèce évolue en règle générale en couples, mais aussi plus rarement en solitaire. Le comportement alimentaire de l'espèce reste relativement méconnu.

Forcipiger longirostris
(Broussonet, 1782)
Poisson-pincette à long bec

Descript.: taille adulte de l'ordre de 22 cm. Morphologie conforme au cliché ci-dessus et aux informations fournies en introduction. Le museau est très allongé. Coloration jaune, complétée d'un ocelle noir au-dessous de la nageoire caudale. La partie supérieure de la tête, jusqu'au niveau de l'insertion des nageoires pectorales et des globes oculaires, est de couleur noire ; la moitié inférieure est blanche ; la région de la gorge est constellée de nombreuses petites taches noires.

Conf.: *F. flavissimus*, le poisson-pincette jaune, s'identifie à son bec légèrement plus court et à l'absence de petites ponctuations noires au niveau de la gorge.

Dans le Pacifique se rencontre une variante chromatique rare, entièrement noire, du poisson-pincette à long bec.

Biot.: secteurs externes du récif. Du voisinage de la surface à au moins une soixantaine de mètres de profondeur. Indo-Pacifique, Maldives incluses.

Biol.: espèce nettement plus rare que le poisson-pincette jaune *F. flavissimus*, qui évolue généralement en solitaire ou en couple. Son régime alimentaire se compose pour l'essentiel de petits crustacés, qu'ils savent déloger au fin fond des anfractuosités les plus étroites, grâce à leur museau en forme de pincette. La présence de l'ocelle noir à l'arrière du corps et le camouflage de l'oeil véritable donne quelques instants l'illusion que le poisson se déplace à reculons. Cette stratégie procure à ces poissons un avantage face à leur prédateurs éventuels, dû à l'effet de surprise chez l'agresseur dû à un comportement inattendu. La confusion ainsi engendrée suffit souvent à la proie pour fuir et se mettre à couvert.

Forcipiger flavissimus
(Jordan & McGrégor, 1898)
Poisson-pincette jaune

Descript.: taille adulte de l'ordre de 18 cm. Morphologie conforme au cliché ci-dessus et aux informations fournies en introduction. Le museau est très allongé. Coloration jaune, complétée d'un ocelle noir au-dessous du niveau de la nageoire caudale. La partie supérieure de la tête, jusqu'au niveau de l'insertion des nageoires pectorales et des globes oculaires, est de couleur noire ; la moitié inférieure est blanche ; la région de la gorge est dépourvue de petites taches noires.

Conf.: *F. longirostris*, le poisson-pincette à long bec, s'identifie à son bec légèrement plus allongé et à la présence de petites ponctuations noires au niveau de la gorge.

Biot.: secteurs externes du récif, accueillant une faune corallienne dense, anfractuosités et petites grottes. Depuis le voisinage de la surface et jusqu'à grande profondeur. Mer Rouge et Indo-Pacifique, Maldives incluses.

Biol.: l'espèce est plus fréquente que *F. longirostris*, le poisson-pincette à long bec ; elle manifeste un tempérament solitaire, mais des couples et de petites communautés, composées de cinq individus au maximum, peuvent être observés. Outre aux dépens de polypes coralliens, les sujets se nourrissent également de petits crustacés et d'oeufs de poissons, mais préférentiellement de petits fragments de proies plus conséquentes, tels que des tentacules de vers tubicoles et des pédicelles d'échinodermes. Lire également la fiche consacrée à *F. longirostris*, le poisson-pincette à long bec.

Hemitaurichtys zoster
(Bennett, 1831)
Poisson-papillon pyramide noir

Descript.: taille adulte de l'ordre de 18 cm. Morphologie : cf cliché ci-dessus et informations en introduction. Parties antérieure et postérieure du corps dans les tons brun foncé à noirs ; parties médiane et caudale blanches. Rayons dorsaux dans la partie médiane jaunes. Cette zone médiane blanche se rétrécit progressivement vers le haut du corps, évoquant la forme d'une pyramide, d'où le nom du poisson.

Conf.: dans le Pacifique est distribuée une espèce étroitement apparentée, *H. polylepis* (Bleeker, 1857), le poisson-papillon pyramide jaune, d'une taille adulte également de l'ordre de 18 cm. Toutefois, la tête, de couleur noire, est bordée en arrière d'une zone jaune et le tiers postérieur du corps, au lieu d'être noir, est de couleur blanche. Zone postérieure du dos et nageoires dorsale et anale de couleur jaune.

Biot.: généralement dans le domaine pélagique, au-dessus des récifs ou à flanc de tombants abrupts, en tout cas toujours à leur proximité immédiate. Depuis le voisinage de la surface et jusqu'à au moins 35 mètres de profondeur. Océan Indien occidental, Maldives incluses.

Biol.: l'espèce évolue habituellement en bancs de dimensions variables. Des bancs constitués de plusieurs centaines d'individus ne constituent nullement un cas exceptionnel. Ces poissons se tiennent presque toujours aux abords immédiats de parois abruptes ou dans la zone pélagique surplombant d'autres types de récifs. C'est là qu'ils capturent les proies aux dépens desquelles ils se nourrissent, à savoir du zooplancton. En cas de danger, l'ensemble du banc fait corps et cherche protection dans les profondeurs du récif ; aussitôt après, le banc regagne le domaine pélagique.

Heniochus diphreutes
(Jordan, 1903)
Poisson-cocher grégaire

Descript. : 20 cm (adulte). Dorsale dotée d'un prolongement filamenteux. Dominante blanche, à 2 larges raies verticales noires ; tête blanche jusqu'en arrière des opercules. Partie postérieure des nageoires dorsale et caudale jaune.

Conf. : cf fiche (ci-contre) *H. intermedius*, ou cocher de la Mer Rouge. Quant à *H. acuminatus* (L., 1758), le cocher commun, distribué dans le Pacifique, à livrée quasiment identique, il se distingue par son comportement, solitaire, en couples, voire en petites communautés, évoluant très près du fond.

Biot. : domaine pélagique, abords des récifs coralliens, fonds sablonneux et rocheux. De la surface à au moins 30 mètres de profondeur. Mer Rouge et Indo-Pacifique occidental, Maldives incluses.

Biol. : espèce pélagique, qui forme des bancs, parfois très étendus. Régime alimentaire à base de zooplancton.

Heniochus intermedius
(Steindachner, 1843)
Poisson-cocher de la Mer Rouge

Descript. : 20 cm (adulte). Morphologie : cf cliché ci-dessus et introduction. Dorsale à long prolongement filamenteux. Dominante blanche teintée de jaune, à 2 larges raies verticales noires ; la première s'étend au-delà de l'oeil : seuls le museau et la gorge sont colorés de blanc argenté. Partie postérieure de la dorsale, nageoires dorsale et anale de couleur jaune.

Conf. : une seule autre espèce, membre du genre *Heniochus*, est répandue en Mer Rouge : *H. diphreutes*, ou cocher grégaire, qui s'identifie à sa tête blanche.

Biot. : aux abords immédiats des récifs coralliens. De la surface à au moins 30 mètres de profondeur. Mer Rouge.

Biol. : l'espèce vit en solitaire ou en couples, plus rarement en bancs, dont certains regroupent jusqu'à une cinquantaine d'individus ou plus. Les sujets se nourrissent d'organismes benthiques (non pas pélagiques).

Heniochus monoceros
(Cuvier, 1831)
Poisson-cocher masqué, hénioche cornu, taurillon du pauvre

Descript.: taille adulte de l'ordre de 24 cm. Morphologie conforme au cliché ci-dessus et aux indications fournies en introduction. La nageoire dorsale s'achève sur un prolongement filamenteux, moins long toutefois que ceux des espèces précédentes. La région frontale comporte en son milieu une petite excroissance dont l'aspect évoque une corne, qui se retrouve au-dessus de chaque globe oculaire. Livrée à dominante blanche, complétée d'une large bande verticale noire, parfois discontinue, s'étendant dans la région de la gueule, de l'oeil et du front, et d'une seconde, passant par les nageoires pectorales. La partie postérieure du corps est dans les tons bruns et jaunes à noirs et jaunes. Les nageoires dorsale, caudale et anale sont jaunes.

Conf.: l'espèce *H. pleurotaenia* Ahl, 1923, ou poisson-cocher fantôme (ci-dessus en incrustation) est répandue dans la partie orientale de l'Océan Indien, Maldives incluses ; elle s'identifie à l'absence de prolongement filamenteux de la dorsale. On constate néanmoins que cette nageoire, dans son ensemble, est plus élevée que chez les autres représentants de la famille des poissons-cochers.

Biot.: généralement sur divers domaines récifaux caractérisés par une faune corallienne dense, plus rarement sur les parties «mortes» du récif. Depuis le voisinage de la surface et jusqu'à plus de 20 mètres de profondeur. Indo-Pacifique occidental, Maldives incluses.

Biol.: les poissons-cochers masqués, à l'âge adulte, sont de tempérament solitaire, mais se rencontrent également en couples ou en petits groupes, au contraire des juvéniles, qui sont exclusivement solitaires. Leur comportement alimentaire est inconnu dans le détail.

Famille des pomacanthidés (poissons-anges)

Les pomacanthes, forts de 80 espèces réparties en 7 genres, ont conquis l'ensemble des mers tropicales, mais l'Indo-Pacifique accueille environ 90 % des espèces. 9 espèces sont recensées dans les Maldives, 8 en Mer Rouge, dont 2 endémiques. Morphologiquement et par certains caractères, les poissons-anges sont très proches des chétodons, avec lesquels ils formaient une famille unique, jusqu'à une époque récente. Comme eux, ils possèdent un corps fortement comprimé latéralement, caractérisé par une voûte dorsale très élevée, une gueule de petites dimensions, aux deux mâchoires garnies de nombreuses dents en forme de soies.

Des différences morphologiques fondamentales ainsi que dans le développement larvaire ont justifié la séparation en deux familles distinctes. Le critère d'identification le plus essentiel est la présence chez tous les pomacanthes d'une spectaculaire épine à la partie inférieure des opercules, dont les chétodons sont dépourvus. De plus, le museau des poissons-anges n'est pas aussi allongé que celui de nombreux chétodons.

De nombreux poissons-anges possèdent des livrées plus chatoyantes encore que les chétodons. Une mutation chromatique radicale se produit au cours du stade larvaire, particulièrement spectaculaire chez les genres *Pomacanthus* et *Holacanthus*. Dans certains cas, juvéniles et adultes sont si différents qu'il est difficile d'admettre qu'ils sont les représentants d'une seule et même espèce. Par le passé, il n'était pas rare qu'un nom scientifique, donc un statut d'espèce à part entière, soit attribué à une forme juvénile. De longues observations, tant en aquarium qu'en milieu naturel, ont été nécessaires pour identifier ce phénomène. La mutation chromatique, qui intervient peu avant la maturité sexuelle, ne dure guère plus de quelques semaines. La finalité biologique de ce bouleversement de la livrée est la suivante : chez ces 2 genres, les adultes s'octroient des territoires d'une surface qui peut avoisiner ou excéder 1000 m≈, qu'ils défendent farouchement contre les intrusions de congénères. Mais les juvéniles, dont les coloris sont radicalement différents, ne sont pas identifiés comme des congénères : leur présence est tolérée sur le territoire. Si tel n'était pas le cas, leurs chances de survie seraient bien minces, confrontés à la concurrence des adultes, mieux armés, plus puissants, même leurs propres parents.

Les espèces du genre *Geniacanthus* sont les seules à arborer un dimorphisme sexuel prononcé : ♂ et ♀ revêtent des livrées nettement identifiables. Ces espèces se caractérisent en outre par un mode de vie particulier. Alors que la majorité des espèces est intimement inféodée à des biotopes richement structurés, comportant des cachettes et des refuges en nombre, les *Geniacanthus* sont typiquement pélagiques, évoluant souvent en bancs, très au-dessus du fond marin, et se nourrissent de proies planctoniques. Chez la majorité des espèces, voire peut-être chez l'ensemble des poissons-anges, les juvéniles qui atteignent le stade de la maturité sexuelle sont des ♀. En cas de besoin, elles sont susceptibles d'évoluer en ♂ ; signalons que cette mutation n'est pas toujours irréversible. Dans le cas le plus fréquent, les ♂ défendent un territoire accueillant un harem de ♀, dont le nombre est compris entre deux et cinq. Les frais se déroulent souvent en couples, dans le domaine pélagique ; ils surviennent souvent au crépuscule, après le coucher du soleil. L'éclosion des larves planctoniques survient au bout de 24 heures environ ; cette phase dure de trois à quatre semaines, puis les jeunes alevins recherchent le biotope récifal.

A l'instar de nombreux poissons, tous les pomacanthes ont la faculté de produire des sons, qui s'apparentent à des craquements et de petits bruits sourds de percussion, et sont émis par des sujets menacés, ou au cours de combats livrés pour la défense du territoire, pour mettre en fuite un agresseur potentiel.

Nous ne reviendrons pas sur les conditions d'acclimatation des pomacanthidés, pour la bonne et simple raison que leur importation et leur détention est illégale.

Apolemichthys trimaculatus
(Lacépède in Cuvier, 1831)
Poisson-ange à trois taches

Descript.: taille adulte de l'ordre de 30 cm. Morphologie conforme au cliché ci-dessus et aux indications fournies en introduction. Les nageoires dorsale, caudale et anale présentent des contours arrondis. Livrée à dominante jaune, complétée d'une petite tache frontale noire et d'une gueule de couleur bleue ; la partie inférieure de la nageoire anale est noire. Les juvéniles d'une taille inférieure à 5 cm possèdent une tache noire située à la base de la nageoire dorsale, ainsi qu'une barre verticale, également noire, traversant l'oeil.
Conf.: aucune espèce similaire recensée.
Biot.: divers domaines récifaux, avec une prédilection pour les tombants abrupts et les zones relativement pentue du récif. Depuis le voisinage de la surface et jusqu'à plus de 40 mètres de profondeur. Indo-Pacifique occidental, Maldives incluses.

Biol.: ces poissons évoluent en solitaires, plus rarement en couples, sur les récifs. Ils se nourrissent pour l'essentiel de spongiaires et de tuniciers (ascidies). L'espèce manifeste un comportement assez craintif.

Apolemichthys xanthurus
(Bennett, 1832)
Poisson-ange des Indes

Descript.: taille adulte de l'ordre de 15 cm. Morphologie conforme au cliché ci-dessus et aux indications fournies en introduction. Les nageoires dorsale, caudale et anale présentent des contours arrondis. Livrée à dominante grise tirant sur le jaune, complétée d'innombrables petites taches noires visibles au niveau des flancs, jointives dans la région dorsale et la région caudale. La tête et l'appendice caudal sont noirs, de même que les nageoires dorsale et anale, bordées d'un liséré externe blanc ; la nageoire caudale est colorée en jaune.

Conf.: *A. xanthois* Fraser-Brunner, 1950, le poisson-ange fumé, est une espèce exclusivement répandue dans la Mer Rouge et le Golfe d'Aden ; il se distingue essentiellement par sa tache frontale noire plus étendue vers l'arrière, et donc plus grande que chez *A. xanthurus*.

Biot.: divers domaines récifaux, comportant de nombreuses cachettes. Généralement au-delà de 5 mètres et jusqu'à plus de 20 mètres de profondeur. Océan Indien occidental, Maldives incluses.

Biol.: l'espèce *A. xanthurus* demeure relativement rare par rapport aux autres poissons-anges. Ils se nourrissent probablement d'algues, de spongiaires et d'autres invertébrés sessiles.

Centropyge multispinis
(Playfair, 1866)
Poisson-ange brun

Descript.: taille adulte de l'ordre de 14 cm. Morphologie conforme au cliché ci-dessus et aux indications fournies en introduction. La nageoire caudale présente des contours arrondis ; les nageoires anale et dorsale, dans la région caudale, tout en restant arrondies, forment une légère pointe. Livrée à dominante brun-noir, complétée de nombreuses raies verticales fines, de couleur noire, visibles sur les flancs ; un ocelle noir, à bordure légèrement plus claire, est visible au-dessus de chacune des nageoires pectorales ; le bord antérieur des nageoires pectorales et le bord externe de la nageoire anale sont d'un bleu vif. Observés à distance, les sujets paraissent souvent uniformément colorés en noir.

Conf.: l'espèce est l'unique représentant du genre *Centropyge* implanté en Mer Rouge. Les autres espèces distribuées dans l'Indo-Pacifique possèdent des livrées qui les distinguent sans ambiguïté.

Biot.: divers domaines récifaux, comportant de nombreuses cachettes. Dès les premiers mètres de profondeur. Mer Rouge et Indo-Pacifique occidental, Maldives incluses.

Biol.: la majorité des représentants du genre *Centropyge* se nourrissent vraisemblablement d'algues. Les territoires que les ♂ s'approprient occupent des surfaces limitées à quelques mètres carrés.

Geniacanthus caudovittatus
(Günther, 1860)
Poisson-ange lyre de la Mer Rouge

Descript.: taille adulte de l'ordre de 25 cm. Morphologie : cf cliché ci-dessus et introduction. Nageoires dorsale et anale déterminent une légère pointe dans la région caudale ; caudale falciforme. Livrée différente chez les ♂ et les ♀ ; ces dernières à dominante crème à brun clair, avec une raie noire cheminant de l'oeil au front ; partie postérieure de l'insertion de la dorsale et zones supérieure et inférieure de la caudale falciforme colorées en noir. ♂ à livrée blanche et reflets bleutés, et nombreuses raies verticales noires. Tête colorée dans des tons de brun ; pédoncule caudal jaune-orangé et motifs sombres. Zone médiane de la nageoire dorsale comportant une zone oblongue noire ; partie antérieure de la dorsale et zone surmontant la tache noire d'un jaune soutenu.
Conf.: il s'agit là de l'unique espèce du genre *Geniacanthus* présente en Mer Rouge et dans la zone occidentale de l'Océan Indien. Les autres espèces ont une aire de distribution cantonnée au Pacifique.
Biot.: domaine pélagique aux abords de tombants abrupts, plus rarement sur d'autres domaines du récif. Normalement au-delà de 15 mètres de profondeur, rarement en-deçà. Mer Rouge et Océan Indien occidental ; l'espèce n'a jamais été répertoriée dans les Maldives à ce jour.
Biol.: les représentants du genre *Geniacanthus* se rencontrent le plus souvent en vastes communautés évoluant en ordre clairsemé, dont les individus chassent les proies dont ils se nourrissent, du zooplancton, dans le domaine pélagique, à quelques mètres à peine du récif. Un ♂ règne toujours sur un petit groupe de ♀ qu'il défend contre les avances d'autres ♂ de leur propre espèce.

Pomacanthus imperator
(Bloch, 1787)
Poisson-ange empereur

Descript.: adultes vers 40 cm. Morphologie : cf cliché et introduction. Nageoires caudale et anale dépourvues de prolongement en pointe. Chez les adultes âgés, la dorsale détermine un prolongement filamenteux. Livrée à dominante jaune et rayures longitudinales bleu foncé. Tête comportant une bande oculaire et une bande frontale noires, bordées en avant et en arrière d'un liséré bleu ; museau et tête, en avant de la bande oculaire, bleu clair. Dans la région des pectorales se détache une large bande verticale noire, qui atteint presque la région dorsale. Nageoire caudale jaune. Juvéniles colorés en bleu sombre, presque noir, avec des anneaux blancs, concentriques, dans la partie postérieure des flancs ; bandes annulaires les plus externes ouvertes, à l'arrière du corps ; sur la tête, elles se présentent sous la forme de raies verticales.
Conf.: aucune confusion possible.

Biot.: divers domaines récifaux, à faune corallienne dense. De la surface jusqu'à des profondeurs considérables. Mer Rouge et Indo-Pacifique occidental, Maldives incluses.
Biol.: *P. imperator* évolue le plus souvent en solitaire, plus rarement en couples. Relativement familier, il n'est pas rare de le voir « charger » un plongeur. La métamorphose chromatique (juvéniles) débute au stade 8-12 cm. Les anneaux concentriques s'estompent ; simultanément, les raies longitudinales jaunes apparaissent.

A l'instar de l'ensemble des représentants du genre *Pomacanthus*, le poisson-ange empereur règne sur un territoire très étendu en surface : jusqu'à 1000 m≈, voire davantage, qu'il défend ardemment contre l'intrusion de ses congénères.

Pomacanthus maculosus
(Forsskål, 1775)
Poisson-ange à croissant

Descript.: taille adulte de l'ordre de 50 cm. Morphologie: cf cliché et introduction. Nageoire caudale de forme arrondie ; dorsale et anale à longs prolongements filamenteux, jusque en arrière du niveau de la caudale. Livrée bleu foncé, avec une zone en croissant de lune, jaune, au centre du corps, aux contours souvent peu contrastés, parfois immédiatement bordée d'1 ou plusieurs plus petites taches également jaunes. Front et nuque comportent quelques taches (ou écailles) noires. Caudale dans des tons pâles de jaune et de bleu. Juvéniles présentant des zones verticales noires, bleu foncé, bleu clair et blanches, mais dépourvus de tache falciforme jaune au centre du corps. Caudale translucide, blanchâtre à jaunâtre.

Conf.: fréquentes avec *P. asfur* (Forsskål, 1775)(voir cliché en incrustation), le poisson-ange demi-lune, une quarantaine de centimètres à l'âge adulte. Il s'en différencie néanmoins sans ambiguité : sa nageoire caudale est d'un jaune soutenu, sa tête noire, et comporte une zone assez vaste, en forme de demi-lune, d'un jaune vif, dans la zone centrale du corps, qui se prolonge dans la nageoire dorsale.

Biot.: affectionne les zones protégées du récif, comportant des fonds plus ou moins envasés. Généralement au-delà de 4 mètres et jusqu'à au moins 25 mètres de profondeur. Mer Rouge et secteur nord-ouest de l'Océan Indien.

Biol.: espèce peu craintive à l'égard de l'homme, et approche les plongeurs à de faibles distances. La métamorphose chromatique chez les juvéniles, intervient à une taille comprise entre une dizaine et une quinzaine de centiètres. Dans la région du Golfe Persique, le poisson-ange à croissant est considéré comme un poisson de consommation, dont la chair est appéciée ; on les trouve souvent sur les étals des marchés aux poissons locaux.

Pomacanthus semicirculatus
(Cuvier, 1831)
Poisson-ange à demi-cercles

Descript.: adultes : 40 cm. Morphologie : cf cliché et introduction. Nageoire caudale arrondie ; nageoires dorsale et anale présentent de longs prolongements filamenteux, jusque en arrière de la nageoire caudale. Dominante des tiers antérieur et postérieur : brun foncé ; tiers médian brun tirant sur le jaune ; corps constellé de petites taches noires à bleues (sur les écailles) ; gueule dans les tons jaune-orangé. Bordure postérieure des pré-opercules et des opercules branchiaux, nageoires dorsale, caudale, anale et pelviennes soulignées d'un liséré bleu vif ; épine à la partie inférieure en bordure des opercules elle aussi de couleur bleue. Juvéniles à dominante noire avec raies en demi-cercles, arquées vers l'avant, blanches à bleu clair, dans la partie postérieure du corps ; sur la tête, leur aspect est celui de raies verticales ; motifs bleu vif à la périphérie du corps.
Conf.: aucune confusion possible.

Biot.: divers secteurs récifaux, avec faune corallienne extrêmement dense ; grottes et surplombs bien colonisés par les algues. Au-delà de 5 mètres et jusqu'à une trentaine de mètres de profondeur, régulièrement au-delà. Les juvéniles recherchent souvent les zones récifales superficielles protégées ; les très petits exemplaires se montrent excessivement furtifs. Mer Rouge et Indo-Pacifique occidental, Maldives incluses.
Biol.: l'espèce semble strictement solitaire. La métamorphose chromatique intervient au stade 8-16 cm chez les juvéniles. Comme toutes les espèces de poissons-anges, les représentants de *P. semicirculatus* s'octroient de vastes territoires, et se nourrissent principalement de spongiaires et de tuniciers.

Pomacanthus xanthometopon
(Bleeker, 1853)
Poisson-ange à tête bleue

Descript.: adultes vers 40 cm. Morphologie : cf cliché et introduction. Nageoires caudale, anale et dorsale à contours arrondis. Livrée à dominante jaune et bleue. Ecailles relativement grandes, de couleur bleu foncé, à bordure jaune ; leur agencement les unes par rapport aux autres engendre un motif réticulé jaune, avec interstices foncés. Tête bleu foncé, petites taches jaunes et un « masque » également jaune, au-dessus des yeux ; front noir. Dorsale jaune, avec un ocelle noir. Pectorales et caudale dans des tons identiques ; nageoire anale d'un jaune moins soutenu, qui vire au bleu. Nageoires dorsale, caudale, anale et pectorales bordées d'un liséré bleu. Juvéniles à bandes verticales noires, bleues et blanches, faiblement incurvées vers l'arrière dans les régions dorsale et ventrale.
Conf.: aucune confusion possible en ce qui concerne les spécimens adultes. Mais dans la région orientale de leur aire de distribution, les juvéniles de *P. xanthometopon* peuvent être confondus avec ceux de 2 autres espèces du genre *Pomacanthus* ; mais qui ne sont pas distribuées dans l'Océan Indien. Dans les ouvrages spécialisés, le poisson-ange à tête bleue est régulièrement présenté sous d'autres noms : poisson-ange diadème ou poisson-ange à masque jaune.
Biot.: lagunes, à flanc de parois récifales abruptes, densément colonisées par la faune corallienne. De la surface à au moins une trentaine de mètres de profondeur. Pacifique occidental et zone orientale de l'Océan Indien, Maldives incluses.
Biol.: tempérament généralement solitaire, parfois en couples, sur les récifs. La métamoprhose chromatique débute environ au stade 7 cm ; elle est le plus souvent achevée à la taille approximative de 12 cm.

Pygoplites diacanthus
(Boddaert, 1772)
Holacanthe duc, ange royal

Descript.: taille adulte de l'ordre de 25 cm. Morphologie conforme au cliché ci-dessus et aux indications fournies en introduction. Les nageoires caudale, dorsale et anale présentent des contours arrondis. La livrée se compose de raies verticales jaunes, noires et blanches ; certaines parties des raies blanches et noires sont susceptibles de virer au bleu. Tête jaune, comportant un motif noir et bleu au pourtour des yeux. Nageoire caudale jaune ; nageoire dorsale jaune, virant au bleu très foncé, presque noir, dans la partie postérieure ; la nageoire anale comporte des barres de couleur alternativement jaune-orangé et bleue. La livrée des juvéniles est à quelques détails près identique, à l'exception d'un ocelle noir, visible dans la partie postérieure de la nageoire dorsale.
Conf.: aucune confusion possible.
Biot.: lagunes et secteurs externes des récifs, densément colonisés par une faune corallienne luxuriante, à nombreuses grottes et anfractuosités. Depuis la surface et jusqu'à grande profondeur, mais le plus souvent en-deçà de 20-25 mètres. Mer Rouge et Indo-Pacifique occidental, Maldives incluses.
Biol.: l'espèce s'observe généralement en solitaire ou en couples. A son régime alimentaire figurent principalement des spongiaires et des tuniciers. Les juvéniles sont très souvent inféodés à leur territoire. D'un tempérament craintif, furtifs, ils sont très discrets. Les adultes, à l'inverse, sont perpétuellement actifs, et effectuent de longs déplacements à travers les récifs.

Famille des pomacentridés (demoiselles, sergents-majors, poissons-clowns)

On recense au sein de cette famille 28 genres et plus de 300 espèces, la plupart tropicales. Des représentants vivent néanmoins dans les mers tempérées, voire en eau douce. En Mer Rouge, 35 espèces sont répertoriées, dont 10 endémiques. Dans les Maldives, 47 espèces sont recensées, dont 17 se retrouvent en Mer Rouge (ALLEN, 1991).

Certaines, notamment les espèces des eaux tempérées, mesurent 30 cm et plus, bien au-delà des 10-15 cm qui constituent la moyenne. Les espèces coralliennes atteignent à l'âge adulte une longueur inférieure à 10 cm. Le corps est comprimé latéralement, tantôt caractérisé par un dos arqué, tantôt trapu ou encore relativement allongé et fin. La gueule est souvent réduite. Les pomacentridés, sur le plan morphologique, possèdent une nageoire dorsale unique, structurée à l'avant par des rayons rigides, mous à l'arrière. La nageoire anale comporte 2 rayons rigides et des rayons mous plus nombreux. La tête, le corps et le pédoncule caudal sont recouverts d'écailles de dimensions moyennes. Les juvéniles de nombre d'espèces sont parés de livrées chatoyantes. Ceux-ci font place à une livrée adulte radicalement différente.

Les pomacentridés sont essentiellement diurnes. Globalement omnivores, ils consomment des algues marines très diverses et une multitude de proies invertébrées. Il existe cependant quelques espèces au comportement alimentaire plus strictement végétarien: les représentants du genre *Stegastes*. Ceux du genre *Chromis*, en revanche, sont planctonophages.

Le comportement de territorialité est très souvent affirmé: leur rayon d'action est limité, et ils ne s'aventurent qu'exceptionnellement en-dehors des limites de leur territoire. Ils le défendent âprement contre l'intrusion de tout congénère; en saison de frai, ils s'attaquent même à des plongeurs, qu'ils assimilés à un agresseur. Certaines espèces colonisent des territoires coralliens plus vastes, et ne tolèrent la présence d'aucun poisson. En cas de danger ou durant la nuit, les individus d'un groupe se réfugient dans les profondeurs d'une colonie corallienne buissonnante qu'ils ont élue pour habitat, et où chaque individu occupe une place immuable.

Le comportement de reproduction des pomacentridés est des plus captivants. En phase prénuptiale, le ♂, mais parfois aussi les 2 partenaires recherchent conjointement un site de frai sur un fond rocheux, lequel sera méticuleusement nettoyé, notamment débarrassé de toute trace d'algue. Puis débute la parade nuptiale. Les sujets exécutent alors des «danses», à savoir diverses figures selon l'espèce. Cette activité s'accompagne de la production de sons parfaitement audibles, également spécifiques et caractéristiques d'une espèce, en forme de cliquetis et de grognements. Des sons similaires sont émis en situation de défense face à un agresseur. Le frai proprement dit survient fréquemment à l'aube. Consécutivement, le ♂ assume le maintien de l'hygiène et la défense du couvain, à savoir, selon les espèces, entre 50 et plus d'un millier d'oeufs. Après l'éclosion, les larves semblent d'abord connaître une phase planctonique, demeurant dans le domaine pélagique, avant de se fixer sur les récifs coralliens.

Les poissons-clowns, formant les genres *Amphiprion* et *Premnas* (voir ces fiches) occupent une position particulière de par leur mode de vie. Exception faite des espèces de grandes dimensions, les pomacentridés supportent bien l'acclimatation en aquarium. De faibles dimensions, ils cohabitent généralement sans trop de difficultés avec d'autres espèces, et de nombreuses associations sont alors possibles; ils sont néanmoins capables de s'imposer face à d'autres occupants plus robustes. Quant aux espèces territoriales, on veillera à n'acclimater que des sujets solitaires, à la rigueur des couples, car les sujets sont capables de manifester une forte agressivité à l'égard de leurs congénères. En revanche, on peut acclimater de petits groupes dans le cas d'espèces dont le comportement en milieu naturel est également grégaire. L'alimentation de ces poissons ne représente en règle générale aucune difficulté. Pour ce qui concerne l'acclimatation des poissons-clowns *Amphiprion*, on se reportera aux fiches consacrées à ces poissons.

Abudefduf sexfasciatus
(Lacépède, 1801)
Sergent-major à queue en ciseaux

Descript.: taille adulte de l'ordre de 15 cm. Morphologie caractérisée par une ligne dorsale relativement arquée et trapue. Livrée à dominante blanche argentée à grise argentée ou verte argentée, complétée de cinq bandes verticales au niveau des flancs, 2 autres dans le sens longitudinal, le long des bordures supérieure et antérieure de la nageoire caudale (d'où le nom d'espèce ♀).

Conf.: peut éventuellement être confondue avec *A. natalensis* (Hensley & Randall, 1983), le sergent-major du Natal, dont la nageoire caudale est également bordée en haut et en bas d'une bande noire. La différence essentielle est la présence de seulement quatre bandes verticales noires au niveau des flancs. De plus, cette espèce n'est répertoriée qu'en Afrique du Sud, à l'île Maurice, à Madagascar et à la Réunion. Ces deux espèces se différencient des autres grâce à la présence de ces bordures noires au niveau de la nageoire caudale.

Biot.: diverses zones récifales, évoluant fréquemment en bancs dans la zone pélagique. Entre la surface et une quinzaine de mètres de profondeur. Mer Rouge et Indo-Pacifique occidental, Maldives incluses.

Biol.: l'espèce observe un régime alimentaire omnivore, se nourrissant aussi bien d'algues que de proies zooplanctoniques. Ces poissons évoluent souvent en bancs plus ou moins étendus et clairsemés, dans le domaine pélagique aux abords des récifs.

Acclim.: les représentants de cette espèce s'associent bien avec leurs propres congénères, mais également avec d'autres espèces de poissons. Vues les dimensions des sujets, l'acclimatation requiert néanmois des volumes d'au moins 200 litres, si possible davantage, si l'on veut avoir quelque chance de succès dans cette entreprise.

Abudefduf vaigiensis
(Quoy & Gaimard, 1825)
Poisson-bagnard

Descript.: taille adulte de l'ordre de 20 cm. Morphologie caractérisée par une ligne dorsale relativement arquée et trapue. Livrée à dominante blanc argenté à gris ou vert argenté, complétée de cinq bandes verticales au niveau des flancs. La région céphalique est le plus souvent dans des tons plus foncés que le reste du corps; la région dorsale est colorée en jaune la plupart du temps.

Conf.: l'espèce est étroitement apparentée à *A. saxatilis* (Linnaeus, 1758), un sergent-major implanté dans l'Atlantique dont la livrée est quasi-identique à celle de *A. vaigiensis*. Ces deux espèces sont parfois présentées comme deux simples sous-espèces.

Outre les deux espèces précédentes, on rencontre 2 autres espèces, implantées en Mer Rouge et dans la région des Maldives.

Il s'agit de *A. sordidus* (Forsskål, 1775), le sergent-major à tache noire, que l'on rencontre tant en Mer Rouge que dans les Maldives, entre la surface et environ 3 mètres de profondeur, et que l'on identifie grâce à la présence d'une point noir au niveau du lobe supérieur de la nageoire caudale.

A. septemfasciatus (Cuvier, 1830), le sergent-major à bandes, n'est répertorié que dans l'archipel des Maldives, évoluant entre la surface et 3 mètres de profondeur; il se distingue par la présence de 7 bandes verticales sur les flancs.

Biot.: diverses zones récifales, évoluant fréquemment en bancs dans la zone pélagique. Entre la surface et une douzaine de mètres de profondeur. Mer Rouge et Indo-Pacifique occidental, Maldives incluses.

Biol.: se reporter à la fiche relative à l'espèce *A. sexfasciatus*, ou sergent-major à queue en ciseaux.

Acclim.: mêmes préconisations qu'à propos de l'espèce *A. sexfasciatus*, le sergent-major à queue en ciseaux.

Amblyglyphidodon flavilatus
(Allen & Randall, 1980)
Demoiselle à tache jaune

Descript.: taille adulte de l'ordre de 10 cm. Morphologie caractérisée par une ligne dorsale relativement arquée et un corps pratiquement circulaire. Livrée dans les tons gris-argenté de la tête à l'avant du corps; ventre blanc argenté; région postérieure du corps et des flancs dans les teintes jaunes.

Conf.: il existe une seconde espèce du genre *Amblyglyphidodon* évoluant en Mer Rouge et dans l'Indo-Pacifique occidental, Maldives incluses (seule espèce du genre dans cet archipel): *A. leucogaster* (Bleeker, 1847), ou demoiselle à ventre jaune (ci-dessus en incrustation), évoluant à des profondeurs comprises entre 2 et 45 mètres. Elle se distingue par l'absence de jaune dans sa livrée et grâce à la présence de deux bordures noires, limitant en haut et en bas les lobes de la nageoire caudale.

Biot.: diverses zones récifales. Le plus souvent entre une douzaine et une vingtaine de mètres de profondeur. Mer Rouge et Golfe d'Aden.

Biol.: les 6 espèces composant ce genre sont strictement planctonophages. Les 2 espèces évoquées dans cette fiche évoluent généralement en solitaires, en couples, parfois encore en petits communautés.

Acclim.: l'acclimatation en aquarium de ces 2 espèces est réputée assez délicate.

Amphiprion bicinctus
(Rüppell, 1830)
Poisson-clown à deux bandes

Descript. : taille adulte de l'ordre de 14 cm. Livrée à dominante jaune-orangé à brun-orangé, à 2 bandes verticales blanches, bordées d'un liséré sombre. La première s'étend directement en arrière des globes oculaires. La seconde joint le milieu de la nageoire dorsale et l'insertion de la nageoire anale. Région ventrale la plupart du temps plus claire que la région dorsale.

Conf. : impossible : *A. bicinctus* est l'unique espèce de poisson-clown présente en Mer Rouge.

Biot. : toujours en association avec des anémones de mer. Entre la surface et une trentaine de mètres de profondeur. Mer Rouge et Golfe d'Aden.

Biol. : *A. bicinctus* s'associe à cinq espèces d'anémones de mer : *Entacmea quadricolor*, *Heteractis magnifica*, *H. crispa*, *H. aurora* et *Stichodactyla gigantea*. L'association qui unit un poisson-clown et une actinie est une symbiose *stricto-sensu*. Les poissons se nichent au sein des tentacules urticants du cnidaire et jouissent d'une protection hors-pair contre leurs prédateurs. Eux-aussi sont utiles à «leur» anémone, qu'ils protègent contre les agressions de poissons qui se nourrissent strictement de tentacules d'actinies (diverses espèces membres du genre *Chaetodon*). L'immunité face aux tentacules des cnidaires s'acquiert progressivement dès le stade juvénile, par le biais de très brefs contacts avec les tentacules. Au terme de la phase d'accoutumance, le poisson est protégé grâce à une substance chimique présente dans le mucus enrobant son épiderme. Le poisson n'est pas véritablement immunisé face aux nématocystes : le rôle de la substance chimique consiste à éviter les détériorations des cellules du derme du poisson. Lire la fiche relative aux 2 autres espèces de poissons-clowns présentées ci-après.

Acclim. : lire la fiche de *A. nigripes*.

Amphiprion clarkii
(Bennett, 1830)
Poisson-clown de Clark

Descript.: taille adulte de l'ordre de 13 cm. Livrée variable, orange à brune tirant sur le noir, une large bande verticale blanche juste en arrière des globes oculaires ; une seconde joint le milieu de la dorsale et l'insertion de l'anale ; une troisième parfois sur pédoncule caudal. Juvéniles (cliché principal) le plus souvent orange uni, à bandes verticales limitées par un liséré noir.

Conf.: *A. sebae* Bleeker, 1853, le poisson-clown de Sebae, présente une livrée très ressemblante, fréquemment plus foncée et n'est présente que dans les Maldives. Le groupe des *clarkii*, qui constitue un sous-genre, se compose de 11 espèces, dont certaines très semblables.

Biot.: en association avec de grandes actinies. De la surface à plus d'une cinquantaine de mètres de profondeur. Indo-Pacifique, Maldives incluses.

Biol.: des toutes les espèces répertoriées de poissons-clowns, *A. clarkii* possède le nombre de partenaires potentiels le plus élevé : 9 espèces d'actinies, à savoir : *Cryptodendrum adhaesivum, Entacmea quadricolor, Macrodactyla doreensis, Heteractis crispa, H. aurora, H. malu, Stichodactyla haddoni, S. gigantea* et *S. mertensii*. Ces poissons possèdent la faculté de changer de sexe. Les adultes de petite taille possèdent, outre des organes génitaux ♂, des ébauches d'organes génitaux ♀. Au sein d'une communauté, le dominant de plus grandes dimensions, également le plus agressif, est invariablement une ♀ ; tous les autres sont des ♂. Si le dominant disparaît, le ♂ le plus dominant se métamorphose en ♀. La ponte a lieu sur des supports de type rocheux, à immédiate proximité des anémones (qui protègent le couvain). C'est le ♂ qui assure les soins parentaux, maintien de l'hygiène et défense contre les ravageurs.

Acclim.: cf fiche consacrée à *A. nigripes*.

Amphiprion nigripes
(Regan, 1908)
Poisson-clown des Maldives

Descript.: taille adulte de l'ordre de 11 cm. Livrée à dominante orange à brun-orangé, complétée d'une étroite bande verticale blanche au niveau des opercules branchiaux. Les nageoires ventrale et anale, parfois également la région ventrale, sont colorées en brun foncé, tirant sur le noir, voire en noir.

Conf.: la livrée de l'espèce est caractéristique et exclut toue confusion.

Biot.: les sujets vivent toujours en association avec de grandes actinies. Entre la surface et une quinzaine de mètres de profondeur. L'espèce n'est répertoriée que dans les eaux des Maldives et du Sri Lanka.

Biol.: ce poisson-clown fait partie des quelques espèces (9 sur 27) qui ne s'associent qu'à une seule espèce d'actinie : il s'agit de *Heteractis magnifica*. Lire également les fiches consacrées aux deux espèces précédentes.

Acclim.: l'acclimatation de toutes les espèces de poissons-clowns ne présente aucune difficulté particulière au terme d'une phase d'acclimatation qui doit être menée avec beaucoup de soin. La présence d'un hôte d'accueil idoine est impérative. Selon les espèces, les poissons-clowns requièrent des cuves d'un volume compris entre 60 et 400 litres. Lorsque l'on envisage l'acclimatation de couples, il faut renoncer à associer d'autres espèces. En revanche, on a toute chance d'assister au bout de quelques mois à des frais réguliers. La phase de grossissement des larves, après l'éclosion, est réalisée en bac séparé. Le plus important à ce stade est de proposer aux alevins une alimentation diversifiée, à base de minuscules organismes zoo- et phytoplanctoniques. Les modalités détaillées de reproduction sont disponibles dans l'ouvrage : «Züchterkniffe VII : Anemonenfische», par G. Spies, 1984, aux éditions Eugen Ulmer.

Chromis ternatensis
(Bleeker, 1856)
Chromis à queue d'hirondelle

Descript.: taille adulte de l'ordre de 10 cm. Livrée à dominante de tons bruns dorés, virant au gris argenté dans la région ventrale; les bordures supérieure et inférieure de la nageoire caudale sont soulignées d'une fine bande noire.
Conf.: néant.
Biot.: diverses zones récifales, fréquemment à couvert au sein des ramifications de coraux buissonnants, membres du genre *Acropora*. Généralement entre 2 et au moins 18 mètres de profondeur. Mer Rouge et Indo-Pacifique, Maldives incluses.
Biologie et Acclim.: lire la fiche consacrée à l'espèce *C. viridis*.

Chromis dimidiata
(Klunzinger, 1871)
Chromis à deux couleurs

Descript.: taille adulte de l'ordre de 7 cm. La dominante de la partie antérieure du corps varie du gris au noir; la partie postérieure est entièrement blanche.
Conf.: néant. L'espèce *C. iomelas* Jordan & Seale, 1906, le chromis divisé, atteint une taille adulte de 5,5 cm; sa livrée est identique, mais l'espèce ne se rencontre que dans le sud-est du Pacifique, Grande Barrière de Corail australienne incluse.
Biot.: récifs coralliens littoraux et externes. Généralement entre 2 et au moins une trentaine de mètres de profondeur. Mer Rouge et Océan Indien, Maldives incluses.
Biologie et Acclim.: lire la fiche consacrée à l'espèce *C. viridis*.

Chromis viridis
(Cuvier, 1830)
Chromis bleu-vert

Descript.: taille adulte de l'ordre de 9 cm. Livrée à dominante vert argenté pâle à verte tirant sur le jaune, parfois également parée de légers reflets bleu clair.
Conf.: aucune espèce ne revêt de livrée comparable ou ne manifeste un comportement semblable.
Biot.: toujours protégés au sein des ramifications de coraux buissonnants, notamment de colonies du genre *Acropora*, dans diverses zones du récif corallien. Entre la surface et au moins une douzaine de mètres de profondeur. Mer Rouge et Indo-Pacifique, Maldives incluses.
Biol.: la majorité des espèces membres du genre *Chromis* se nourrissent essentiellement de zooplancton, notamment aux dépens de crustacés planctoniques et de leurs larves. Les trois espèces présentées ici évoluent généralement en communautés plus ou moins étendues au-dessus de colonies coralliennes buissonnantes, où elles chassent les proies planctoniques dont elles se nourrissent. En cas de danger, les sujets disparaissent en un éclair dans l'entrelac de leurs ramifications. A couvert au sein de cette protection inexpugnable, ils scrutent attentivement leur environnement; peu après, dès que tout danger est écarté, ils regagnent leur site de chasse au sein du domaine pélagique.
Acclim.: l'élevage en captivité des trois espèces présentées dans cet ouvrage ne représente globalement aucune difficulté particulière: les sujets, acclimatés en petits groupes, survivent parfaitement aux conditions de la captivité. L'essentiel est d'aménager le décor du bac de telle sorte que les poissons puissent, comme en milieu naturel, trouver un refuge protecteur au sein des ramification de colonies coralliennes arborescentes.

Dascyllus aruanus
(Linnaeus, 1758)
Demoiselle à trois bandes noires

Descript. : taille adulte de l'ordre de 9 cm. Morphologie trapue, caractérisée par un dos relativement arqué. Livrée à dominante blanche, complétée de trois bandes verticales noires. Nageoire caudale d'un blanc translucide.

Conf. : l'espèce *D. melanurus* Bleeker, 1854, le dascyllus à queue noire, originaire du Pacifique occidental, 9 cm environ à l'âge adulte, se rencontre jusqu'à une dizaine de mètres de profondeur : elle s'identifie à la présence d'une quatrième bande verticale noire, à l'extrémité postérieure de la nageoire caudale.
Quant à *Chrysiptera annulata* (Peters, 1855), la demoiselle footballer, d'une taille adulte de l'ordre de 7 cm, elle ne se rencontre qu'au voisinage de la surface, en-deçà de 2 mètres de profondeur, et se caractérise par ses cinq bandes verticales noires.

Biot. : aux abords des ramifications de colonies de coraux arborescents, au sein de lagunes et au voisinage de récifs littoraux. Généralement entre la surface et une douzaine de mètres de profondeur. Mer Rouge et Indo-Pacifique occidental, Maldives incluses.

Biol. : les représentants de l'espèce se regroupent en petites communautés, composées d'une trentaine de sujets, voire davantage, et évoluent au-dessus de colonies coralliennes buissonnantes ramifiées et isolées (des colonies d'acropores, par exemple). En cas de danger, ils se replient en un clin d'oeil au sein de l'entrelac protecteur de leur colonie d'élection. Omnivores, ils consomment aussi bien des algues que des proies zooplanctoniques et de petits invertébrés benthiques.

Acclim. : la survie de l'espèce en aquarium est plus ou moins délicate : les congénères manifestent les uns à l'égard des autres un comportement volontiers querelleur, qui est source de difficultés, notamment dans les aquariums de volume restreint.

Dascyllus carneus
(Fischer, 1885)
Dascyllus indien

Descript.: taille adulte de l'ordre de 6,5 cm. Morphologie trapue, caractérisée par un dos relativement arqué. Livrée à dominante généralement beige clair à crème, avec une tête colorée en brun clair, et complétée d'une raie verticale sombre au niveau de l'insertion des nageoires pectorales. Les replis labiaux sont dans les tons violets à reflets bleutés. Les nageoires pelviennes, anale, ainsi que que la bordure externe des trois quarts antérieurs de la nageoire dorsale sont de couleur noire; le quart postérieur de la dorsale et la nageoire caudale sont translucides, à reflets bleutés.

Conf.: *D. marginatus* (Rüppell, 1829), ou dascyllus de la Mer Rouge, (ci-dessus à droite) est une espèce très ressemblante, qui ne se rencontre qu'en Mer Rouge et dans le Golfe d'Oman, mais s'identifie grâce à l'absence de bande verticale noire au niveau de l'insertion des nageoires pectorales. Celle-ci fait place à une simple tache sombre.

Biot.: toujours non loin de colonies de coraux arborescents ramifiés, sur les récifs littoraux et externes. Généralement entre 5 et environ 35 de mètres de profondeur. Océan Indien, Maldives incluses; l'espèce n'est pas implantée en Mer Rouge.

Biol.: lire la fiche consacrée à l'espèce *D. aruanus*.

Acclim.: la survie de l'espèce en aquarium peut s'avérer délicate.

Dascyllus trimaculatus
(Rüppell, 1829)
Dascyllus à trois points

Descript.: taille adulte de l'ordre de 14 cm. Morphologie trapue, caractérisée par un dos relativement arqué. Livrée à dominante noire à brun foncé, complétée de trois points points blancs dans la région frontale et au niveau des flancs, juste sous le milieu de la nageoire dorsale. Chez les sujets adultes, les taches frontales s'estompent totalement, tandis que celles situées sur chaque flanc diminuent nettement en surface.
Conf.: aucune espèce similaire.
Biot.: les juvéniles vivent associés à des actinies; les adultes recherchent la protection de colonies coralliennes ou de gros rochers isolés. Depuis la surface et jusqu'à grande profondeur. Mer Rouge et Indo-Pacifique occidental, Maldives incluses.
Biol.: les juvéniles (cliché en incrustation) vivent toujours en association avec de grands exemplaires d'actinies, qu'ils partagent avec des poissons-clowns, membres du genre *Amphiprion*. A l'instar de ces derniers, ils possèdent la faculté d'entrer en contact avec leurs tentacules urticants sans subir les effets du venin. L'association est contractée avec huit espèces d'actinies. A mesure que les sujets avancent en âge, ils s'affranchissent progressivement de leur anémone d'élection. On se reportera aux fiches consacrées aux différentes espèces de poissons-clowns. Les dascyllus à trois points ont un comportement alimentaire omnivore.
Acclim.: l'élevage de l'espèce en captivité se heurte à de difficiles problèmes: les sujets sont en effet capables de se harceler mutuellement jusqu'à ce que mort s'ensuive. C'est probablement chez cette espèce de demoiselle que l'agressivité est la plus affirmée.

Neoglyphidodon melas
(Cuvier, 1830)
Demoiselle noire

Descript.: taille adulte de l'ordre de 18 cm. Morphologie trapue. La livrée des sujets adultes est à dominante noire à nuances de bleu à noire tirant sur le brun. Les juvéniles (cliché ci-dessus) sont plutôt gris argenté; la face supérieure de la tête, du dos ainsi que la nageoire dorsale sont colorés en jaune; les bordures supérieure et inférieure de la nageoire caudale sont également jaunes; les nageoires anale et peviennes sont bleues, bordées antérieurement d'un liséré noir.
Conf.: les sujets adultes, avec leur livrée noire, peuvent éventuellement être confondus avec d'autres espèces à livrée noire ou sombre. Ces confusions ne peuvent avoir lieu avec les juvéniles, qui revêtent une livrée plus typique.
Biot.: lagunes densément colonisées par les coraux et récifs externes. Généralement entre la surface et une douzaine de mètres de profondeur. Mer Rouge et Indo-Pacifique occidental, Maldives incluses.
Biol.: dans les ouvrages spécialisés, on trouve souvent deux noms familiers, dont l'existence s'explique par les différences de livrée entre adultes et juvéniles. La métamorphose, au cours de laquelle la somptueuse livrée des juvéniles vire au noir uniforme des adultes, intervient au stade 5 à 6,5 cm. Ces poissons évoluent en solitaires ou en couples sur les récifs colonisés par des coraux mous, dont certains figurent au régime alimentaire de cette espèce omnivore. Les juvéniles semblent plutôt rechercher la proximité de coraux buissonnants ramifiés.
Acclim.: les sujets s'avèrent généralement peu sociables envers leurs propres congénères; on veillera donc à n'acclimater que des solitaires ou des couples.

Plectroglyphidodon lacrymatus
(Quoy & Gaimard, 1825)
Demoiselle à points bleus,
demoiselle mouchetée

Descript.: taille adulte de l'ordre de 11 cm. Morphologie trapue, caractérisée par un dos relativement arqué et une tête s'achevant en pointe. Livrée à dominante brune, complétée de ponctuations violettes à bleues, constellant le corps et la tête. Chez les sujets juvéniles, ces ponctuations sont plus nombreuses, plus vivement colorées que chez les adultes. Le pédoncule caudal, la nageoire caudale et la bordure postérieure de la nageoire dorsale sont colorés dans des tons de jaune ou de beige. La bordure antérieure de la nageoire anale comporte un fin liséré d'un bleu vif.
Conf.: néant.
Biot.: zones comportant à la fois des colonies coralliennes vivantes et des débris de squelettes coralliens, au sein de lagunes et des zones externes des récifs. Entre la surface et une douzaine, voire une quarantaine de mètres de profondeur, selon certains auteurs. Mer Rouge et Indo-Pacifique occidental, Maldives incluses.
Biol.: les sujets s'octroient des territoires situés sur des fonds colonisés par les algues. En effet, leur régime alimentaire est essentiellement herbivore (algivore), complété des microorganismes invertébrés qui vivent en épibiontes dans ces végétaux. Les frais de poissons sont également appréciés.
Acclim.: en règle générale, l'acclimatation en aquarium n'est guère problématique, sous réserve de n'associer que des sujets solitaires ou des couples à d'autres poissons.

Pomacentrus caeruleus
(Quoy & Gaimard, 1825)
Demoiselle bleue et jaune

Descript.: taille adulte de l'ordre de 9 cm. Morphologie relativement effilée. Livrée d'un bleu vif; le pédoncule caudal et la région ventrale, au-dessous de l'insertion des nageoires pectorales, sont d'un jaune soutenu, de même que les nageoires caudale, anale et pectorales, et dorsale, dans sa partie postérieure.

Conf.: deux autres espèces de demoiselles membres du genre *Pomacentrus*, aux coloris identiques, sont répertoriées; il s'agit de:
P. coelestis Jordan & Stark, 1901, ou demoiselle néon, n'est distribuée que dans le bassin oriental de l'Océan Indien et dans le Pacifique occidental; elle se caractérise par une proportion plus faible de jaune dans la livrée; le jaune est moins saturé que chez la demoiselle bleue et jaune.
P. auriventris Allen, 1991, la demoiselle à ventre jaune, n'est implantée que dans l'archipel indonésien et malais, les îles Carolines et Christmas; chez cette espèce, la proportion de jaune dans la livrée est nettement plus importante: la face ventrale est colorée en jaune jusqu'à la hauteur de l'axe médian des flancs.

Biot.: récifs coralliens et champs sous-marins d'éboulis, de galets, au pieds des tombants externes des récifs et des parois abruptes. Entre la surface et une dizaine de mètres de profondeur. Océan Indien occidental, Maldives incluses.

Biol.: à l'instar de la majorité des demoiselles, l'espèce a un régime alimentaire de type omnivore.

Acclim.: en règle générale, l'acclimatation en aquarium n'est guère problématique; plusieurs sujets peuvent même cohabiter dans des conditions satisfaisantes car l'agressivité intraspécifique est faible.

Pomacentrus pavo
(Bloch, 1787)
Demoiselle saphir

Descript.: taille adulte de l'ordre de 8,5 cm. Morphologie relativement effilée. Livrée à dominante vert argenté à bleu argenté, complétée de fins motifs à base de ponctuations et de tirets de couleur bleue ornant la tête, et d'une tache noire au niveau de la bordure postérieure des opercules branchiaux, d'un diamètre approximativement équivalent à celui de l'iris des sujets. La face ventrale est la plupart du temps dans les tons blancs tirant sur le jaune. La nageoire anale est souvent colorée en jaune ; les nageoires dorsale et anale comportent un liséré de bordure bleu à noir bien contrasté.

Conf.: éventuellement avec l'espèce *Chromis viridis*, le chromis bleu-vert, mais seule cette espèce possède une livrée telle que décrite ci-dessus, complétée d'une tache noire au niveau de la bordure postérieure des opercules branchiaux.

Biot.: formations coralliennes isolées sur fonds sablonneux, dans les lagunes et sur les récifs. Entre la surface et approximativement 16 mètres de profondeur. Indo-Pacifique occidental, Maldives incluses.

Biol.: l'espèce évolue généralement en communautés. Omnivores, les sujets se nourrissent essentiellement aux dépens d'organismes planctoniques et d'algues filamenteuses.

Acclim.: l'acclimatation en aquarium peut s'avérer délicate.

Pomacentrus sulfureus
(Klunzinger, 1871)
Demoiselle soufre

Descript.: taille adulte de l'ordre de 11 cm. Morphologie relativement effilée. Livrée dans les tons jaune citron, complétée d'une tache noire marquant l'insertion des nageoires pectorales, au contraste saisissant. Les juvéniles comportent un ocelle noir, le plus souvent cerclé d'un liséré bleu clair, dans la partie postérieure de la nageoire dorsale.
Conf.: aucune espèce similaire répertoriée.
Biot.: généralement sur les récifs littoraux. Entre la surface et approximativement 5 mètres de profondeur. Mer Rouge et Océan Indien occidental, mais pas dans l'archipel des Maldives.
Biol.: néant.
Acclim.: l'acclimatation en aquarium de cette espèce n'est généralement guère délicate.

Pomacentrus philippinus
(Evermann & Seale, 1907)
Demoiselle des Philippines (en incrustation)

Descript.: taille adulte de l'ordre de 11 cm. Morphologie relativement effilée. Livrée variable, tons bruns à bleus foncés; pédoncule caudal et nageoire caudale jaunes à jaune-orangé; partie postérieure des nageoires dorsale et anale de même couleur. Sujets originaires de la Grande barrière de Corail australienne dépourvus de ce colori. Iinsertion des pectorales noire.
Conf.: néant.
Biot.: en zone d'ombre portée par des surplombs rocheux, anfractuosités dans la roche des récifs externes, tombants verticaux et canaux récifaux, mais également dans les eaux des lagunes. Entre la surface et une douzaine de mètres de profondeur. Océan Indien oriental et Pacifique oriental.
Biol.: les sujets de l'espèce évoluent généralement en communautés clairsemées, sur les sites mentionnés ci-dessus.
Acclim.: généralement peu délicate.

Pomacentrus trichourus
(Günther, 1866)
Demoiselle à queue blanche

Descript.: adultes: 11 cm. Morphologie plutôt effilée. Dominante noire à brun foncé; centre des écailles plus clair; insertion des pectorales et opercules, au-dessus de la naissance des pectorales à petites taches noires. Pédoncule caudal à 1 tache noire; caudale proprement dite blanche, tirant parfois sur le jaune. Chez les juvéniles, le centre des écailles est bleu; ocelle noir visible à la partie postérieure de la dorsale.

Conf.: 2 autres espèces possèdent des livrées très ressemblantes: *P. albicaudatus* Baschieri-Salvadori, 1957, ou demoiselle de la Mer Rouge à queue blanche, cantonnée à la Mer Rouge, sur les récifs littoraux et externes, entre la surface et une douzaine de mètres de profondeur; taille adulte: 6,5 cm. Dominante brun foncé, centre des écailles de couleur jaune. Tête, régions pectorale et ventrale nettement plus claires; 1 à 3 points bleus à noirs visibles sur la tête et l'avant du corps; pédoncule caudal exempt de tache noire; caudale blanche. *P. leptus* Allen & Randall, 1980, la demoiselle élancée, présente dans la zone septentrionale de la Mer Rouge, du Golfe d'Oman au Golfe d'Aden, évolue sur les récifs littoraux, entre la surface et une dizaine de mètres de profondeur; taille adulte: 7 cm. Morphologie nettement plus élancée que celle des autres demoiselles. Dominante brune, complétée de 2 à 3 taches bleues sur les flancs, qui s'estompent progressivement. Opercules à petite tache bleu saturé au-dessus de l'insertion des nageoires pectorales. Nageoires pelviennes claires; caudale blanche à jaune pâle.

Biot.: récifs littoraux et externes. De la surface à plus d'une quarantaine de mètres de profondeur. Mer Rouge et Océan Indien occidental, Maldives incluses.

Biol.: aucune particularité notable.

Acclim.: identique à celle des autres demoiselles.

Famille des labridés (labres)

Estimés à 500 espèces présentes dans toutes les mers du globes, c'est sans doute dans les récifs coralliens tropicaux que les labres atteignent une diversité biologique maximale, pour constituer la seconde famille la plus vaste de l'Indo-Pacifique, derrière celle des gobies. Une telle diversité d'espèce va de pair avec une extraordinaire diversité de tailles et de morphologies. Les plus modestes n'excèdent pas une taille de 4 cm, tandis que le géant de la famille, le labre-napoléon, atteint 229 cm, et accuse un poids de 190 kg. Sur le plan morphologique, les configurations vont du très élancé et filiforme au très massif, à dos arqué. Tous les représentants possèdent néanmoins des traits communs : dorsale continue, à rayons rigides et mous, écailles cycloïdes, gueule souvent protractile, dotée de replis labiaux plus ou moins charnus. La nage, dite «labriforme», caractérise tous les labres, mais aussi les représentants d'une autre famille étroitement apparentée : celle des scaridés ou poissons-perroquets. Les deux pectorales battent simultanément, et propulsent les sujets ; la nageoire caudale est affectée à la direction.

Une majorité de labre arbore des livrées chatoyantes, avec des différences considérables entre juvéniles, ♂ et ♀, telles que ces phases furent longtemps considérées comme des espèces distinctes. Outre les coloris et motifs caractéristiques d'une espèce, on observe tous les stades transitoires entre ces phases.

La mutation sexuelle semble la règle chez les labridés. Tous les genres et espèces connus à ce jour appartiennent au type «hermaphrodite protogyne», à savoir des ♀ capables de se métamorphoser en ♂ parfaitement fonctionnels. Chez une majorité, il existe deux phases distinctes. Au cours de la première, la phase initiale, tous les labres sont des ♀ et des ♂ dits «primaires», aux livrées parfaitement ou quasiment identiques, et des ♀. Cette phase initiale engendre une phase dite «terminale» : les ♀ se métamophosent en ♂ secondaires, tous parés de somptueuses livrées. Les ♂ primaires vivent le plus souvent associés aux ♀, formant de vastes communautés ; ces ♂ et ces ♀ fraient collectivement. Les ♂ secondaires, en revanche, manifestent un comportement de territorialité et s'entourent d'un harem de ♀ atitrées, avec lesquelles ils fraient, non collectivement mais en couple, avec chacune des ♀. Qu'il s'agisse de ♂ secondaires ou primaires, les ovules et les spermatozoïdes sont émis dans le milieu marin, généralement simultanément. Seules certaines espèces édifient des nids ; ce sont les ♂ qui assument le maintien de l'hygiène et la protection du couvain jusqu'à l'éclosion. Globalement, les labres ont un comportement alimentaire carnassier ; la majorité des espèce se nourrit aux dépens d'une vaste gamme d'invertébrés benthiques (tels des mollusques à carapace rigide, des crustacés, des oursins…), qu'ils sont capables de briser grâce aux puissantes dents pharyngiennes dont ils sont dotés. Certaines espèces se sont néanmoins spécialisées : elles sont planctonophages, ou bien encore corallophages, voire encore piscivores, s'attaquant à des proies de dimensions modestes. Mais de toutes les espèces inféodées à un régime alimentaire spécialisé, les divers labres-barbiers demeurent les plus captivants : ces poissons consomment les ectoparasites présents sur le derme et les branchies d'autres poissons. Tant le nettoyeur que son client tire avantage de l'association : on peut parler de symbiose au sens strict du terme, plus exactement de symbiose de nettoyage ou de déparasitage. S'il existe des espèces de labres-nettoyeurs entièrement spécialisées sur cette activité, et sont donc des nettoyeurs obligatoires, on connaît toute une série d'espèces qui ne s'adonnent qu'occasionnellement à cette pratique, et qui sont donc des nettoyeurs facultatifs. On sait que chez de nombreuses espèces de labres, seuls les juvéniles sont des nettoyeurs actifs, les sujets adultes se tournant vers de tout autres ressources alimentaires.

Tous les labres sont des poissons strictement diurnes. En phase nocturne, ils se dissimulent, en fonction des espèces, soit en s'enfouissant dans le sable, soit entre des pierres et des colonies de coraux, soit à l'intérieur d'anfractuosités ou de grottes.

Bodianus anthioides
(Bennet, 1831)
Caudène, vieille à queue lyre

Descript.: adultes: 24 cm. Morphologie oblongue, ovaloïde, caractérisée par une caudale développée en longueur, nettement bifide. Juvéniles et adultes relativement semblables. Chez les adultes, tête et partie antérieure du corps de couleur brun-orange à fauve; partie postérieure blanche, constellée de petites ponctuations noires. Appendice caudal et nageoire caudale comportant en haut et en bas une bande noire; la nageoire caudale présente dans sa partie antérieure une tache noire. Chez les juvéniles (ci-dessus en incrustation), l'orifice buccal est blanc; seul le tiers antérieur est coloré en jaune-orangé; reste du corps blanc, à petites ponctuations brunes; pour le reste, les motifs sont identiques à ceux des sujets adultes.

Conf.: néant.

Biot.: récifs externes. Les juvéniles recherchent la protection de grandes colonies de gorgones. Généralement entre 6 et une soixantaine de mètres de profondeur. Mer Rouge et Indo-Pacifique, Maldives incluses.

Biol.: les juvéniles de l'espèce *B. anthioides* sont régulièrement observés en train de déparasiter d'autres poissons. Les adultes, en revanche, s'associent fréquemment à des mullidés en train de s'alimenter au sol (sur notre photo, il s'agit de *Parupeneus forskåli*), et consomment à la volée les particules comestibles mises en supension. Ces commensaux sont surtout attirés par la nuée de sédiments créée par le fouissement du mulet, ainsi que par la morphologie caractéristique et la livrée de ce « pourvoyeur ». Ce comportement de commensalisme ne portant nul préjudice au mullidé, on parle d'association de type carpose, et plus exactement de commensalisme ou association trophique.

Acclim.: l'espèce ne présente pas de prédisposition particulière à l'acclimatation en captivité.

Bodianus axillaris
(Bennett, 1831)
Labre à tache axillaire, tamarin

Descript.: adultes: 20 cm. Morphologie effilée. Livrée des adultes radicalement différente de celle des juvéniles; ♂ et ♀ identiques. Juvéniles (ci-dessus en incrustation) à dominante brun foncé à noire, museau blanc, sur chaque flanc 3 taches blanches le long de la nageoire dorsale, 3 autres le long de la ligne ventrale, 2 taches blanches à la base de l'appendice caudal. En arrière de l'insertion des pectorales, au niveau des nageoires dorsale et anale, une tache noire. Chez les adultes, moitié antérieure du corps fauve, moitié postérieure dans des tons blancs; l'interface entre ces 2 zones joint diagonalement la partie antérieure de la dorsale au milieu du ventre. En arrière de l'insertion des pectorales, au niveau des nageoires dorsale et anale, une tache noire. Parfois apparaissent aux endroits correspondants aux taches blanches caractéristiques des juvéniles des taches sombres (cas du sujet ci-dessus).

Conf.: aucune espèce similaire. Dans le Pacifique occidental est implantée une espèce très ressemblante: *B. mesothorax* (Schneider, 1801), le labre mésothorax. Les juvéniles s'identifient grâce à leurs taches jaunes, et non blanches. Chez les adultes, les nageoires dorsale et anale ne comportent pas de tache noire; enfin, une interface noire limite la moitié antérieure sombre et celle, postérieure, qui reste plus claire.
Biot.: lagunes claires et récifs externes. Les juvéniles recherchent souvent la protection de grottes et de surplombs rocheux. Généralement entre 2 et une quarantaine de mètres de profondeur. Mer Rouge et Indo-Pacifique, Maldives incluses.
Biol.: les jeunes manifestent occasionnellement une activité de déparasitage, parfois observable.
Acclim.: espèce incompatible avec les conditions de captivité.

Bodianus diana
(Lacépède, 1801)
Labre de Diane

Descript.: taille adulte de l'ordre de 25 cm. Morphologie effilée. La livrée des juvéniles est à dominante de tons rouges à fauves (ci-dessus en incrustation), complétée de petites taches blanches alignées au niveau des flancs ; bordure antérieure de la dorsale marquée d'une tache noire. Nageoires pelviennes, anale et l'extrémité de la dorsale à un ocelle noir cerclé de blanc. Tache noire également à l'insertion des nageoires pectorales et dans la zone médiane de l'appendice caudal. Sujets adultes à livrée jaune-orangé, fauve au niveau de la tête ; les écailles, au niveau des flancs, présentent une bordure postérieure brune ; de chaque côté du dos, une série de trois à quatre petites taches blanches à jaunes est visible. Région centrale du pédoncule caudal elle aussi porteuse d'une petite tache noire. La plupart du temps, deux taches noires marquent la nageoire anale ; une autre est visible sur chaque nageoire pelvienne.

Conf.: néant. Le genre *Bodianus* se compose de 30 espèces, dont 23 implantées dans l'Indo-Pacifique, 5 dans l'Atlantique et 2 dans le Pacifique oriental.

Biot.: divers domaines récifaux à faune corallienne dense. Les juvéniles recherchent la protection de grandes gorgones et de colonies de coraux noirs. Généralement entre 6 et plus de 25 mètres de profondeur. Mer Rouge et Indo-Pacifique, Maldives incluses.

Biol.: contrairement aux juvéniles de l'espèce *B. axillaris*, le labre à tache axillaire, parés d'une livrée très spectaculaire, ceux de l'espèce *B. diana* sont assez insignifiants et passent le plus souvent inaperçus.

Acclim.: espèce incompatible avec les conditions de captivité.

Pseudodax moluccanus
(Valenciennes, 1839)
Labre des Moluques

Descript.: taille adulte de l'ordre de 25 cm. Morphologie variablement allongée. Livrée à dominante grise à fauve; chaque écaille comporte une tache généralement allongée; lèvre supérieure jaune, surmontée d'une bande de couleur bleue, qui rejoint parfois la bordure postérieure de l'opercule branchial. Nageoire caudale noire, comportant une large bande verticale dans les tons blancs tirant sur la jaune. Chez les juvéniles, la livrée se complète de deux bandes longitudinales d'un bleu clair soutenu («livrée de nettoyage»).
Conf.: néant, le genre étant monospécifique.
Biot.: diverses zones du récif, à faune corallienne luxuriante. Généralement entre 3 et au moins une quarantaine de mètres de profondeur. Mer Rouge et Indo-Pacifique, Maldives incluses.
Biol.: les représentants de cette espèce évoluent le plus souvent seuls ou en couples. Les juvéniles ne se contentent pas uniquement de ressembler à des poissons-nettoyeurs: ils s'addonnent effectivement à cette activité, contrairement aux adultes qui, eux, se nourrissent aux dépens des organismes invertébrés les plus divers. La séparation de l'espèce de l'ensemble des autres labres pour former désormais un genre à part entière est due à la configuration particulière de la denture.
Acclim.: peu d'informations disponibles à ce sujet; il faut néanmoins déconseiller l'association de ce poisson à tout invertébré quel qu'il soit, la plupart d'entre eux, à de rares exceptions près, figurant à son régime alimentaire.

Cheilinus abudjubbe
(Rüppell, 1835)
Labre d'Abudjubbe

Descript.: taille adulte de l'ordre de 40 cm. Morphologie massive, caractérisée par un dos relativement arqué. Livrée à dominante de tons verts, complétée de ponctuations de couleur rouge-orangé, visible dans la partie antérieure du corps ; chaque écaille de la partie postérieure porte un court tiret vertical, dans les tons de rouge-orangé ; on observe un motif à base de raies disposées radialement autour de l'oeil, de couleur rouge-orangé. Les grands ♂ possèdent en plus des ponctuations dans des tons de bleu-vert pâle dans la région médiane du corps, ainsi que des tirets courts, dans des tons identiques, au niveau des écailles de la partie postérieure du corps.
Conf.: néant. L'espèce est étroitement apparentée à *C. trilobatus*, la vieille à triple queue ou labre maori trilobé, distribuée uniquement dans l'Indo-Pacifique et absente de la Mer Rouge.

Biot.: diverses zones du récif, à faune corallienne luxuriante et cachettes abondantes. Espèce présente dès la surface en Mer Rouge.
Biol.: espèce difficile à photographier, en raison de la craintivité manifestée par ses représentants. A l'instar des autres labres, ces poissons se nourrissent principalement aux dépens de divers invertébrés benthiques.
Acclim.: les représentants du genre *Cheilinus* que nous présentons ici sont des espèces aux dimensions imposantes, de ce fait difficiles, voire impossibles à acclimater en aquarium. Si tel est néanmoins le cas, on aura soin d'éviter l'association à des invertébrés ; ils ne peuvent cohabiter qu'avec de grands poissons, au moins aussi robustes qu'eux-mêmes.

Cheilinus chlorourus
(Bloch, 1791)
Vieille tachetée, labre maori

Descript.: taille adulte de l'ordre de 45 cm. Morphologie massive, caractérisée par un dos relativement arqué. Livrée à dominante variable, du beige au brun olive en passant par le brun, parfois constellée d'un motif à base de taches claires et/ou foncées, le plus souvent avec de nombreuses ponctuations blanches à roses ou orange sur l'ensemble du corps. La tête comporte de nombreuses petites ponctuations orange ou roses, parfois également de courtes bandes irrégulières, dans les mêmes tons. Les nageoires caudale, anale et pectorales comportent toujours de nombreuses ponctuations fines et blanches. Les juvéniles arborent des raies sombres autour des yeux ; leur corps est constellé de petites ponctuations sombres.

Conf.: les ♀, chez les autres espèces membres de ce genre, arborent parfois des livrées très semblables ; mais seule cette espèce présente des nageoires caudale, anale et pectorales ornées de nombreuses et fines ponctuations blanches.

Biot.: le plus souvent dans les lagunes, dont le fond se compose d'un mélange de sable et de galets et sur les champs coralliens, plus rarement dans d'autres domaines du récif. Entre environ 2 mètres et au moins une trentaine de mètres de profondeur. Indo-Pacifique, Maldives incluses.

Biol.: les représentants de l'espèce, à l'instar de nombre d'autres labres, se nourrissent aux dépens de divers invertébrés benthiques, entre autres de divers mollusques, de crustacés, de polychètes («vers de feu») et d'oursins.

Acclim.: cf les préconisations fournies à propos de l'espèce *C. abudjubbe* (labre d'Abudjubbe).

Cheilinus digrammus
(Lacépède, 1801)
Labre à joues rayées

Descript.: taille adulte de l'ordre de 35 cm. Morphologie plutôt longiligne. Livrée à dominante de rouge-orangé à brun-orangé; la tête et la région dorsale sont colorés en vert sale. Les «joues» comportent entre 7 et 9 raies verticales dans les tons rouges, bruns ou violets. Les juvéniles (ci-dessus en incrustation) arborent une livrée à dominantes beige et fauve, parfois marbrée de brun, complétée d'une bande longitudinale de couleur brun foncé, partiellement discontinue, au niveau médian des flancs.

Conf.: néant; l'espèce s'identifient grâce aux raies caractéristiques visibles de chaque côté de la tête.

Biot.: diverses zones du récif. Le plus souvent entre 3 mètres et jusqu'à plus d'une centaine de mètres de profondeur. Mer Rouge et Indo-Pacifique, Maldives incluses.

Biol.: hormis divers invertébrés benthiques, l'espèce consomme au moins occasionnellement de petits poissons, et s'observe régulièrement dans le sillage de bancs de mullidés en train de fouir pour rechercher leur alimentation. Contrairement aux espèces du genre *Cheilinus* traitées jusqu'ici, le labre à joues rayées ne montre généralement aucune crainte face à l'homme. Certains sujets se montrent familiers au point d'accompagner durablement un plongeur sous l'eau.

Acclim.: lire les préconisations fournies à propos de *C. abudjubbe* (labre d'Abudjubbe).

Cheilinus fasciatus
(Bloch, 1791)
Vielle rayée, labre à poitrine rouge

Descript.: taille adulte de l'ordre de 38 cm. Morphologie plutôt massive, à ligne dorsale relativement élevée. Livrée à dominante brun foncé à brun moyen; certaines écailles comportent des ponctuations ou de courts tirets verticaux noirs; de larges bandes verticales blanches sont visibles sur les flancs. Parfois, la partie postérieure du corps est pratiquement noire. La tête et la région pectorale sont le plus souvent de couleur rouge-orangé.
Conf.: néant. Le genre *Cheilinus* se compose de quinze espèces aisément identifiables.
Biot.: lagunes et récifs externes. Le plus souvent entre 4 mètres et au moins une quarantaine de mètres de profondeur. Mer Rouge et Indo-Pacifique, Maldives incluses.
Biol.: l'espèce consomme principalement des invertébrés variés, collectés sur les fonds sablonneux et rocheux. C'est pourquoi on observe souvent ces poissons évoluer derrière les palmes des plongeurs, profitant des turbulences pour capturer les organismes benthiques mis à jour. Ils s'associent pour les mêmes raisons à des mullidés en train de fouir. Ce comportement s'assimile à une forme de carpose (c'est-à-dire à une association à bénéfice non réciproque): on parle de commensalisme.
Acclim.: lire les préconisations apportées au sujet de *C. abudjubbe* (labre d'Abudjubbe).

Cheilinus lunulatus
(Forsskål, 1775)
Labre à franges

Descript.: taille adulte de l'ordre de 50 cm. Morphologie massive, à dos relativement élevé. La nageoire caudale, notamment chez les sujets adultes, présente des franges qui lui confèrent l'aspect d'un balai. Livrée à dominante de tons verts. Tête constellée de nombreuses petites ponctuations de couleur rouge-orangé à rose. La bordure postérieure de l'opercule branchial comporte un tiret incurvé, d'un jaune intense, ourlé de noir, complété d'un ou plusieurs points de même couleur, juste en dessous. Pectorales de couleur jaune-orangé. Chez les ♂, en arrière des nageoires pectorales, souvent une large bande verticale dans les tons jaunes; écailles portant un tiret longitudinal dans les tons rouges; nageoires pelviennes, anale et caudale d'un bleu saturé. Les ♀ arborent des bandes verticales alternativement sombres et claires, et des coloris moins chatoyants.

Conf.: l'espèce se caractérise par un motif jaune à la bordure postérieure de l'opercule, excluant toute confusion. *C. trilobatus*, la vieille à triple queue ou labre maori trilobé, présente des coloris très voisins, mais n'est pas distribuée en Mer Rouge.

Biot.: diverses zones du récif. Dès le voisinage de la surface. Mer Rouge et Golfe d'Oman.

Biol.: on observe généralement un grand ♂, paré d'une livrée aux coloris somptueux, entouré d'un harem de ♀ (jusqu'à 6, d'après les observations de l'auteur), de dimensions modestes mais à peine moins colorées. Il est également intéressant de signaler que chaque individu de la communauté n'évoluait pas à immédiate proximité de son voisin: chacun respectait un écart de 20-30 cm par rapport à son voisin immédiat.

Acclim.: lire les préconisations fournies à propos de *C. abudjubbe* (labre d'Abudjubbe).

Cheilinus trilobatus
(Lacépède, 1801)
Vieille à triple queue, labre maori trilobé

Descript.: taille adulte de l'ordre de 40 cm. Morphologie massive, caractérisée par un dos relativement arqué. Les adultes s'identifient à leur nageoire caudale distinctement trilobée. Livrée à dominante de tons verts, complétée d'innombrables ponctuations rouges à rosées au niveau de la tête, et de raies de même teinte autour des globes oculaires et dans la région de la gueule. Le reste du corps présente des bandes verticales alternativement claires et sombres; de nombreuses écailles portent des raies longitudinales de couleur rouge à violet pâle. La nageoire caudale est presque noire, bordée à l'arrière d'un largé liséré d'un rouge-orangé soutenu. Les juvéniles et les ♀ (ci-dessus en incrustation) arborent des coloris plus insignifiants.
Conf.: néant; *C. lunulatus*, ou labre à franges, présente une livrée très voisine, mais n'est distribué qu'en Mer Rouge et dans le Golfe d'Oman.
Biot.: fréquemment au voisinage de la surface, à flanc de parois récifales, ainsi que sur d'autres zones des récifs coralliens. De la surface jusqu'à plus d'une trentaine de mètres de profondeur. Indo-Pacifique, Maldives incluses.
Biol.: l'espèce se nourrit principalement aux dépens de divers crustacés collectés au sol, ainsi que de mollusques lamellibranches (moules) et gastéropodes. Des comportements piscivores sont occasionnellement observés. Les clichés de l'espèce sont difficiles à réaliser, en raison du tempérament craintif des sujets.
Acclim.: lire les préconisations fournies à propos de *C. abudjubbe* (labre d'Abudjubbe).

Cheilinus undulatus
(Rüppell, 1835)
Napoléon, labre géant

Descript.: taille adulte de l'ordre de 229 cm. Morphologie très massive, avec un dos élevé. ♂ (en incrustation) identifiables à leur bosse frontale affirmée et leurs replis labiaux charnus. Ecailles de grandes dimensions. Livrée des ♀ à dominante de tons bruns-verts à vert olive, (bleus et verts chez les ♂). Chez les deux sexes: un motif très esthétique sur la tête et le corps. Juvéniles à dominante beige à verte tirant sur le jaune, et motifs noirs.

Conf.: néant.

Biot.: les juvéniles évoluent généralement dans les lagunes à faune corallienne riche, recherchant protection de coraux buissonnants, type *Acropora* (acropores); les adultes fréquentent toutes les zones récifales. Entre 2 et au moins une soixantaine de mètres de profondeur. Mer Rouge, Indo-Pacifique, Maldives incluses.

Biol.: bien que généralement solitaires, ces poissons forment fréquemment des couples. Inféodés à une région donnée, ils s'attribuent un territoire et y demeurent plusieurs années consécutives. La plupart du temps, une grotte spéciale ou une anfractuosité présente sur leur territoire leur sert de refuge de nuit ou en cas de danger. A leur régime alimentaire figurent principalement divers mollusques, mais également des crustacés, divers échinodermes et des poissons. Les labres géants comptent parmi les rares prédateurs naturels d'organismes marins venimeux: poissons-coffres, astéries couronne d'épines, «lapins de mer» (aplysies) et d'autres encore. En dépit de leurs dimensions imposantes, ils manifestent une grande craintivité; en règle générale, seuls les sujets appâtés par des aliments osent approcher les plongeurs. On évitera toutefois de succomber à cette tentation, dans l'intérêt même des poissons, cette habitude s'avérant préjudiciable (élévation du taux de cholestérol, prise de poids).

Acclim.: impossible.

Epibulus insidador
(Pallas, 1770)
Labre à long museau, épibule trompeur

Descript.: adultes vers 35 cm. Morphologie massive, dos assez arqué. Livrée variable: juvéniles de faibles dimensions à dominante brune et fines lignes blanches; subadultes et ♀ à dominante brune ou jaune vif et taches sombres, parfois des bandes, portées par une partie des grandes écailles; ♂ secondaires dans des tons sombres et écailles ourlées de noir; ces lisérés s'agencent en un motif réticulé à mailles larges. Tête très contrastée, colorée de blanc; une raie longitudinale noire joint l'oeil à la bordure postérieure des opercules; partie antérieure du dos orange à jaune; livrée variable en fonction de l'état émotionnel des sujets.

Conf.: néant; il semble que le genre se compose d'une seconde espèce aux coloris identiques, découverte dans la région des îles Palau, en plein Pacifique.

Biot.: divers domaines récifaux caractérisés à forte croissance corallienne. De la surface jusqu'à au moins une quarantaine de mètres de profondeur. Mer Rouge et Indo-Pacifique, Maldives incluses.

Biol.: l'épibule trompeur se nourrit pour l'essentiel de petits poissons, de crabes, de crevettes. Ces labres jouissent de l'étonnante faculté de déployer en un clin d'oeil leur gueule fortement protractile, tubulaire, qu'ils peuvent projeter à une distance équivalente à la moitié de leur propre longueur. En fondant sur leurs proies, ce réflexe leur permet littéralement de les «aspirer». Cette stratégie d'attaque leur épargne les délicates manoeuvres d'approche qu'accomplissent les autres espèces. Au repos, la gueule protractile tubulaire est parfaitement repliée sur elle-même; un observation attentive ne laisse discerner que quelques replis supplémentaires par rapport à un labre «normal».

Acclim.: mêmes préconisations qu'à propos de *C. abudjubbe* (labre d'Abudjubbe).

Novaculichthys taeniourus
(Lacépède, 1801)
Labre-rasoir masqué, rason algue

Descript.: adultes : 30 cm. Morphologie longiligne, ligne frontale abrupte ; juvéniles (en incrustation) à 2 rayons dorsaux plus longs. Livrée à dominante grise et brun foncé ; écailles dotées d'une tache claire ; sujets de grandes dimensions à tête grise et corps vert olive. Appendice caudal marqué d'une bande verticale blanche. Juvéniles à dominante brune, rouge ou brune et taches blanches irrégulières, le plus souvent organisées en quatre à cinq alignements verticaux.
Conf.: néant ; le genre *Novaculichthys* comprend 2 autres espèces.
Biot.: lagunes, platiers et plateaux récifaux, récifs externes, à fonds mixtes, composés de sable et de débris coralliens, souvent exposés à un léger courant. De la surface jusqu'à plus une quarantaine de mètres de profondeur. Mer Rouge et Indo-Pacifique, Maldives incluses.
Biol.: les juvéniles sont souvent solitaires ; par la suite, ils tendent à former des couples.

Le régime alimentaire se compose de gastéropodes et lamellibranches, d'oursins, d'astéries, de polychètes et de crabes ; pour les capturer, ils retournent ou poussent des roches ou des squelettes coralliens. Il est même courant d'observer une répartition des rôles entre 2 partenaires : l'un soulève une pierre, l'autre collecte les proies. Les juvéniles imitent des feuilles et leur mouvement, se balançant d'avant en arrière au gré des vagues. Ce mimétisme leur confère une meilleure protection contre leurs prédateurs, et facilitent l'approche discrète des proies. A l'instar des rasons ou labres-rasoir du genre *Xyrichthys*, ces poissons sont capables de s'enfouir quasi-instantanément tête la première dans le sable.
Acclim.: les juvéniles de l'espèce sont prisés des aquariophiles ; les adultes sont peu compatibles avec les conditions de la captivité.

Xyrichthys pavo
(Valenciennes, 1839)
Rason-paon

Descript.: adultes vers 40 cm. Corps comprimé latéralement, voûte dorsale assez arquée, ligne frontale abrupte ; les deux rayons dorsaux antérieurs forment une nageoire indépendante, développée chez les juvéniles en un prolongement d'aspect plumeux, orienté vers l'avant. Juvéniles < 6 cm à livrée d'un brun-vert au brun presque uniforme ; > 6 cm, cette livrée se complète de bandes ; à une taille de 14 cm, livrée à dominante grise teintée de jaune et 4 bandes verticales sombres, ou bleutées, complétée de plusieurs bandes bleu vif au niveau de la tête ; nageoires à liséré dans les mêmes teintes.
Conf.: genre composé d'une vingtaine d'espèces, la majorité distribuée dans l'Indo-Pacifique.
Biot.: toujours sur de vastes surfaces sablonneuses. Juvéniles dès le voisinage de la surface ; les adultes ne se rencontrent que rarement en-deçà de 20 mètres de profondeur, jusqu'à plus de 100 mètres. Mer Rouge et Indo-Pacifique, Maldives incluses.
Biol.: à l'instar de la majorité des espèces, ces poissons, en cas de danger, s'enfouissent tête la première dans le sable. Les juvéniles de petite taille se déplacent couramment sur le flanc, imitant le balancement d'une feuille au gré de la houle, aidés par les coloris de leur livrée. Chez de nombreuses espèces de ce genre, les ♀ présentent une particularité : au pourtour de la zone ovarienne, la paroi ventrale est transparente, mais les écailles voilent cette zone. Au fur et à mesure de la maturation des ovules, la paroi ventrale se distend, les écailles s'écartent et la coloration rouge des ovaires gorgés de sang transparaît. Plus le nombre d'oeufs est considérable, plus la zone rouge est visible et contrastée. Les ♀ avertissent ainsi les ♂ qu'elles sont prêtes à frayer.
Acclim.: incompatibles.

Pseudocheilinus evanidus
(Jordan & Evermann, 1903)
Labre nain strié

Descript.: taille adulte de l'ordre de 8 cm. Morphologie longiligne, à voûte dorsale légèrement arquée, zone céphalique comparativement longue et s'achevant en pointe. Livrée à dominante rouge-orangé, complétée de nombresues stries longitudinales fines, plus claires, cheminant le long des flancs. La tête comporte de chaque côté, en dessous des globes oculaires, une bande longitudinale blanche à blanche parée de reflets bleutés, bien contrastée, cheminant de la gueule à la bordure postérieure de l'opercule branchial. Les ♀ présentent des coloris plus insignifiants que les ♂.

Conf.: peu probables ; plus insignifiantes que les ♂, les ♀ peuvent éventuellement être confondues avec les ♀ d'autres espèces ; elle se distinguent néanmoins grâce aux stries nettement plus nombreuses que portent leurs flancs. Ce genre, distribué dans l'Indo-Pacifique, se compose de six espèces.

Biot.: généralement sur les zones récifales comportant des zones biodétritiques, composées de débris de squelettes coralliens. Entre 6 mètres et une vingtaine de mètres de profondeur, rarement jusqu'à plus de 40 mètres. Mer Rouge et Indo-pacifique, Maldives incluses.

Biol.: à l'instar d'autres représentants du genre *Pseudocheilinus*, ce petit labre, au comportement craintif et au mode de vie très furtif, passe la plupart du temps inaperçue. L'espèce se nourrit aux dépens de divers petits organismes invertébrés.

Acclim.: aucune donnée disponible à ce sujet.

Pseudocheilinus hexataenia
(Bleeker, 1857)
Labre nain à six lignes

Descript.: taille adulte de l'ordre de 10 cm, plus couramment moins. Morphologie plus ou moins longiligne ; les deux tiers supérieurs du corps sont alternativement colorés en violets-bleus et orange (déterminant 6 rayures longitudinales) ; le reste du corps est dans des tons rouge-orangé à brun orangé. Le «menton» comporte de nombreuses petites ponctuations rouges à rose. De chaque côté du pédoncule caudal, à la partie supérieure, on note la présence d'un ocelle noir parfois ourlé de blanc. Les ♀ arborent des coloris plus insignifiants que les ♂.

Conf.: coloration et mode de vie caratéristiques, excluant les confusions.

Biot.: les sujets recherchent presque toujours la protection de colonies de coraux ramifiés vivants de diverses espèces, sur divers domaines récifaux. La plupart du temps entre 2 mètres et environ 35 mètres de profondeur. Mer Rouge et Indo-pacifique, Maldives incluses.

Biol.: bien que cette espèce soit probablement le représentant le plus fréquent du genre *Pseudocheilinus*, elle aussi passe le plus souvent inaperçue. Cette discrétion s'explique d'une part grâce aux proportions modestes des sujets et par son mode de vie furtif, au beau milieu des «buissons» coralliens. D'autre part, le labre nain à six lignes est un poissons excessivement craintif. Son régime alimentaire se compose essentiellement de divers petits crustacés.

Acclim.: aucune donnée disponible à ce sujet.

Paracheilinus octotaenia
(Fourmanoir, 1955)
Labre nain de la Mer Rouge à huit lignes

Descript.: taille adulte de l'ordre de 9 cm. Morphologie longiligne, caractérisée par une partie céphalique courte et arrondie. Le dimorphisme sexuel est bien marqué : les ♂ sont dominante rouge-orangée, complétée de huit rayures longitudinales fines, colorées en bleu à violet, ornant les flancs. Les nageoires dorsale, anale et caudale sont d'un rouge vif, comportant un fin liséré de bordure bleu à violet. Les ♀ arboent des coloris plus insignifiants.

Conf.: plus insignifiantes que les ♂ et de dimensions plus modestes, les ♀ peuvent éventuellement confondues avec celles d'autres espèces membres du genre *Pseudocheilinus*; elle se distinguent néanmoins grâce à leur tête moins allongée, moins pointue, et au contraire plutôt courte, aux contours plus arrondis.

Biot.: diverses zones récifales. Le plus souvent entre 2 et approximativement 25 mètres de profondeur, plus rarement jusqu'à 50 mètres. Mer Rouge.

Biol.: au menu de l'espèce figurent principalement de petits crustacés benthiques, ainsi que des mollusques, des échinodermes, des couvains de poissons et de petites crevettes planctoniques. Ces poissons se rencontrent presque toujours en communautés plus ou moins importantes qui parcourent le récif. Les ♂ s'octroient généralement un territoire, sur lequel vit également un harem de ♀, qu'ils défendent contre l'intrusion de congénères ♂. C'est au cours des parades nuptiales et lors de combats contre des rivaux que les mâles déploient leurs plus beaux atours.

Acclim.: aucune publication à ce sujet.

Gomphosus caeruleus
(Lacépède, 1801)
Labre-oiseau, labre prince

Descript.: adultes vers 28 cm. Morphologie longiligne ; dès 8-10 cm, les sujets développent un museau allongé, en forme de bec d'oiseau. En phase initiale, livrée à dominante jaune, une ponctuation noire marquant chaque écaille ; caudale de forme arrondie. En phase terminale (♂ secondaires, en incrustation), livrée à dominante bleu foncé à bleu-vert ; bordure externe des nageoires dorsale, caudale et anale colorée en jaune-vert à vert. Nageoire caudale échancrée, à profil falciforme.

Conf.: 2 sous-espèces répertoriées. Dans l'Océan Indien : *G.c. caeruleus* ; en Mer Rouge, c'est la sous-espèce *G. caeruleus klunzingeri* Klausewitz, 1962, qui est distribuée et se distingue par des coloris légèrement différents.

Dans le bassin oriental de l'Océan Indien et dans le Pacifique vit la seconde espèce composant le genre *Gomphosus* : *G. varius* Lacépède, 1801, dont la livrée est très similaire.

Biot.: diverses zones récifales à forte croissance corallienne. Entre 6 et au moins une trentaine de mètres de profondeur. Mer Rouge et Océan Indien, Maldives inclus.

Biol.: d'un tempérament le plus souvent solitaire, l'espèce se rencontre occasionnellement en couples. Son régime alimentaire se compose essentiellement de petits crustacés benthiques, mais également d'astéries, de mollusques et de poissons. Ils utilisent leur long bec d'oiseau pour extirper leurs proies des anfractuosités les pus étroites, très souvent de l'entrelac des ramifications de colonies coralliennes buissonnantes, comme à l'aide d'une pincette. Grâce à cet accessoire, ils accèdent à tout un arsenal de ressources alimentaires largement hors de portée de la majorité des autres poissons.

Acclim.: sous réserves. Les labres-princes sont en effet des hôtes délicats, qui requièrent de grandes capacités.

Anampses meleagrides
(Valenciennes, 1839)
Labre à queue jaune

Descript. : taille adulte de l'ordre de 22 cm. Morphologie longiligne. ♀ (voir photo) à dominante brun foncé à noire et nombreuses petites ponctuations au niveau de la tête et du corps (une par écaille) ; extrémité du museau de couleur brune tirant sur le rouge, nageoire caudale jaune. ♂ à dominante brun-orangé foncé à violet foncé et petites ponctuations bleues, irrégulières, sur la tête et le corps, parfois plus allongées verticalement ; nageoires dorsale et anale de couleur brun-orangé et bandes longitudinales bleues ; nageoire caudale orange, ponctuée de bleue, limitée en arrière par une bande bleue.

Conf. : unique espèce à arborer une livrée telle que décrite ci-dessus, ainsi qu'une nageoire caudale intégralement jaune chez les ♀.

Biot. : diverses zones récifales, comportant des fonds mixtes, à base de coraux, de débris de squelettes et de sable. Généralement entre 4 et une soixantaine de mètres de profondeur. Mer Rouge et Indo-Pacifique, Maldives incluses.

Biol. : les sujets se rencontrent tantôt solitaires, tantôt en couples, tantôt encore en communautés, composées d'un nombre limité d'individus, parcourant le récif. Les ♂ de l'espèce furent longtemps considérés comme une espèce à part entière, baptisée *A. amboinensis* (labre d'Amboine). Le régime alimentaire est à base de divers crustacés, de mollusques et de polychètes.

Acclim. : les représentants de ce genre sont réputés faciles à acclimater, mais on veillera à ne pas les associer à des espèces trop remuantes. Comme ils s'enfouissent de nuit dans le sable, il faut prévoir un substrat d'une épaisseur conséquente. L'alimentation ne pose généralement aucun problème, ces poissons s'adaptant même à la nourriture en flocons.

Anampses twistii
(Bleeker, 1856)
Labre à poitrine jaune

Descript.: taille adulte de l'ordre de 18 cm. Morphologie longiligne. Chez les deux sexes, la livrée est à dominante brune, comportant de nombreuses petites ponctuations sombres, cerclées de bleu clair, au niveau de la tête et du corps; la moitié inférieure de la tête et la région pectorale sont colorées en jaune vif. L'extrémité postérieure des nageoires dorsale et anale comporte un ocelle de grand diamètre, de couleur noire à brun foncé, cerclée d'un anneau bleu clair.

Conf.: néant. Le genre *Anampses*, qui se compose en tout de 13 espèces, se limite dans sa distribution à l'Indo-Pacifique. Les labres *Anampses* se différencient des autres labres par la présence d'une paire de petites dents, apparentes sous les replis labiaux supérieur et inférieur.

Biot.: diverses zones récifales, généralement protégées, sur des fonds mixtes, composés de coraux, de débris de squelettes et de sable. Depuis les eaux superficielles et jusqu'à une trentaine de mètres de profondeur. Mer Rouge et Indo-Pacifique, Maldives incluses.

Biol.: chez cette espèce, la livrée varie peu au cours du développement et en fonction du sexe. La majorité des espèces membres de ce genre montrent néanmoins un dimorphisme sexuel très affirmé par leurs coloris. La phase initiale correspond à des juvéniles et à des ♀. La phase terminale se compose de ♂, issus de ♀ après mutation sexuelle. Dans l'état actuel des connaissances, toutes les espèces s'enfouissent dans les fonds sableux pour passer leur repos nocturne.

Acclim.: lire les informations fournies à propos de *A. meleagrides*.

Coris aygula
(Lacépède, 1801)
Labre-clown, labre-peigne

Descript. : adultes vers 120 cm, en moyenne considérablement moins. Morphologie longiligne (juvéniles et ♀) ; ♂ secondaires à dos relativement élevé et arqué ; on note la présence d'une bosse frontale affirmée. En phase initiale, livrée à dominante beige à vert clair dans le tiers antérieur, constellée de petites taches noires ou rouges à rouge foncé, limité postérieurement par une bande verticale claire. Partie postérieure plus foncée (dans les tons verts à écailles bordées de sombre). ♂ secondaires (photo ci-dessus) colorés en bleu-vert foncé, avec 1 ou 2 bandes verticales claires dans le milieu des flancs. Juvéniles (en incrustation) à dominante blanche et petites ponctuations noires dans le tiers antérieur, et deux taches demi-circulaires orange, au niveau du dos, elles-mêmes surmontées, dans la nageoire dorsale, d'un grand ocelle de couleur noire.

Conf. : néant. Genre composé d'une vingtaine d'espèces, dont une seule distribuée dans l'Atlantique oriental et la Méditerranée. Toutes les autres sont implantées dans l'Indo-Pacifique.

Biot. : diverses zones récifales. Depuis le voisinage de la surface jusqu'à une trentaine de mètres de profondeur. Mer Rouge et Indo-Pacifique, Maldives incluses.

Biol. : comme chez la plupart des espèces du genre *Coris*, ces poissons connaissent une spectaculaire mutation chromatique au cours de leur développement et lors de la mutation sexuelle. Le régime alimentaire se compose principalement d'invertébrés à carapace dure, tels que des mollusques gastéropodes, des pagures, des crabes, des oursins. Dotés d'une denture puissante et proéminente, ils n'hésitent pas à retourner pierres et squeletes coralliens pour y déloger leurs proies potentielles.

Acclim. : les sujets, de dimensions imposantes, sont difficilement acclimatables.

Coris caudimacula
(Quoy & Gaimard, 1834)
Girelle à tache caudale

Descript.: taille adulte de l'ordre de 20 cm. Morphologie longiligne On note des différences de livrée liées au sexe, mais dans une moindre mesure que chez les autres espèces de labres *Coris*. Livrée variable, notamment en fonction de l'habitat. La moitié supérieure du corps comporte souvent un motif à base de bandes verticales alternativement sombres et larges, puis claires et étroites, interrompues par une raie longitudinale étroite, très claire, qui chemine juste en dessous de la nageoire dorsale. La moitié inférieure est plus claire, dans les tons jaune-orangé à verts tirant sur le jaune, complétée d'une raie longitudinale rose saumon à orange, discontinue à l'arrière du corps. La bordure postérieure des opercules comporte une petite tache noire. De chaque côté du pédoncule caudal, une tache noire de diamètre variable, souvent diffuse, est visible. Chez les sujets initiaux, la dominante se situe plutôt dans les tons rouge-orangé, mais dans les tons verts-jaunes à violets-bleus chez les ♂ secondaires.

Conf.: néant. L'espèce se distingue des autres labres grâce à la tache noire marquant l'appendice caudal, à l'origine du nom d'espèce, ainsi qu'à la présence d'une autre tache de même couleur à la bordure postérieure des opercules.

Biot.: diverses zones récifales. Généralement entre 3 et approx. 25 mètres de profondeur. Mer Rouge et Océan Indien, Maldives incluses.

Biol.: l'espèce, qui évolue en solitaire ou en petites communautés, se nourrit de petits invertébrés, tels que des crustacés, des lamellibranches, des gastéropodes, des polychètes et d'autres organismes.

Acclim.: l'espèce s'acclimate assez bien en captivité, mais requiert néanmoins un vaste espace d'évolution, ainsi qu'un substrat autorisant l'enfouissement des sujets en phase nocturne.

Coris frerei
(Günther, 1866)
Coris reine

Descript.: adultes : 60 cm. Morphologie longiligne. Sujets en phase initiale (en haut à droite) à dominante brune à grise-brune et petites ponctuations noires ; tête jaune-orangé et rayures bleu clair. ♂ secondaires (cliché ci-dessus à guche) à dominante de tons rouges ou lavande, quelques bandes verticales et de nombreuses petites ponctuations, de couleur verte à bleu-vert. Bordure postérieure de la caudale orange à rouge. Juvéniles (cliché du bas, côté gauche) à dominante orange, complétée de 5 bandes verticales ou taches blanches, bordées d'un liséré sombre, et d'un ocelle sombre, visible au niveau de la nageoire dorsale.

Conf.: possibles pour les juvéniles avec ceux d'une espèce à la livrée très ressemblante : *C. gaimard* (Quoy & Gaimard, 1824), ou coris bariolé, illustré ci-dessus (cliché du bas, à droite), une quarantaine de cm l'âge adulte et qui est distribuée en Mer Rouge et dans l'Indo-Pacifique, Maldives incluses. Les coris bariolés juvéniles se distinguent toutefois principalement par leur seconde barre ou tache verticale blanche limitée au bord supérieur du globe oculaire, et non jusqu'au-dessus du niveau médian de l'oeil ; par ailleurs, la nageoire dorsale est dépourvue d'ocelle noir dans sa région médiane.

Biot.: diverses zones récifales. Généralement entre 2 et une cinquantaine de mètres de profondeur. Océan Indien, Maldives incluses ; distribution très discontinue sur cet archipel : l'espèce, très fréquente dans l'atoll Nord-Male, est par exemple absente de la zone septentrionale de l'atoll Ari.

Biol.: l'espèce se nourrit aux dépens de divers petits invertébrés à carapace rigide, et évolue la plupart du temps en solitaire, rarement en petites communautés.

Acclim.: les sujets, de dimensions imposantes, sont difficilement acclimatables.

Halichoeres cosmetus
(Randall & Smith, 1982)
Labre décoré

Descript.: taille adulte de l'ordre de 13 cm. Morphologie longiligne. Coloration alternativement grise et verte à grise et bleue, complétée d'une raie longitudinale orange à rose saumon, partiellement discontinue. En arrière de l'oeil, on note la présence d'une petite tache noire à brune, étirée verticalement. La nageoire dorsale comporte 2, parfois 3 ocelles noirs (chez les sujets de la phase initiale); chez les sujets de grande taille (phase terminale), ces ocelles sont parfois de couleur rouge (ci-dessus en incrustation)

Conf.: l'espèce n'est pas sans rappeler *H. ornatissimus* (Garett, 1863), le labre orné, distribué dans l'Océan Indien oriental et le Pacifique occidental. Les sujets de l'espèce implantée dans le Pacifique occidental, *H. biocellatus* Schultz, 1960, les labres à deux taches, en phase initiale, présentent une livrée similaire. Ces deux espèces n'étant pas distribuée sur la même aire que *H. cosmetus*, les confusions sont exclues.

Biot.: diverses zones récifales, caractérisées par un vaste réseau de cachettes. Généralement entre 5 et une trentaine de mètres de profondeur. Océan Indien occidental, Maldives incluses.

Biol.: ce petit labre, doté d'une livrée attrayante, est relativement abondant dans l'archipel des Maldives. Le nom scientifique d'espèce, «cosmetus», du grec signifiant «orné, décoré», est une allusion directe aux coloris qu'arbore ce poisson.

Acclim.: aucune référence à ce sujet.

Halichoeres hortulanus
(Lacépède, 1801)
Labre échiquier

Descript.: taille adulte de l'ordre de 30 cm. Morphologie longiligne. ♀ (phase initiale) à dominante blanche; chaque écaille comporte un étroit tiret vertical noir ou deux ponctuations noires superposées; dos comportant une tache jaune, immédiatement suivie d'une grande tache noire. ♂ (phase terminale) très ressemblants, mais dominante de tons pâles de vert ou de bleu; motif bleu foncé en échiquier plus affirmé. Tête ornée d'un motif rose à orangé; nageoire caudale jaune-orangé. Juvéniles (ci-dessus en incrustation) à marbrures alternativement claires et sombres et un ocelle noir, cerné de jaune dans la dorsale.
Conf.: néant.
Biot.: diverses zones récifales; les juvéniles fréquentent les régions riches en cachettes; les adultes affectionnent les vastes étendues sablonneuses. Entre 5 et au moins une trentaine de mètres de profondeur. Mer Rouge, Indo-Pacifique, Maldives incluses.

Biol.: l'espèce se nourrit principalement aux dépens de petits gastéropodes vivant dans le sable, et dans une moindre mesure de lamellibranches, de pagures, de polychètes, sans oublier de petits poissons. Ils évoluent le plus souvent en solitaires sans faire preuve de la moindre craintivité, pratiquement en perpétuel mouvement. L'une des techniques de quête alimentaire, commune à d'autres poissons tels que le labre zigzag *H. scapularis*, consiste fréquemment à s'associer à des mullidés, pour happer les particules mises en suspension par leur fouissage. Ce type d'association à finalité alimentaire, qui porte le nom de commensalisme, ne cause à l'hôte, à savoir le mullidé, aucun préjudice, et s'assimile donc à une carpose.
Acclim.: poissons imposants, peu compatibles avec les conditions de la captivité.

Halichoeres leucoxanthus
(Randall & Smith, 1982)
Labre-canari à points noirs

Descript.: adultes vers 12 cm. Morphologie longiligne. Les deux sexes sont quasiment identiques. Moitié supérieure d'un jaune soutenu; moitié inférieure blanche. Nageoire dorsale et appendice caudal à 3 ocelles noirs. Juvéniles entièrement jaunes eux aussi comportant des ocelles.

Conf.: *H. chrysus* Randall, 1980, ou labre canari, distribué dans le Pacifique central, possède une livrée quasiment identique, mais les sujets sont entièrement jaunes. En outre, les ♂ secondaires de cette espèce perdent les ocelles ornant leur dorsale. Fort de 55 espèces, le genre *Halichoeres* semble l'un des plus importants au sein de la famille des labridés. Dans le seul bassin occidental de l'Océan Indien, on répertorie 15 espèces à part entière. Selon toute vraisemblance, tous les sujets en phase initiale, chez la plupart des espèces, sont sans exception des ♀, mais des recherches visant à confirmer cette hypothèse sont encore nécessaires. Compte-tenu du dichromisme sexuel, ainsi qu'entre adultes et juvéniles, de simples « variantes chromatiques » furent fréquemment assimilées à des espèces véritables.

Biot.: souvent aux abords de colonies coralliennes isolées sur des fonds sablonneux. Généralement entre une quinzaine et plus d'une cinquantaine de mètres de profondeur. Régions centrale et orientale de l'Océan Indien, Maldives incluses.

Biol.: l'espèce est normalement solitaire, évolue parfois en couples. Ils recherchent des proies de petites dimensions, qui composent leur régime alimentaire.

Acclim.: espèce au comportement craintif, farouche, les sujets ne doivent être associés qu'à d'autres poissons pacifiques. Ils requièrent une épaisseur de substrat sablonneux d'une épaisseur suffisante et des refuges abondants.

Halichoeres marginatus
(Rüppell, 1835)
Labre barré

Descript.: taille adulte de l'ordre de 17 cm. Morphologie longiligne. Les sujets de la phase initiale possèdent une livrée à dominante brun sombre, complétée de rayures longitudinales étroites, plus foncées encore. La nageoire dorsale arbore un ocelle noir. En phase terminale (♂ secondaires), la livrée est à dominante brune et jaune à brun orangé ; des ponctuations d'un bleu foncé marquent chaque écaille, lesquelles sont séparées les unes des autres par des plages de couleur verte. La tête comporte des raies longitudinales étroites, de couleur bleu foncé. Les nageoires anale et caudale sont vertes, et possèdent des motifs orange et bleus. Chez les juvéniles, la livrée est à dominante noire à brun foncé, complétée de 4 à 6 bandes longitudinales claires sur les flancs, partiellement discontinues, et d'un grand ocelle au niveau de la dorsale. Le spécimen ci-dessus se situe à un stade intermédiaire entre les phases initiale et terminale.

Conf.: néant.

Biot.: lagunes et récifs externes. Dès la surface et jusqu'à une trentaine de mètres de profondeur. Mer Rouge et Indo-Pacifique, Maldives incluses.

Biol.: contrairement au reste des espèces membres du genre *Halichoeres*, la phase initiale se compose aussi bien de ♀ que de ♂ (dits «primaires»). Les ♂ secondaires, de dimensions supérieures, contrôlent généralement un vaste territoire, accueillant plusieurs ♀, avec lesquelles ils fraient à intervalles réguliers. Au régime alimentaire de l'espèce figurent les crustacés les plus divers, des polychètes, des mollusques gastéropodes ou autres, des foraminifères, des oeufs de poissons.

Acclim.: aucune référence à ce sujet. Les préconisations sont vraisemblablement identiques à celles requises pour les autres espèces de labres.

Halichoeres scapularis
(Bennett, 1831)
Labre zigzag

Descript.: adultes vers 20 cm. Morphologie longiligne. Juvéniles et sujets initiaux à dominante blanche et une bande en zigzag noire sur les flancs. ♂ terminaux à dominante de tons verts à bleu pâle; bande en zigzag moins sombre que chez les sujets initiaux, qui vire progressivement au rose vers la caudale. Tête dans les tons verts, à motifs irréguliers de couleur rose, souvent aussi des plages jaunes. En Mer Rouge et dans le Golfe d'Aden, ♂ terminaux de proportions plus modestes, n'arborant que d'infimes différences de coloris avec les autres phases.

Conf.: livrée proche de celle de *H. trimaculatus* (Quoy & Gaimard, 1824), le labre à trois taches, originaire de la zone occidentale du Pacifique central, qui s'identifie à l'absence de rayures longitudinale en zigzag, ainsi qu'à une tache noire sur le pédoncule caudal.

Biot.: herbiers sous-marins et fonds sablonneux, en zones récifales protégées et lagunes. Entre la surface et quelques mètres de profondeur. Mer Rouge et Indo-Pacifique occidental, Maldives incluses.

Biol.: à l'instar de l'espèce précédente, la phase initiale de *H. scapularis* se compose aussi bien de ♀ que de ♂ primaires. On les observe fréquemment attirés par le nuage de sédiments soulevé par des mullidés en train de fouir pour se nourrir, cherchant à profiter de petites particules alimentaires mises en suspension en même temps que le sable. Ils vont jusqu'à inspecter soigneusement les cuvettes laissées dans le sable par le fouissement des mullidés pour tenter d'y trouver des particules comestibles. Ce type de comportement -association à des fins alimentaires- porte le nom de commensalisme, soit une forme de carpose, c'est-à-dire une association ne portant aucun préjudice au mullidé, assimilé à l'hôte.

Acclim.: aucune référence connue à ce sujet.

Hemigymnus fasciatus
(Bloch, 1792)
Tamarin à bandes noires

Descript. : adultes vers 50 cm, exceptionnellement jusqu'à 80 cm. Morphologie massive, à dos relativement arqué, élevé ; gueule cernée de replis labiaux épais et charnus. Livrée à dominante noire, et 5 bandes verticales étroites et claires ; tête dans des tons jaune pâle à vert clair, à raies irrégulières roses à orange, bordées de bleu. Chez les sujets les plus imposants, la coloration s'inverse : sur le cliché principal ci-dessus, les bandes verticales de la zone céphalique postérieure sont noires (et non claires), tandis que les autres zones sont claires (tons jaunes), et non noires.
Conf. : la seconde espèce composant ce genre, *Hemigymnus melapterus* (Bloch, 1791), le tamarin vert ou labre bicolore, 90 cm à l'âge adulte, se rencontre également en Mer Rouge et dans l'Indo-Pacifique, Maldives comprises. Toutefois, les livrées de ces deux espèces sont nettement distinctes. La région antérieure du corps est claire, et la région postérieure sombre (d'où le nom de labre bicolore).
Biot. : les adultes affectionnent la plupart du temps les zones du récif comportant des fonds sablonneux, biodétritiques et coralliens ; les juvéniles demeurent davantage à couvert, au sein de colonies coralliennes buissonnants. Entre la surface et au moins 18 mètres de profondeur. Mer Rouge et Indo-Pacifique, Maldives incluses.
Biol. : les juvéniles se nourrissent préférentiellement de crustacés planctoniques, tandis que les adultes se tournent principalement vers d'autres invertébrés benthiques. Ces proies, principalement collectées sur les fonds sablonneux, sont pour l'essentiel des crustacés, des polychètes, des astéries, des oursins, des mollusques et des foraminifères.
Acclim. : espèce imposante, difficilement acclimatable.

Hologymnus annulatus
(Lacépède, 1801)
Labre annelé

Descript.: taille adulte de l'ordre de 40 cm. Morphologie longiligne, caractérisée par des écailles de très petite taille. La livrée de la phase initiale est à dominante brune tirant sur le vert olive à brune, complétée de 18 à 19 bandes verticales au niveau des flancs, et d'une nageoire caudale ourlée en arrière d'un liséré blanc. En phase terminale (♂ secondaires), la livrée est à dominante bleu-vert, et les bandes verticales, colorées en bleu-foncé à violet, sont étroites et au nombre de vingt ; une bande verticale blanche, plus large au niveau du corps ; nageoires dorsale, caudale et anale bordées de bleu. Les juvéniles (cliché secondaire en incrustation) sont à dominante jaune, complétée d'une très large bande longitudinale dans les tons brun foncé à noir, s'étendant le long des flancs.
Conf.: il semble que les juvéniles ressemblent fortement à ceux d'une espèce de poisson-couvreur, *Malacanthus latovittatus* ou malacanthe bleu, qui fréquente également les fonds sablonneux. On suppose qu'il s'agit là d'une forme de mimétisme. Le genre se compose en tout de quatre espèces, distribuées dans l'Indo-Pacifique.
Biot.: le plus souvent aux abords de fonds sablonneux biodétritiques, rocheux et coralliens, mais également dans d'autres zones du récif. Généralement entre 3 et environ 25 mètres de profondeur. Mer Rouge et Indo-Pacifique, Maldives incluses.
Biol.: le labre annelé (parfois appelé « labre-brochet rayé ») a un comportement alimentaire essentiellement piscivore, sans toutefois dédaigner, dans une moindre mesure, les crustacés.
Acclim.: espèce incompatible avec les conditions de la captivité.

Macropharyngodon bipartitus
(Smith, 1957)
Labre vermiculé

Descript.: adultes: 13 cm. Morphologie longiligne, dos légèrement arqué. Phase initiale (en incrustation, sujet ♀) à dominante orange et nombreuses ponctuations irrégulières, blanches à bleu clair, constellant le corps. Zones pectorale et pelvienne noire, constellée de ponctuations ou de motifs réticulés, très irréguliers, colorés en bleu clair; tête dans les tons jaunes à blancs tirant sur le jaune, avec des taches dorées ou bleues claires, cernées de noir. Phase terminale (cliché principal, sujet ♂) d'un rouge-orangé sale et motifs à base de bandes ou de taches verts, cernés d'une zone plus foncée, au niveau de la tête et du corps.
Conf.: la population implantée en Mer Rouge se distingue entre autres par de légères différences de livrée chez les ♂; c'est sur la foi de ces différences qu'a été établie la sous-espèce correspondante: *M. b. marisrubi* Randall, 1978. Genre composé d'un total de 10 espèces, limitées dans leur distribution à l'Indo-Pacifique.
Biot.: divers domaines récifaux. La plupart du temps entre 2 et environ 25 mètres de profondeur. Mer Rouge et Océan Indien occidental, Maldives incluses.
Biol.: il semble que la phase initiale, chez cette espèce, soit exclusivement composée de ♀, à partir desquelles se développent les ♂ qui constitueront la phase terminale. Le nom de genre *Macropharyngodon* fait référence à la présence de deux dents développées, des deux côtés de la mâchoire supérieure, proéminentes surtout chez les ♂, au niveau des commissures des lèvres.
Acclim.: l'acclimatation de cette espèce, dotée d'une livrée attrayante est réputée relativement aisée; ces poissons peuvent notamment cohabiter avec des invertébrés. Il faut néanmoins signaler que l'on ne peut tenir simultanément qu'un ♂, qui sera associé à plusieurs ♀.

Thalassoma hardwickii
(Bennett, 1828-1830)
Girelle-paon à taches d'encre

Descript.: adultes vers 18 cm. Morphologie longiligne. Livrée à dominante jaune et verte (dans le cas des juvéniles, des ♀, des ♂ primaires) à bleue et verte (cas des ♂ secondaires), à 6 bandes verticales noires à brun foncé, dont la longueur diminue progressivement à mesure que l'on se dirige vers l'extrémité du corps. ♂ identifiables à la présence de cinq taches ou bandes roses autour des globes oculaires, ainsi qu'à une bande oculaire rose dans la moitié postérieure du milieu des flancs ; les bordures supérieure et inférieure de la nageoire caudale sont également roses. Notre cliché représente un ♂ en train d'acquérir tous les attributs de sa livrée.
Conf.: néant. La girelle-paon à quatre bandes noires *T. jansenii* (Bleeker, 1856), une vingtaine de cm à l'âge adulte, distribuée dans l'Indo-Pacifique, Maldives incluses et qui évolue jusqu'à une quinzaine de mètres de profondeur, possède des bandes verticales nettement plus larges et partiellement chevauchantes au niveau des flancs. En outre, les motifs esthétiques orange à roses au niveau de la tête chez *T. hardwickii* sont absents chez *T. jansenii*.
Biot.: lagunes et récifs externes à fonds mixtes : coralliens, biodétritiques et sablonneux, fréquemment à la périphérie du platier. Entre la surface et approximativement 25 mètres de profondeur. Indo-Pacifique, Maldives incluses.
Biol.: l'espèce possède un régime alimentaire très diversifié : crustacés benthiques et planctoniques, foraminifères, ainsi que des petits poissons.
Acclim.: les girelles-paons du genre *Thalassoma* sont d'infatigables nageurs ; même en cuves de très grands volumes, il est impossible de leur offrir un espace d'évolutions suffisant, impératif pour leur bien-être. Mieux vaut donc renoncer à l'acclimatation de ces poissons.

Thalassoma klunzingeri
(Fowler & Steinitz, 1956)
Girelle-paon de Klunzinger

Descript.: taille adulte de l'ordre de 20 cm. Morphologie longiligne. Livrée à base de divers tons pastel dans toutes leurs nuances. Dominante blanche à bleue tirant sur le vert et une bande longitudinale d'un orange soutenu, courant dans la zone médiane des flancs. Moitié supérieure du corps à raies verticales roses à violettes; dans la partie antérieure du corps, intersection de ces raies avec la bande longitudinale; dans la partie postérieure, elles s'arrêtent à son contact. Dos à raies longitudinales dans les mêmes tons. Sous la bande longitudianle orange, deux raies longitudinales dans des tons pâles de rose et de violet. Tête rose virant partiellement à l'orange, ornée de raies courbes vertes à vertes tirant sur le jaune. Nageoire caudale jaune; nageoire dorsale jaune, rayée longitudinalement en rose à orange; bordures supérieure et inférieure de la nageoire caudale de couleur rose à rouge-orangé. ♀ et ♂ primaires moins chatoyants, plus pâles.

Conf.: néant. *T. quinquevittatum*, la girelle-paon à raies rouges, est une espèce étroitement apparentée, à livrée ressemblante, mais non distribué en Mer Rouge.

Biot.: divers domaines récifaux. Dès la surface et jusqu'à une vingtaine de mètres de profondeur. Mer Rouge exclusivement.

Biol.: certains spécimens de *Th. klunzingeri* sont capables de se montrer très familiers envers l'homme, affectionnant d'évoluer un long moment autour des plongeurs ou au beau milieu des palanquées. Ils vont même jusqu'à se poster face au masque d'un plongeur et à demeurer quelques instants dans cette position, comme s'il y avait là quelque passionnnate découverte à faire.

Acclim.: préconisations identiques à celles fournies pour *Th. hardwickii*, la girelle-paon à taches d'encre.

Thalassoma lunare
(Linnaeus, 1758)
Girelle verte, labre à queue de lyre

Descript.: adultes vers 25 cm. Morphologie longiligne. Coloration des sujets initiaux (juvéniles, ♀ et ♂ primaires) à dominante verte et petites taches rouges, parfois en forme de barres verticales, sur les flancs; motifs roses à orange sur la tête. Nageoire pelviennes roses, bordées de bleu sombre; pédoncule caudal et nageoire caudale à bordure supérieure et inférieure rose. Sujets terminaux (♂ secondaires) plus intensément colorés, selon l'état émotionnel: dominante soutenue de tons verts à bleu foncé; motif sur la tête et le corps plus contrasté que chez les sujets initiaux. Nageoire caudale à 2 prolongements et une échancrure profonde qui lui confèrent une silhouette falciforme, d'un jaune saturé. Juvéniles à une tache noire dans la dorsale et de chaque côté du pédoncule caudal.
Conf.: néant.
Biot.: divers domaines récifaux, souvent en zones très agitées. Dès la surface et jusqu'à une vingtaine de mètres de profondeur. Mer Rouge et Indo-Pacifique, Maldives incluses.
Biol.: on rencontre parfois des communautés plus ou moins importantes de girelles vertes. Celles-ci sont habituellement formées d'un ♂ secondaire, à la livrée hautement colorée et au comportement territorial, entouré d'un nombre variable de sujets de la phase initiale. Ces poissons se nourrissent aux dépens de divers crustacés, d'oeufs de poissons et des pontes de divers mollusques gastéropodes. Ils pourchassent en outre de petits poissons. Par ailleurs, ils ne dédaignent pas de s'addonner régulièrement au déparasitage d'autres poissons, et peuvent même se montrer assez insistants à l'égard des plongeurs qu'ils rencontrent, car ils se montrent d'emblée résolument familiers à l'égard de l'homme.
Acclim.: se reporter aux préconisations fournies au sujet de *Th. hardwickii*.

Thalassoma quinquevittatum
(Lay & Bennett, 1839)
Girelle-paon à raies rouges

Descript.: taille adulte de l'ordre de 17 cm. Morphologie longiligne. Coloris très attrayants. La livrée des sujets de la phase initiale (en incrustation) est à dominante verte, complétée au niveau des flancs de deux raies longitudinales très irrégulières, de couleur rose à orange, partiellement reliées entre elles par de fines lignes verticales, faisant apparaître des motifs verticaux entre les raies longitudinales. La région céphalique est colorée en orange à rose, avec des bandes vertes à trajectoire courbe. Les sujets terminaux arborent une livrée à dominante jaune, virant au bleu turquoise au niveau de la tête et de la nageoire caudale. Raies longitudinales de couleur violette. La tête est elle aussi violette, ornée de raies courbes dans les tons verts à turquoise. Les juvéniles se distinguent par la présence d'une rangée de petites taches noires le long de l'insertion de la nageoire dorsale.
Conf.: néant. En Mer Rouge vit un labre étroitement apparenté, *Th. klunzingeri*, la girelle-paon de Klunzinger, aux coloris très semblables. Le genre se compose en tout de 22 espèces, dont quatre sont distribués dans l'Atlantique, trois dans le Pacifique oriental, le reste dans l'Indo-Pacifique.
Biot.: divers domaines récifaux, souvent dans des zones très agitées. Généralement au voisinage de la surface, rarement jusqu'à 18 mètres de profondeur. Indo-Pacifique, Maldives incluses.
Biol.: l'espèce se nourrit essentiellement de divers petits crustacés benthiques, mais également de poissons, de gastéropodes et d'échinodermes.
Acclim.: se reporter aux préconisations fournies au sujet de *Th. hardwickii*.

Labroides bicolor
(Fowler & Bean, 1928)
Labre-barbier bicolore

Descript.: adultes: 14 cm. Morphologie longiligne. Coloris très attrayants. ♀ à dominante grise; à l'avant de chaque flanc, 1 bande longitudinale noire; partie postérieure du corps et nageoire caudale blanches, tirant parfois sur le jaune. ♂ identifiables à leur tête et à la partie antérieure de leur corps bleues; une bande longitudinale noire à la partie antérieure des flancs; partie postérieure et caudale jaunes. Juvéniles à livrée composée de rayures jaunes et noires.
Conf.: genre composé de 5 espèces, distribuées dans l'Indo-Pacifique. La présente espèce possède une livrée aisément identifiable.
Biot.: divers domaines récifaux. Généralement entre 2 et au moins une quarantaine de mètres de profondeur. Mer Rouge et Indo-Pacifique, Maldives incluses.
Biol.: juvéniles et subadultes aux abords de surplombs rocheux ou d'autres sites «stratégiques» du récif; ils y établissent de véritables «cabinets de déparasitage» sédentaires; les adultes recherchent leurs clients en parcourant seuls ou en couples de grandes distances sur le récif. Ils examinent méticuleusement l'épiderme de leurs «clients», à la recherche d'ectoparasites, sans coup férir jusqu'à l'intérieur de la gueule grande ouverte de clients, parfois de grands prédateurs, de façon à éliminer les parasites fixés sur les branchies, à l'origine d'insupportables douleurs. Le bénéfice étant réciproque, on parle de symbiose au vrai sens du terme. Lire également les fiches relatives aux autres espèces de labres-barbiers.
Acclim.: le comportement de nettoyage s'observe aussi chez les sujets captifs, qui n'en tirent cependant plus l'essentiel de leur subsistance (comme c'est le cas en milieu naturel). L'adaptation aux aliments de substitution (type *Artemia salina* et aliments secs en flocons) s'avère parfois critique.

Labroides dimidiatus
(Valenciennes, 1839)
Labre-barbier (nettoyeur) commun

Descript.: adultes vers 11,5 cm. Morphologie longiligne, orifice buccal terminal. Dominante grise et jaune (partie antérieure) à bleu clair (partie postérieure), une bande longitudinale noire le long des flancs. Juvéniles à dominante noire et une raie longitudinale bleu soutenu sur les flancs.
Conf.: *L. dimidiatus* est l'espèce la mieux connue et la plus répandue de ce genre. Des confusions avec *Aspidontus taenitus*, le faux-nettoyeur, ne sont jamais exclues: il possède une livrée quasiment identique. Il s'agit pourtant non d'un labre mais d'une blennie, dotée d'incisives longues et acérées, identifiable essentiellement à son orifice buccal plus large et infère (et non terminal), caractère facile à constater.
Biot.: pratiquement toutes les zones des récifs coralliens. De la surface à plus d'une quarantaine de mètres de profondeur. Mer Rouge et Indo-Pacifique, Maldives incluses.
Biol.: les couples animent de véritables «cabinets de déparasitage», établis en des points stratégiques: promontoires, surplombs. Une sorte de danse codifiée invite les «clients» potentiels à adopter une attitude de déparasitage caractéristique et à se laisser nettoyer passivement. L'influence de cette activité sur l'hygiène et l'état sanitaire des poissons coralliens est loin d'être négligeable; des espèces hauturières fréquentent elles aussi les cabinets de nettoyage du biotope corallien, pour s'y faire «suivre». *A. taeniatus*, une blennie aux dents acérées, imite ce labre par ses coloris mimétiques et en «copiant» son comportement d'approche, avec pour but d'arracher à ses victimes des fragments de nageoire et d'épiderme. Lire la rubrique «biologie» des fiches consacrées aux autres espèces de labres-barbiers.
Acclim.: les sujets s'acclimatent bien, et s'adaptent bien aux aliments de substitution.

Labropsis xanthonota
(Fowler & Bean, 1928)
Labre à queue en ciseaux

Descript.: adultes vers 12 cm. Morphologie longiligne. Juvéniles à dominante noire et quelques fines raies longitudinales blanches. ♀ à région dorsale jaune. Chez les ♂, chaque écaille porte une tache jaune vif; tête à raies bleues; nageoire caudale à une tache cunéiforme, d'une couleur variant du bleu clair au blanc.
Conf.: néant.
Biot.: lagunes à faune corallienne dense et récifs externes. Généralement entre 7 et approximativement 55 mètres de profondeur. Indo-Pacifique, Maldives incluses.
Biol.: l'espèce demeure relativement rare, évoluant la plupart du temps en solitaire. Seuls les juvéniles pratiquent le déparasitage d'autres poissons, à l'instar de l'espèce précédente. Quant aux adultes, ils sont principalement corallophages.
Acclim.: déconseillée; l'espèce est inféodée à un régime alimentaire particulier.

Larabicus quadrilineatus
(Rüppell, 1835)
Labre-barbier de la Mer Rouge
(en incrustation)

Descript.: taille adulte de l'ordre de 11,5 cm. Morphologie longiligne. Chez les ♀ et les juvéniles, la livrée est à dominante bleu foncé, complétée de deux raies longitudinales d'un bleu saturé cheminant le long des flancs; ces raies longitudinales disparaissent chez les ♂; ceux-ci se parent toutefois d'une raie bleue ondulée soulignant les globes oculaires.
Conf.: néant. Le genre est monospécifique.
Biot.: divers domaines récifaux. Dès le voisinage de la surface. Mer Rouge et Golfe d'Aden.
Biol.: seuls les juvéniles pratiquent le déparasitage d'autres poissons. Les adultes paraissent essentiellement corallophages.
Acclim.: aucune référence connue à ce sujet.

Famille des scaridés (poissons-perroquets)

Proche parents, scaridés et labridés ne formaient il y peu qu'une entité. Actuellement, les scaridés sont individualisés en une famille distincte, subdivisée en deux sous-familles, soit env. 80 espèces, distribuées dans toutes les mers tropicales et subtropicales du globe. Un corps puissant et recouvert d'écailles assez grandes, souvent richement coloré, les caractérisent. C'est au moins partiellement à ces somptueux coloris qu'ils doivent leur nom familier. Il a également pour origine une denture dont l'aspect évoque un bec de perroquet, caractère qui les distingue sans ambiguïté des labridés, en dépit de leur étroite parenté. Elle se compose de dents souvent raréfiées, en forme de plaques qui sont soudées entre elles, constituant un critère essentiel d'identification du genre, voire de l'espèce. A l'instar des labridés, tous possèdent une dorsale longue, d'un seul tenant. La proximité de ces deux familles se traduit également par la locomotion dite « labriforme » pratiquée par les scaridés, et par une phase de mutation sexuelle dans le sens ♀ vers ♂, laquelle s'accompagne presque toujours d'une spectaculaire métamorphose chromatique. Compte-tenu de l'existence de livrées juvéniles, le nombre réel d'espèces fut longtemps surestimé. Outre les livrées propres aux juvéniles, aux ♀ et aux ♂, il existe toute une série d'écotypes et d'intermédiaires, si bien qu'en dépit d'un nombre relativement limité d'espèces, la livrée ne constitue pas un critère d'identification infaillible. Principalement algivores, ils râclent les algues à l'aide de leur denture, qui leur sert également à broyer les éléments calcaires, ensuite rejetés sous forme pulvérisée. De par leur comportement alimentaire et les dimensions qu'ils acquièrent, les scaridés supportent mal l'acclimatation.

Cetoscarus bicolor
(Rüppell, 1829)
Perroquet bicolore

Descript.: adultes : 90 cm. Morphologie puissante, écailles de grandes dimensions. Adultes identifiables à leur caudale très échancrée, en demi-lune. Livrée initiale (♀ et ♂ primaires, en incrustation ci-contre à gauche) à dominante de vert tirant sur le brun ; écailles ourlées de noir, à ponctuations sombres, dos jaune à jaune tirant sur le gris, tête souvent brune à nuances de rouge. Livrée terminale (♂ secondaires, cliché principal) à dominante bleu-vert, écailles à ourlet orange ou rose et ponctuations dans les mêmes teintes sur la tête et l'avant du corps. Juvéniles (ci-dessus en incrustation) colorés en blanc à beige avec une large bande verticale orange en forme de masque traversant la tête, limitée en arrière et en avant par un liséré noir ; dorsale à une tache noire bordée d'orange ; deux zones orange visibles sur la caudale.

Conf.: tous les stades de développement aisément identifiables.

Biot.: lagunes claires et récifs externes. De la surface à au moins une trentaine de mètres de profondeur. Mer Rouge et Indo-Pacifique, Maldives incluses.

Biol.: les juvéniles affectionnent les abords des coraux qui leu servent de refuge, un comportement assez atypique chez les scaridés. Les ♂ adultes manifestent un fort instinct de territorialité, mais s'entourent presque toujours d'une ou plusieurs ♀, paraissant affectionner les zones supérieures de tombants coralliens abrupts. Excessivement craintifs, méfiants, ils restent difficiles à photographier. De nuit, ils se dissimulent au sein d'anfractuosités rocheuses, souvent la même plusieurs fois consécutives, sur des périodes assez importantes, mais ne se protègent pas à l'intérieur d'un cocon mucilagineux. La livrée nocturne (cliché principal ci-contre) est souvent plus colorée que la livrée diurne.

Hipposcarus harid
(Forsskål, 1775)
Perroquet jaune, perroquet à longue tête

Descript. : adultes vers 75 cm. Morphologie puissante, à tête nettement pointue. Denture entièrement ou presque entièrement recouverte par les replis labiaux. Caudale toujours échancrée en demi-lune ; extrémités supérieure et inférieure toujours notablement développées en longueur chez les ♂ terminaux. Livrée initiale (en incrustation) à brun clair à beige clair, virant progressivement au blanc dans la région ventrale ; nageoires bleu et jaune pâle, souvent ourlées de bleu clair vif. ♂ terminaux (cliché principal) à livrée verte et écailles bordées d'orange à rose (hormis au niveau des pelviennes et pectorales) ; tête et avant du corps partiellement colorés d'orange pâle ; nageoires teintées de jaune-orangé à rose, bordées d'un liséré bleu vif ; motifs bleus ; la zone médiane de la caudale presque entièrement bleue.

Conf. : *H. longiceps* (Valenciennes, 1839), dont l'aire de distribution correspond à la bordure occidentale du Pacifique central, est très ressemblante, mais se différencie aisément de *H. scarid* tant par ses coloris que par une série de critères morphologiques. Tout risque de confusion est d'emblée exclu : les aires de distributions de ces deux espèces sont indépendantes.

Biot. : le plus souvent dans les zones récifales protégées (lagunes), fréquemment sur des fonds sablonneux aux abords du récif. Dès le voisinage de la surface. Mer Rouge et Océan Indien, Maldives incluses.

Biol. : petites communautés composées d'un ♂ terminal flanqué de quelques individus plus modestes, arborant une livrée initiale. De nuit, ils se posent à même le sol, simplement appuyés contre un bloc corallien ou rocheux (ci-dessus), se réfugient parfois à l'intérieur d'anfractuosités rocheuses, mais ne s'enveloppent jamais d'un cocon de mucus.

Scarus ferrugineus
(Rüppell, 1829)
Perroquet rouille

Descript.: adultes vers 41 cm. ♀, à caudale généralement légèrement arrondie, s'achèvant en haut et en bas par de courts prolongements filamenteux chez les ♂. ♀ (en incrustation) à dominante fauve à brune et raies verticales brun foncé, évoluant progressivement vers le jaune vif dans la région caudale. ♂ (cliché principal) à région céphalique orange tirant sur le jaune, à vert olive, et «masque» dans les tons bleu-vert, entre le museau et l'oeil; lèvre supérieure à raies roses à violettes; «bec» de couleur bleu foncé à bleu-vert. Ces coloris virent sur le corps au bleu-vert à bleu-violet; écailles bordées antérieurement d'un ourlet rose. Ecailles sur l'appendice caudal vertes. Nageoires dans les tons roses à violet clair, ourlées d'un liséré bleu à bleu tirant sur le vert.

Conf.: aucune confusion possible, tant en ce qui concerne les ♂ que les ♀.

Biot.: diverses zones récifales. Depuis la surface et au moins jusqu'à une soixantaine de mètres de profondeur. Mer Rouge et Golfe d'Aden.

Biol.: l'espèce correspond à l'un des perroquets les plus fréquents en Mer Rouge. Selon des recherches effectuées sur ces poissons, les populations seraient exclusivement composées de ♀ primaires et de ♂ secondaires. Les ♂ s'octroient des territoires d'un diamètre compris entre 20 et 50 mètres qui accueillent un harem de ♀. Des frais y sont observés, qui se déroulent en couples. Les perroquets rouille se dissimulent en phase nocturne à l'intérieur d'anfractuosités, sous des surplombs rocheux ou entre des colonies coralliennes massives; l'auteur n'a pu observer si les sujets s'entouraient d'un cocon protecteur de mucus.

Scarus frenatus
(Lacépède, 1802)
Perroquet feuille morte
(cliché principal)

Descript.: adultes vers 47 cm. Livrée initiale brun-jaune à fauve et 5-7 raies longitudinales sombres, visibles dans la région postérieure des flancs; nageoires pelvienne, anale, dorsale et caudale rouges à orange. ♂ terminaux à dominante verte et motifs brun orangé à vert olive, devenant prédominants dans la région supérieure de la tête. De chaque côté de la tête, une raie longitudinale verte exempte de tout motif souligne les globes oculaires et court du museau à l'insertion des pectorales. Bourrelet labial supérieur et menton à une bande dans les tons rose saumon à orange; pédoncule caudal et caudale dans les tons vert-bleuté vif, et une demi-lune bleue-violette ornant la caudale. Pectorales vertes, dotées d'une bande violette courant de l'insertion à l'extrémité.

Conf.: néant. Phase initiale de *S. tricolor* Bleeker, 1847 (ci-dessus en incrustation), le perroquet tricolore, au moins 40 cm à l'âge adulte, également distribuée dans les Maldives, comporte une certaine similitude avec la phase initiale de *S. frenatus*. Elle s'en distingue aisément grâce à se denture apparente et blanche, à ses écailles iridescentes, dans toutes les couleurs de l'arc-en-ciel.

Biot.: la plupart du temps sur les récifs externes; juvéniles cantonnés aux abords des coraux protecteurs ou des colonies mortes, dans les eaux claires des lagunes coralliennes. Dès 2 mètres et jusqu'à au moins 25 mètres de profondeur. Mer Rouge et Indo-Pacifique, Maldives incluses.

Biol.: cette espèce, de nuit, se protège en se nichant à l'intérieur de trous et d'anfractuosités; d'après les observations de l'auteur, ces poissons ne sécrètent jamais de cocon protecteur mucigineux pour se prémunir des prédateurs. En journée, ils évoluent généralement en solitaire.

Scarus ghobban
(Forsskål, 1775)
Perroquet souris, perroquet crème,
perroquet à écailles jaunes

Descript.: adultes vers 75 cm. Phase initiale (en incrustation) dans les tons jaunes à jaunes-orangés et taches bleues de diamètre variable sur chaque écaille; les plus larges s'agencent en 5 bandes verticales bleues, irrégulières; tête jaune à motifs bleus. Phase terminale (cliché principal) à dominante jaune-vert à verte, écailles à motifs bleu-vert, comme la tête et le museau; nageoires bordées de motifs d'un bleu soutenu.
Conf.: impossibles dans le cas de sujets initiaux. Les sujets terminaux ressemblent à *S. forsteni* (Bleeker, 1861), dont l'aire de distribution se limite à la frange occidentale du Pacifique central.
Biot.: diverses zones du récif superficiel, vastes étendues de sable, au sein de lagunes et de baies, souvent en eaux turbides. De la surface à env. 30 mètres de profondeur. Mer Rouge et Indo-Pacifique, Maldives incluses.
Biol.: cette espèce est le scaridé le plus largement distribué de l'Indo-Pacifique. Sujets de l'Océan Indien, surtout les ♂ terminaux, apparemment à livrée légèrement différente. Pas moins de 20 noms scientifiques ont été attribués à l'espèce, dont seul le premier reste toutefois en vigueur. Les juvéniles manifestent un tempérament grégaire, contrairement aux adultes, qui évoluent la plupart du temps en solitaires. Leur régime alimentaire se compose principalement de diverses algues, se développant en film à la surface du substrat, que les poissons râclent à l'aide de leur denture en forme de bec de perroquet. L'auteur a lui-même observé au cours de plongées nocturnes des spécimens endormis, nichés à l'intérieur d'anfractuosités, mais exempts de cocon mucilagineux, normalement destiné à la protection contre les agressions. Seuls les tons de leur livrée étaient plus voilés.

Scarus gibbus
(Rüppell, 1829)
Perroquet bossu de la Mer Rouge

Descript.: adultes vers 70 cm. ♂ terminaux (à gauche) dotés d'une gibbosité frontale affirmée. Phase initiale (en haut à droite), à dominante brune et jaune à brune et orange, évoluant dans le vert sur le ventre; écailles à bordue postérieure orange ou rouge clair; tiers inférieur de la tête et lèvre supérieure bleu-vert; globes oculaires cernés d'un anneau irrégulier bleu-vert; denture bleu-vert foncé, nageoires ourlées d'un liséré bleu. ♂ terminaux à dominante variable, du vert au violet-bleu; écailles marquées d'un tiret longitudinal rose à orange; ventre vert; tiers inférieur de la région céphalique et lèvre supérieure bleu-vert. Juvéniles brun foncé et 3 bandes longitudinales blanches à jaunes, sur la tête et le corps.

Conf.: une espèce très étroitement apparentée, *S. strongylocephalus* Bleeker, 1854, ou perroquet grand bleu, distribuée dans l'Océan Indien, Maldives incluses, fut longtemps considérée comme une sous-espèce de *S. gibbus*; chez le perroquet grand bleu, la phase initiale (en bas à gauche) est rouge. Des travaux plus récents sur cette espèce, 70 cm également à l'âge adulte, ont mis en évidence qu'il s'agissait d'une espèce distincte.

Biot.: en eaux claires, lagunes et diverses autres zones récifales. Entre 2 et plus de 35 mètres de profondeur. Mer Rouge exclusivement.

Biol.: peu après l'instauration de l'obscurité, les sujets produisent un « cocon » enveloppant leur corps. Cette substance, une sorte de mucus, est sécrétée par des glandes situées à la face inférieure des opercules; elle est excrétée par la même voie que l'eau de respiration, jusqu'à ce que le poisson en soit entièrement enrobé. Durant la nuit, il apporte une protection très efficace contre les agressions de prédateurs nocturnes, dont l'orientation se base sur l'odorat, tels que les murènes, par exemple.

Scarus niger
(Forsskål, 1775)
Perroquet brun

Descript.: adultes vers 40 cm. Phase initiale (en incrustation) brune tirant sur le rouge ; écailles des flancs grises à grises à reflets bleutés, à un point et/ou un motif sombre. Tête ornée de raies vert sombre, dans la région labiale et celle du menton ; denture bleutée à bleue-verte. Sujets terminaux (cliché principal) vert sombre. Ecailles à fine bordure postérieure rouge à violette ; certaines ponctuées dans des teintes identiques. Tête à rayures vertes, (comme en phase initiale), lèvres orange, une tache étirée longitudinalement, à contours irréguliers, vert sombre, en arrière des globes oculaires, s'achèvant chez certains sujets en une petite tache jaune vif. Juvéniles brun foncé, à petites taches bleu vif ; caudale dans les tons blancs, à sa base une bande blanche et une tache noire dans les zones supérieure et inférieure.
Conf.: néant. Contrairement à ce que l'on observe chez les populations implantées dans l'Océan Indien occidental et en Mer Rouge, il n'existerait chez les sujets originaires de l'Océan Indien oriental et du Pacifique qu'une seule variante chromatique, indépendante du sexe des individus, et qui ressemblerait à la phase terminale telle que décrite dans la rubrique ci-dessus.
Biot.: diverses zones du récif, caractérisées par une croissance corallienne active. Généralement entre 2 et une quinzaine de mètres de profondeur. Mer Rouge et Indo-Pacifique, Maldives incluses.
Biol.: selon les travaux scientifiques dont l'espèce a fait l'objet, tous les sujets de la phase initiale seraient des ♀, tous ceux de la phase terminale des ♂. En règle générale, les sujets sont de tempérament solitaire. Les ♂ s'entourent d'un harem, constitué d'un faible nombre de sujets. Le frai, d'après les observations réalisées en milieu naturel, est mené en couples.

Scarus rubroviolaceus
(Bleeker, 1847)
Perroquet prairie, perroquet lie de vin

Descript.: taille adulte de l'ordre de 66 cm. Les sujets adultes s'identifient toujours grâce à la présence d'une gibbosité, située au niveau du nez. Chez la phase initiale (cliché principal), la livrée est à dominante grise et jaunâtre, complétée de taches, de raies, parfois de motifs réticulés de couleur noire. L'extrémité de la tête, la gorge et la région pelvienne sont de couleur rouge ; la denture est blanche, parfois dans des tons de rouge clair. Chez les sujets de la phase terminale (cliché en incrustation), les tons de vert et de jaune dominent, qui évoluent vers le bleu clair au niveau de la tête, du pelvis et de la région caudale ; au voisinage des globes oculaires et de la gueule, la tête comporte des motifs à base de raies dans les tons bleu-vert ; denture colorée en bleu-vert foncé.
Conf.: néant. Chez les sujets du Pacifique, la tête et le tiers antérieur du corps virent soudainement dans des tons nettement plus sombres qu'au niveau du reste du corps.

Biot.: récifs externes. De la surface à plus d'une trentaine de mètres de profondeur. Indo-Pacifique, Maldives incluses.
Biol.: chez *S. rubroviolaceus* encore, il semble que la phase initiale ne se compose que de ♀ ; tous les sujets terminaux sont des ♂. La denture de nombreux scaridés, composée de plaques soudées, présente un certain intérêt sur le plan botanique : à leur surface se développent souvent diverses espèces d'algues spécialisées.
Lorsque des scardiés râclent les algues du susbtrat à l'aide de leur denture en bec de perroquet, ou qu'ils picorent les polypes de certains coraux ramifiés, ils produisent des sons particuliers tout à fait caractéristiques, nettement perceptibles sous l'eau par un plongeur.

Scarus sordidus
(Forsskål, 1775)
Perroquet brûlé, perroquet grenat

Descript.: adultes vers 40 cm. Phase initiale variable, tons brun foncé, souvent à 2 alignements longitudinaux de 5-6 petites ponctuations blanches ornant les flancs, d'un diamètre inférieur à celui des globes oculaires; appendice caudal et base de la caudale souvent dans les tons blancs, un ocelle rond, brun foncé à noir. Tête et/ou région antérieure du corps parfois plus clairs que le reste du corps; écailles, dans cette région, à bordure brun-orangé. Phase terminale (cliché) à livrée bleue-verte, avec écailles ourlées d'un liséré rose à violet; appendice caudal dans les tons de vert uniformes; tête verte à bleue-verte, joues orange (sujets de la Mer Rouge, cliché ci-dessus) ou vertes (Océan Indien); gueule et menton roses, à larges raies dans les tons bleus-verts.
Conf.: aucune espèce ressemblante connue.
Biot.: diverses zones du récif; les juvéniles, modestes en taille, se dissimulent le plus souvent entre les blocs de roche corallienne; platiers récifaux et lagunes. De la surface à plus de 25 mètres de profondeur. Mer Rouge et Indo-Pacifique, Maldives incluses.
Biol.: comme d'autres scaridés, *S. sordidus* parcourt de grandes distances dès le réveil pour se nourrir. Les frais se déroulent aussi bien en couples (♀ initiales et ♂ terminaux) que collectivement, entre sujets initiaux. A l'instar de la plupart des petits scaridés, ces perroquets, dès le crépuscule, produisent une sorte de manteau mucilagineux, un cocon destiné à les protéger d'agressions nocturnes de prédateurs. Des recherches effectuées sur des sujets captifs ont permis d'analyser son mode d'action: il crée une barrière chimiquement neutre sur un vaste pourtour encerclant le corps du poisson, et inhibe le réflexe de prédation chez des carnassiers du type murène qui viendraientt à son contact.

Scarus scaber
(Valenciennes, 1840)
Perroquet à barre verte

Descript.: taille adulte de l'ordre de 37 cm. Le tiers supérieur du corps, chez les sujets de la phase initiale (cliché en incrustation), est à dominante grise, complétée de quatre bandes verticales ou taches jaunes ; les deux tiers inférieurs sont dans les tons blancs à nuances de jaune à gris clair, les écailles bordées de lisérés étroits et foncés, la tête d'un gris sombre à vert olive, les joues dans les tons jaunes. Chez les sujets de la phase terminale (cliché principal), la moitié antérieure de la zone supérieure du corps est colorée en violet tirant sur le gris ; le reste du corps est à dominante verte à bleu-vert ; écailles bordées d'un liséré rose saumon à rose ; la tête comporte une raie longitudinale irrégulière, colorée dans les tons bleu-vert, matérialisant la limite inférieure de la zone violette teintée de gris.

Conf.: le perroquet à capuchon turquoise, *Scarus dimidiatus* Bleeker, 1859, espèce étroitement apparentée, présente des coloris très voisins, mais n'est distribué que dans la frange occidentale du Pacifique central.

Biot.: essentiellement sur les zones protégées du récif, lagunes et baies. Espèce cantonnée au voisinage de la surface, à de faibles profondeurs. Océan Indien occidental, Maldives incluses, et semble-t-il également dans la partie méridionale de la Mer Rouge.

Biol.: les sujets initiaux, chez cette espèce, sont indifféremment des ♀ ou des ♂ initiaux. A plusieurs reprises, des observateurs ont été les témoins de frais survenant entre un sujet initial et un autre de la phase terminale. Les frais en couples se produisent en eaux superficielles, dès 1,5 mètres de profondeur.

Scarus caudofasciatus
(Günther, 1862)
Perroquet à caudale barrée (cliché principal)

Descript. : adultes : 50 cm au moins. Phase initiale (cliché principal) à partie antérieure du corps brune et nuances de rouge ; partie postérieure blanche à rouge clair et bandes verticales légèrement arquées vers l'avant, brunes à reflets rouges. Nageoires dorsale, caudale et anale rouges ; denture typique, blanche à rouge clair. ♂ terminaux à dominante bleue-verte et écailles bordées d'un liséré rose saumon pâle, tête ornée de motifs dans des tons saturés de bleu-vert, comme la denture.
Conf. : néant, tout au moins en ce qui concerne les sujets de la phase initiale.
Biot. : diverses zones du récif externe. Généralement au-delà de 10 mètres et au moins jusqu'à une quarantaine de mètres de profondeur. Région occidentale de l'Océan Indien, Maldives incluses.
Biol. : aucune particularité notable.

Calotomus viridescens
(Rüppell, 1835)
Perroquet à pointillés (en incrustation)

Descript. : adultes : 27 cm au moins. Livrée initiale : ponctuations dans les tons gris-bruns et taches noires très fines, concentrées dans la région des opercules. ♂ terminaux constellés de ponctuations dans les tons bleu-vert, taches noires dans la région operculaire et taches dans les tons rouge-orangé dans la moitié inférieure. Tête bleu-vert mat et taches rouge orangé, raies de couleur identique, agencées radialement autour des yeux. Le sujet ci-dessus arbore sa livrée nocturne.
Conf. : le genre *Calotomus* se compose en tout et pour tout de 5 espèces et se distingue des autres par la configuration de sa denture dont les plaques, au lieu d'être soudées les unes aux autres, demeurent individualisées.
Biot. : divers domaines du récif. Les sujets évoluent dès les faibles profondeurs. Mer Rouge.
Biol. : aucune particularité notable.

Famille des pinguipédidés (perches de sable, parapercis)

Parmi les 3 genres constitutifs de cette famille (une soixantaine d'espèces), seul *Parapercis* est distribué dans l'Indo-Pacifique. En Mer Rouge, 3 espèces distinctes sont implantées, dont *P. hexophthalma*, ci-contre, est certainement la plus fréquente. Le genre se caractérise par un corps nettement longiligne, pratiquement cylindrique, et de petites écailles. Leur tête a un profil pointu, achevée sur une gueule relativement large, aux replis labiaux charnus. La nette proéminence des globes oculaires est également caractéristique des *Parapercis*. Presque toutes les espèces sont dans les tons blanc sable à beiges, avec des taches sombres agencées en motifs caractéristiques de l'espèce et du sexe des sujets. Les perches de sable ♀ se transforment en ♂, la métamorphose s'accompagnant chez la plupart des espèces de variations de livrée et de motifs. Les fonds sableux et à galets sont leurs habitats de prédilection ; certaines espèces affectionent plutôt les substrats rocheux ou coralliens ; beaucoup d'entre elles sont des poissons de surface, mais d'autres évoluent encore à 100 voire 360 mètres sous la surface. Essentiellement prédateur, leur régime alimentaire se compose de petits poissons ou d'invertébrés variés, capturés à l'affût : ils sont capables de demeurer plusieurs heures consécutives parfaitement immobiles à même le fond, presque toujours en appui sur leurs nageoires pelviennes, la tête juchée à quelques cm au-dessus du sol. Les ♂ règnent sur un territoire et un harem, qu'ils défendent ardemment. Sous les Tropiques, les frais sont continus sur l'année, et surviennent au crépuscule. Les oeufs fécondés sont planctoniques, dérivant au gré des courants ; la phase larvaire se prolonge 1 à 2 mois.

Ci-dessus : *P. bivittata*, une espèce originaire des Maldives.

Parapercus hexophthalma
(Ehrenberg, 1829)
Parapercis ocellé, pintade

Descript.: adultes vers 25 cm. Livrée à dominante sable et petites taches brun sombre dans la région dorsale et au niveau des flancs ; une grande tache noire orne la caudale. Chez les ♀ (cliché en incrustation), les petites ponctuations brun sombre s'étendent dans la région céphalique, tandis que chez les ♂, la tête porte plutôt des raies obliques dans les mêmes tons ; ils s'identifient également à la présence de trois taches noires bordées de jaune sur chaque flanc, situées juste au-dessus de l'insertion de la nageoire anale.

Conf.: aucune espèce similaire. L'espèce s'identifie aisément grâce à la tache noire que comporte la nageoire caudale. L'identification des autres espèces composant ce genre sur examen des motifs de la livrée est complexifiée par l'existence d'une phase de mutation sexuelle, qui s'accompagne de bouleversements des coloris et des motifs. A première vue, les perches de sable présentent des similitudes avec les poissons-lézards (ou anolis), qui sont des synodontidés ; ces derniers se distinguent toutefois à leur gueule plus large, par ailleurs bardée de dents acérées et proéminentes.

Biot.: fonds sablonneux et galets. Dès le voisinage de la surface. Mer Rouge et Indo-Pacifique occidental, Maldives incluses.

Biol.: chez cette espèce, la métamorphose sexuelle des ♀ en ♂ intervient approximativement au stade 17-20 cm. Les sujets se tiennent souvent en appui sur leurs nageoires pelviennes sur des sites proéminents stratégiques (au sommet d'une roche, d'un fragment corallien, par exemple), ce qui leur permet de scruter attentivement leur environnement.

Acclim.: veiller à n'associer ces sujets qu'à d'autres poissons de dimensions comparables ou supérieures, compte-tenu de leur comportement prédateur.

■ *Famille des blenniidés (blennies)*

Forte de plus de 300 espèces, subdivisée en 2 sous-familles, elle est représentée dans toutes les mers du globe. Loin de se cantonner aux récifs coralliens tropicaux, les blennies se rencontrent en eaux douces et saumâtres, et dans les mers froides. Leurs dimensions sont modestes (env. 15 cm pour les « géants »); fréquemment benthiques, elles manifestent une grande curiosité; leur corps est longiligne, fin, dépourvu d'écailles, remplacées par un mucus protecteur enduisant leur corps. Leur dorsale est très allongée, continue de la tête à l'appendice caudal chez nombre d'espèces. Plus rarement, la dorsale présente une échancrure, donnant l'illusion de deux dorsales distinctes. Les 2 sous-familles, salariinés et bleniinés, se différencient tant de par leur mode de vie que leur morphologie. Chez les salariinés la tête a un profil carré et porte souvent des tentacules céphaliques, entre les yeux et les narines. La gueule est en position terminale. Leur mode de vie est nettement inféodé au substrat, se nourrissant essentiellement d'algues et des microorganismes fixés. Ils évoluent généralement à la surface du substrat, petits lutins du fond des mers, en appui sur les pelviennes et les pectorales. Le profil céphalique des blenniinés est légèrement plus pointu, avec une gueule en position infère, parfois armée de dents acérées, en forme de poignards. Leur comportement alimentaire est essentiellement carnivore, évoluant pour certaines espèces dans le domaine benthique, pour d'autres avec aisance dans le domaine pélagique. Parmi ces dernières, certaines sont spécialisées dans l'imitation des labres-barbiers, arrachant à leurs victimes des fragments d'épiderme et de nageoires. Les blennies benthiques ne possèdent plus de vessie natatoire; leur comportement est le plus souvent territorial.

Ecsenius lineatus
(Klausewitz, 1962)
Blennie à lignes
(cliché ci-contre à gauche)

Descript.: adultes vers 8 cm. Tête à 2 tentacules supraoculaires filamenteux ; dorsale légèrement échancrée. Livrée, dans la moitié supérieure du corps, dans des tons plus foncés, avec 9-10 taches noires à brun sombre alignées longitudinalement ; un peu au-dessus, une fine ligne longitudinale argentée ou dorée ; juste sous l'alignement de taches, une seconde raie longitudinale, dans des tons identiques, légèrement plus large. Moitié inférieure claire. Dans la région caudale, la coloration vire progressivement vers des tons de jaune doré.
Conf.: néant.
Biot.: récifs. De la surface à une trentaine de mètres de profondeur. Région orientale de l'Océan Indien, Maldives incluses, et Pacifique occidental (partie méridionale de la Mer de Chine).
Biol.: lire l'introduction.
Acclim.: lire la fiche de l'espèce *E. midas* (blennie de Midas).

Ecsenius nalolo
(Smith, 1959)
Blennie nalolo (ci-dessus à gauche)

Descript.: adultes vers 5 cm. Tête à tentacules supraoculaires courts, filamenteux ; dorsale distinctement échancrée. Dominante beige à brun clair et taches blanches moyennement contrastées, réparties sur le corps ; motifs à base de raies sur la tête et l'avant. Pas de raie sombre et bifide à l'insertion des pectorales.
Conf.: *E. yaeyamaensis* (Aoyagi, 1954), ou blennie de Yaeyama (originaire de l'ouest de l'Indo-Pacifique), s'identifie à sa raie bifide à l'insertion des pectorales.
E. minutus (ci-dessus à droite), la blennie naine, se rencontre dans les Maldives.
Biot.: divers domaines récifaux. Dès le voisinage de la surface. Mer Rouge et région orientale de l'Océan Indien, Maldives incluses (qui correspondent à la limite orientale de distribution).
Biologie et Acclim.: lire l'introduction ainsi que la fiche de *E. midas* (blennie de Midas).

Ecsenius gravieri
(Pellegrin, 1906)
Blennie mimétique de la Mer Rouge

Descript.: adultes de l'ordre de 8 cm. Morphologie : cf ci-dessus et introduction. Dorsale faiblement échancrée ; tentacules supraoculaires très courts. Tête et partie antérieure du corps bleues à bleues tirant sur le gris ; partie postérieure jaune clair ; flancs à une étroite raie longitudinale noire, cheminant dans la région dorsale, issue des globes oculaires et s'achevant au niveau du pédoncule caudal, où elle adopte un aspect discontinu. Dorsale constellée de taches noires dans sa partie antérieure.

Conf.: susceptible d'être confondue avec *Meiacanthus nigrolineatus* Smith-Vaniz, 1969, ou blennie à tirets, dont la livrée est quasiment identique, mais se distingue à son profil céphalique légèrement différent, l'absence de tentacules supraoculaires et sa gueule en position infère.

Biot.: divers domaines récifaux. Entre environ 2 et une dizaine de mètres de profondeur, rarement au-delà. Mer Rouge et Golfe d'Aden.

Biol.: l'espèce imite la blennie à tirets, évoquée ci-dessus, une espèce d'une taille avoisinnant 9,5 cm à l'âge adulte, elle aussi distribuée exclusivement en Mer Rouge et dans le Golfe d'Aden. A l'instar de tous les membres de la sous-famille des blenniinés, cette espèce possède des dents venimeuses « en poignards », très dissuasives à l'égard des prédateurs potentiels. La blennie mimétique de la Mer Rouge, inoffensive, imite son venimeux modèle non seulement sur le plan de la livrée : elle va jusqu'à reproduire son comportement, notamment en évoluant, comme elle, juste au-dessus du substrat. Cette stratégie lui permet une meilleure protection contre ses prédateurs. Il s'agit bel et bien d'un cas de mimétisme.

Acclim.: lire la fiche consacrée à l'espèce *Ecsenius midas* (blennie de Midas).

Ecsenius midas
(Starck, 1969)
Blennie de Midas

Descript.: adultes de l'ordre de 13 cm. Morphologie : cf cliché ci-dessus et introduction. Dorsale non échancrée ; tentacules supraoculaires très courts. Diverses formes chromatiques : tantôt uniformément jaune-orangé, tantôt uniquement orange sombre, virant dans la région postérieure au gris-bleu sombre, sporadiquement une ou plusieurs raies verticales, vers l'avnt du corps.

Conf.: aucune espèce ressemblante. Le genre *Ecsenius* se compose en tout d'une quarantaine d'espèces.

Biot.: divers domaines récifaux. De la surface à au moins une trentaine de mètres de profondeur. Mer Rouge et Indo-Pacifique, Maldives incluses.

Biol.: des sujets de la forme chromatique jaune-orangé évoluent fréquemment au beau milieu de bancs de barbiers *Anthias squamipinnis*. A l'instar de la majorité des blenniidés, ces poissons élisent pour refuge des fourreaux de vers tubicoles, mollusques vermiformes, mollusques perforeurs désertés, ou tout autre cavité creusée par d'autres organismes, à l'intérieur desquels ils se retirent en cas de danger. Mais peu de temps après, leur curiosité naturelle les pousse à se manifester à nouveau à l'extérieur. La ponte survient toujours à l'intérieur du repaire du ♂, qui assure l'entretien de l'hygiène et la protection du couvain.

Acclim.: la majorité des blennies s'acclimate bien aux conditions de la captivité, sous réserve de leur offrir des bacs au décor richement structuré, à savoir caractérisé par de nombreuses cavités, anfractuosités et petites grottes. Particulièrement dans le cas d'espèces originaires des eaux superficielles, on veillera à bien couvrir les aquariums, de façon à éviter les sauts hors de l'eau. Les ♂ déploient parfois une certaine agressivité intraspécifique. En revanche, la cohabitation avec les invertébrés est dans la plupart des cas sans aucun problème.

Plagiotremus rhinorhynchos
(Bleeker, 1852)
Blennie à rayure bleue

Descript.: adultes vers 12 cm. Corps très longiligne, à dorsale continue et longue. Livrée variable, de l'orange au noir, en passant par le brun orangé et le brun foncé, toujours à 2 raies longitudinales d'un bleu clair vif au niveau des flancs.

Conf.: les sujets, particulièrement les juvéniles, imitent ceux de *Labroides dimidiatus*, le labre-barbier commun, chez lesquels le petit orifice buccal est en position infère. Quant à *Plagiotremus tapeinosoma* (Bleeker), ou blennie à dents acérées, à la livrée également proche, la zone délimitée par les deux raies longitudinales, bleu clair à blanche, au lieu d'être uniformément colorée, comporte des barres verticales alternativement claires et sombres.

Biot.: divers domaines récifaux, à croissance corallienne intense. De la surface à au moins une quarantaine de mètres de profondeur. Mer Rouge et Indo-Pacifique, Maldives incluses.

Biol.: cette espèce tire elle aussi grand profit de sa ressemblance avec le labre-barbier commun *Labroides dimidiatus* pour approcher des poissons, aux dépens desquels la blennie se nourrit en leur arrachant des fragments de derme et de nageoires. Les adultes érigent leurs nageoires dorsale et anale pour tenter de donner un aspect plus impressionnant à leur corps très longiligne, et ainsi ressembler plus encore à leur «modèle». Inquiétés ou menacés, ils disparaissent en un clin d'oeil à l'intérieur du fourreau de ver tubicole ou dans tout autre refuge qui leur tient lieu de cachette; mais, poussés par leur curiosité naturelle, ils ne tardent guère à scruter à nouveau leur environnement.

Acclim.: déconseillée, en raison de leur mode de vie prédateur. L'association à d'autres poissons est formellement proscrite.

Plagiotremus tapeinosoma
(Bleeker, 1857)
Blennie à dents acérées

Descript.: adultes vers 14 cm. Corps très longiligne à dorsale continue et longue. Dominante de tons rouges à bruns tirant sur le jaune, et une raie longitudinale étroite, bleu clair à blanche, cheminant dans la région dorsale; une seconde, nettement plus large, dans des teintes identiques, dans la moitié inférieure du corps. La zone délimitée par ces deux raies longitudinales claires est alternativement barrée de clair et de brun foncé.
Conf.: *P. rhinorhynchos* (Bleeker, 1852), la blennie à rayure bleue, en dépit d'une livrée ressemblante, s'identifie au fait que la zone délimitée par les deux raies longitudinales de couleur bleu clair vif est toujours uniformément colorée. En outre, la raie cheminant dans la partie inférieure du corps est nettement plus étroite chez cette autre espèce.
Biot.: divers domaines récifaux. De la surface à une vingtaine de mètres de profondeur. Mer Rouge et Indo-Pacifique, Maldives incluses.

Biol.: tout comme la blennie à ligne bleue, la présente espèce se nourrit d'écailles et de fragments de derme, de nageoires, qu'ils arrachent à leurs victimes en procédant par des attaques-éclairs. Ces poissons évoluent fréquemment dans le domaine pélagique, bien au-dessus du fond, animés de mouvements natatoires serpentiformes. Inquiétés ou menacés, ils se réfugient en un éclair à l'intérieur du fourreau qui leur tient lieu de refuge, à l'instar des espèces apparentées. A l'occasion, ces petites blennies s'attaquent également aux plongeurs qu'ils rencontrent, leur arrachant des fragments de peau, dont ils semblent également être friands.
Acclim.: déconseillée, en raison du mode de vie prédateur de ces blennies. L'association à d'autres poissons est formellement à proscrire.

Aspidontis taeniatus
(Quoy & Gaimard, 1834)
Faux nettoyeur, faux labre-barbier

Descript.: adultes vers 11 cm. Morphologie: cf cliché ci-dessus et introduction. Tons jaunes et gris (avant) et bleu clair (arrière); une bande noire le long des flancs.

Conf.: *Labroides dimidiatus*, le nettoyeur commun, a une livrée quasiment identique; l'orifice buccal est cependant terminal. De plus, le labre, inquiété, ne se réfugie jamais dans de petites cavités ou des fourreaux de vers «recyclés», contrairement à cette blennie, qui possède ce réflexe, caractéristique (cf incrustation). 2 sous-espèces sont recensées: *A.t. tractus* Fowler, 1903, présente en Mer Rouge et dans l'Océan Indien, et *A.t. taeniatus*, distribuée dans le Pacifique.

Biot.: divers domaines récifaux. De la surface à plus d'une vingtaine de mètres de profondeur. Mer Rouge et Indo-Pacifique, Maldives incluses.

Biol.: l'espèce imite *Labroides dimidiatus*, non seulement en copiant sa livrée (jusque dans les variations des divers écotypes), mais également son comportement. Cette «falsification de la réalité» leur permet de s'approcher sans coup férir de «clients» disposés à être déparasités, et en profite pour leur arracher des fragments de derme et de nageoires. Certains poissons adultes ont appris à distinguer le vrai du faux barbier. Un tel comportement correspond à un cas de mimétisme agressif: ces blennies vivent en parasites aux dépens d'autres poissons. Elles consomment également des vers tubicoles et des couvains de poissons. Quant aux vrais barbiers, ils tentent toujours avec la dernière énergie de bannir hors de leur territoire des intrus aussi néfastes à la pratique de leur activité de déparasitage.

Acclim.: le mode de vie parasite de ces blennies implique d'observer certaines précautions. L'association à d'autres poissons est formellement proscrite.

■ *Famille des callionymidés
(dragonnets et mandarins)*

Les 125 espèces recensées, réparties en 9 genres au mode de vie très inféodé à la région benthique, sont représentées dans toutes les mers du globe. Ils se caractérisent par une morphologie variablement longiligne, tête volumineuse, un corps dépourvu d'écailles. L'orifice buccal, de petites dimensions, ne leur permet de capturer que de petits invertébrés. Pour se protéger des prédateurs, nombre d'espèces possèdent une épine, s'érigeant en avant des opercules. Inquiétés ou menacés, ils excrètent un mucus apparemment doté de facultés venimeuses. Lors des frais, les couples s'élèvent à plus de 2 mètres dans le milieu pélagique, où la parade se produit. Ovules fécondés et larves dérivent au gré des courants ; au terme de cette phase planctonique, ils s'établissent au fond.

Synchiropus stellatus
(Smith, 1963)
Dragonnet étoilé

Descript.: adultes vers 6 cm. Morphologie longiligne, tête volumineuse, globes oculaires grands et proéminents. Dominante rose et blanchâtre à beige, motifs étoilés colorés, bruns à nuances de rouge à bruns ; petites ponctuations argentées à blanches. ♂ dotés de rayons dorsaux allongés dans la dorsale antérieure ; petits ocelles à leur bordure antérieure.

Conf.: le genre se compose de 26 espèces, certaines dotées de somptueuses livrées.

Biot.: divers domaines récifaux et herbiers sous-marins. Entre 10 et une vingtaine de mètres de profondeur. Océan Indien occidental, Maldives incluses.

Biol.: l'espèce manifeste un tempérament plutôt solitaire, mais évolue parfois en couples. Les sujets se nourrissent aux dépens de divers invertébrés benthiques.

Acclim.: relativement délicate.

Famille des microdesmidés (poissons-fléchettes, poissons-vers)

Cette famille est longtemps demeurée intégrée à celle des gobiidés. Le statut de famille indépendante fait suite à des travaux récents. A titre d'exemple, en effet, les pelviennes ne sont pas anastomosées. Les informations bibliographiques relatives à la taille de cette famille sont variables : la fourchette des estimations varie de 150 à 250 espèces. Principalement distribuées dans l'Indo-Pacifique, quelques espèces se rencontrent dans la Caraïbe. Tous se caractérisent par une morphologie longiligne, fine, une tête peu volumineuse, non pointue, des globes oculaires relativement importants. La dorsale postérieure et la nageoire anale sont sensiblement identiques en taille et forme ; d'où une silhouette peu commune, identiafible au premier coup d'oeil, et qui facilite donc l'identification par rapport aux représentants des autres familles.

Contrairement à une majorité de gobies, les poissons-fléchettes évoluent toujours dans le milieu pélagique, au-dessus de l'orée de leur galerie ; ils y chassent le zooplancton dont ils se nourrissent. Inquiétés, ils disparaissent en un éclair. Il existe 2 sous-familles : les microdesminés, ou poissons-vers, ne seront pas détaillés ici. Parmi les ptéréléotrinés, nous nous limitons à 2 espèces, issues des 2 genres principaux : *Nemateleotris*, ou gobies-épée, et *Ptereleotris*, ou gobies-torpilles. Le genre *Nemateleotris* ne comporte que 3 espèces, dont les livrées chatoyantes sont néanmoins tout à fait remarquables. Chez ces espèces, la dorsale antérieure, fortement allongée, adopte la forme d'une épée. Le genre *Ptereleotris* compte au moins une quinzaine d'espèces : chez ces poissons, la nageoire dorsale ne présente aucun développement particulier ; le plus souvent rabattue contre le dos, elle est au contraire à peine visible.

Ptereleotris evidens
(Jordan & Hubbs, 1925)
Eleotris à trois couleurs (ci-contre à gauche)

Descript.: adultes vers 12 cm. Morphologie longiligne, fine. Avant du corps à dominante claire (beige à bleu clair pâle); dans la région postérieure, dorsale postérieure et anale dans des tons foncés (brun sombre à presque noir). Juvéniles (en incrustation) brillants, verts à bleutés, une tache ovale noire dans la partie inférieure de l'appendice caudal.
Conf.: néant.
Biot.: au flanc de tombants récifaux, également dans les lagunes et baies. Entre 2 et une quinzaine de mètres de profondeur. Mer Rouge et Indo-Pacifique, Maldives incluses.
Biol.: les adultes évoluent toujours en couples, bien au-dessus de l'orée de leur grotte, dans le domaine pélagique; les juvéniles, en revanche, forment de petites communautés, qui se protègent à l'intérieur de grottes, d'anfractuosités ou sous de grandes colonies coralliennes.

Ptereleotris heteroptera
(Bleeker, 1855)
Poisson-fléchette à queue tachetée

Descript.: taille adulte de l'ordre de 14 cm. Morphologie longiligne et fine. Livrée à dominante pâle, dans des tons de bleu clair argenté, complétée d'une tache noire au niveau de la angeoire caudale.
Conf.: l'espèce se distingue aisément grâce à la présence d'une tache noire que comporte la nageoire caudale.
Biot.: fonds sablonneux, éboulis, mais également sur fonds rocheux stables, dans les lagunes et les récifs externes. Entre environ 5 et une cinquantaine de mètres de profondeur. Mer Rouge et Indo-Pacifique, Maldives incluses.
Biol.: l'espèce évolue la plupart du temps en couples, ainsi qu'en petites communautés. L'auteur a observé l'espèce à plusieurs reprises, dans l'archipel des Maldives, associée à Amblyeleotris periopthalma, le gobie périphthalme, et à sa crevette-pistolet (cf page 263).
Acclim.: relativement aisée.

Nemateleotris decora
(Randall & Allen, 1973)
Eléotris décoré

Descript.: adultes vers 7 cm. Morphologie longiligne, fine; dorsale antérieure développée en longueur. Dominante jaune clair, plus rarement dans les tons blancs, virant au violet sombre dans la partie postérieure du corps. Gueule, front, nuque, limite supérieure des globes oculaires violets. Les deux nageoires dorsales, les extrémités des pelviennes, nageoires anale et caudale elles aussi le plus souvent violettes, plus rarement rouges, partiellemement bordées d'un liséré contrasté bleu foncé.

Conf.: *N. helfrichi* Randall & Allen, 1973, ou poisson-fléchette de Helfrich, approx. 5 cm à l'âge adulte, n'est distribuée que dans le Pacifique occidental. Poisson identifiable principalement à sa livrée rose, les nageoires anale, caudale et la seconde dorsale le plus souvent jaune clair.

Biot.: généralement sur fonds sablonneux, graveleux ou sur éboulis. Toujours à partir de 25 m (pas moins de 35 m sur certaines zones) et au moins jusqu'à 70 mètres de profondeur. Indo-Pacifique occidental, Maldives incluses.

Biol.: cette espèce aux coloris remarquables évolue très souvent en couples, rarement en solitaire, toujours en nage stationnaire dans le domaine pélagique, au-dessus de l'orée de leur refuge et faisant vibrer de façon caractéristique leur dorsale antérieure hypertrophiée, largement déployée. Ils se nourrissent aux dépens du zooplancton dérivant au gré des courants, qu'ils capturent en se propulsant brusquement vers l'avant. Inquiétés ou menacés, ils regagnent les abords de leur refuge, et s'y engrouffrent en un éclair l'un derrière l'autre. Mais, poussés par leur curiosité naturelle, ils ne tardent guère à remonter à l'orée de la grotte qui leur tient lieu de refuge.

Acclim.: lire la fiche relative à *N. magnifica* (éléotris magnifique, poisson de feu).

Nemateleotris magnifica
(Fowler, 1938)
Poisson-fléchette à queue tachetée

Descript.: adultes vers 9 cm. Morphologie longiligne, fine, à dorsale très fortement développée en longueur, en forme d'épée. Dominante généralement blanche à jaune clair, qui vire d'abord à l'orange puis au rouge sombre vers la zone postérieure du corps. Tête et opercules arborent de petites ponctuations d'un violet pâle. La dorsale antérieure ainsi que les nageoires pectorales et pelviennes tirent sur le jaune ; dorsale postérieure, nageoires caudale et anale colorées en rouge orangé à rouge sombre saturé, au point de paraître noires chez certains sujets.
Conf.: aucune espèce similaire.
Biot.: généralement divers domaines du récif externe, comportant des fonds sableux, des éboulis peu étendus, ou encore sur les fonds rocheux stables, comportant de petites cavités. Entre approximativement 6 et 70 mètres de profondeur. Ensemble de l'Indo-Pacifique, Maldives incluses.
Biol.: lire la fiche consacrée à l'espèce *N. decora*. Les petites communautés sont la plupart du temps constituées de juvéniles. Les adultes tendent généralement à évoluer en couples.
Acclim.: les gobies composant le genre *Nemateleotris* développent une forte agressivité intraspécifique. On préconise donc l'acclimatation de sujets solitaires ou de couples, par exemple en aquariums à invertébrés, ou associés à d'autres espèces de dimensions modestes. Etant donnée l'absence de dimorphisme sexuel affirmé, il est préférable d'acclimater des couples déjà établis, dont on est sûr qu'ils peuvent cohabiter. Dans le cas inverse, le sujet dominé, s'il n'était transféré dans un autre bac, serait harcelé et se verrait infliger des morsures de la part du dominant, avec pour issue finale la mort par affaiblissement ou par suite de blessures mortelles

Famille des gobiidés (gobies)

C'est la famille de poissons marins tropicaux la plus vaste, mais restent répandus dans toutes les mers du globe ; on dénombre, selon les auteurs, de 1600 à près de 2000 espèces, réparties en 220 genres. 1200 espèces, de 120 genres, se rencontrent dans l'Indo-Pacifique. La plupart des perciformes ont pour habitat la zone littorale des mers tropicales et tempérées ; nombre d'entre elles ont toutefois conquis d'autres milieux : mers froides, eaux saumâtres, eaux douces. La presque totalité a développé un mode de vie étroitement inféodé au substrat : le sol ou la surface de tout type de support vital. L'une des adaptations les plus courantes au mode de vie benthique est la perte de la vessie natatoire. Les gobies ont en commun une autre caractéristique originale : les deux nageoires pelviennes sont anastomosées et modifiées en une sorte de ventouse de succion. Cet organe sert à l'ancrage sur le substrat. La morphologie, longiligne, donne l'impression d'être assez trapue. Bien que proches parents des blennies, les gobies en diffèrent par la configuration de la dorsale, qui est bipartite ; leur tête est souvent plus volumineuse et l'orifice buccal assez large.

La majorité n'excède pas 10 cm à l'âge adulte, et seulement 8 mm pour le gobie sucre d'orge *Trimmatom nanus*, ce qui fait de lui le plus petit vertébré connu.

Les gobies sont des prédateurs chassant à l'affût, évoluant dans la zone benthique. Toute une série d'espèces a développé un mode d'existence particulier, durablement posés sur des éponges, des madrépores, d'autres alcyonnaires ; l'association, non préjudiciable à l'hôte, ne profite néanmoins qu'au poisson : il s'agit d'une forme de carpose, baptisée symphorisme. L'association à des crevettes *Alpheus*, détaillée ci-après dans chaque fiche, est plus captivante encore.

Amblygobius phalaena
(Valenciennes, 1837)
Gobie à taches blanches, gobie annelé

Descript.: adultes vers 12 cm. Corps longiligne, tête à extrémité arrondie ; dorsale antérieure dotée d'un prolongement filamenteux. Livrée variable, dominante beige clair à 4-5 raies verticales étroites et sombres et taches sombres (ci-contre à gauche : livrée nocturne) ou presque intégralement brun foncé et ponctuations bleu clair et tête, parfois d'autres parties du corps, tachetées (cliché ci-dessus).

Conf.: possible avec une espèce proche, *A. albimaculatus* (Rüppell, 1830), le gobie à points blancs, 16 cm à l'âge adulte, distribuée en Mer Rouge et dans l'Océan Indien, chez laquelle les raies verticales sont bleu clair, et dont la tête n'est jamais ponctuée. Uniquement sur herbiers sous-marins et fonds sableux.

Biot.: fonds sableux ou biodétritiques, comportant des fragments coralliens ou des blocs rocheux assez volumineux. De la surface à une vingtaine de mètres de profondeur. Selon la bibliographie, l'espèce n'est distribuée que dans le Pacifique ; cliché ci-dessus réalisé dans les Maldives par l'auteur.

Biol.: relativement imposante pour la famille, l'espèce vit seule ou en couples, creusant de leurs propres moyens des galeries, sous surplombs rocheux ou blocs coralliens. A l'instar de *A. hectori* (gobie de Hector), une espèce proche, *A. phalaena* évolue souvent en pleine eau, au-dessus du sol. En cas de danger, ils se réfugient à l'intérieur de leur galerie. Pour se nourrir, ces gobies prennent en gueule une portion de sable et la triturent un long moment. Le sable est évacué par les fentes branchiales ; le poisson ingère après triage la fraction composée d'invertébrés, de matériaux organiques, ainsi que la majeure partie des algues.

Acclim.: acclimatation et association à des invertébrés ou d'autres poissons facile.

Amblygobius hectori
(Smith, 1957)
Gobie de Hector

Descript.: adultes vers 5,5 cm. Morphologie longiligne, tête effilée ; dorsale antérieure à prolongement filamenteux. Moitié supérieure du corps à dominante rouge-brun à brune et raies longitudinales jaunes, étroites, bordées de noir ; moitié inférieure grise à nuances de bleu ; face inférieure de la tête et région ventrale blanches à reflets bleutés. Dorsale antérieure ornée d'un ocelle noir ourlé de rouge ; deux autres, de couleur noire, à liséré blanc, visibles à cheval sur l'insertion de la dorsale et à la partie supérieure de l'appendice caudal.

Conf.: éventuellement avec *A. rainfordi* (Whitley, 1940), (gobie de Rainford) : dominante de la livrée davantage dans les tons verts ; raies longitudianles d'un jaune orangé, bordées de blanc. En outre, ils possèdent des taches blanches, alignées longitudinalement le long de l'insertion de la nageoire dorsale. Le genre *Amblygobius* se compose d'une quinzaine d'espèces.

Biot.: périphérie des fonds sableux, aux abords immédiats de rochers ou de massifs coralliens. Entre 5 et au moins une vingtaine de mètres de profondeur. Mer Rouge et Indo-Pacifique occidental, Maldives incluses.

Biol.: l'espèce, en règle générale, évolue en solitaire. Les sujets se tiennent le plus souvent dans le domaine pélagique, à quelque distance au-dessus du fond. En cas de danger, ils se replient en un éclair à l'intérieur d'anfractuosités ou à couvert entre les coraux.

Acclim.: l'espèce, dont il convient de n'élever que des sujets solitaires, semble cohabiter dans de bonnes conditions avec invertébrés et autres poissons. Elle requiert des fonds sableux et des cachettes nombreuses. Outre des proies vivantes, on distribue également des aliments secs (en flocons) et sous forme congelée.

Gobiodon citrinus
(Rüppell, 1838)
Gobiodon citron

Descript.: adultes vers 6,6 cm. Morphologie assez élevée, massive, à profil céphalique arrondi. Nageoires elles aussi aux contours non anguleux. Dominante jaune vif et une tache noire peu étendue, en arrière des opercules ; 2 à 4 raies verticales étroites, bleu clair, sur la tête. A l'insertion des nageoires dorsale et anale, une fine raie longitudinale bleu clair.

Conf.: *Gobiodon okinawae* Sawada, Arai & Abe, 1973, ou gobiodon jaune, implantée dans le Pacifique occidental, présente elle aussi une livrée entièrement jaune, mais pas de raies bleues au niveau de la tête. Le genre *Gobiodon* se compose d'une quinzaine d'espèces.

Biot.: à la surface de colonies coralliennes buissonnantes, type *Acropora*. De la surface à une vingtaine de mètres de profondeur. Mer Rouge et Indo-Pacifique occidental, Maldives incluses.

Biol.: les *Gobiodon*, pour la majorité d'entre eux, se caractérisent par l'absence d'écailles ; ils produisent de grandes quantités d'un mucus aux propriétés toxiques, au goût très amer, destiné à dissuader les agresseurs potentiels. Les sujets de l'espèce vivent la plupart du temps en communautés plus ou moins vastes, posés à la surface de colonies coralliennes en table ou sur d'autres coraux, notamment ramifiés (genre acropores). Dès qu'ils repèrent l'approche d'un plongeur, ou lorsqu'ils sont inquiétés, ils se dissimulent en un clin d'oeil dans l'entrelac de leur colonie-hôte. Les gobiodons citrons connaissent une phase de mutation sexuelle au cours de leur existence.

Acclim.: bonnes dispositions à la vie en captivité. Tout comme en milieu naturel, ils demeurent plusieurs heures durant posés à la surface d'une ramification qu'ils choisissent eux-mêmes. Veiller à ne leur associer que des poissons également inoffensifs.

Valencienna immaculata
(Ni, 1981)
Gobie à ruban

Descript.: adultes : 16 cm. Morphologie longiligne, tête et gueule volumineuses. Dominante beige, à 2 raies longitudinales brun orangé, issues de la tête, cheminant jusqu'à l'extrémité de la caudale.
Conf.: *V. helsdingenii* (Bleeker, 1858), gobie à ruban, originaire de l'Indo-Pacifique, s'identifie essentiellement à ses raies longitudinales des tons plus sombres.
Biot.: fonds sableux et graveleux. Jusqu'à au moins une quarantaine de mètres de profondeur. Indo-Pacifique, Maldives incluses.
Biol.: toutes les espèces (une quinzaine) *Valencienna* occupent le plus souvent en couples un territoire strictement délimité, y creusent eux-mêmes un terrier, souvent sous des pierres ou des colonies coralliennes. Toutes les 4 semaines, des pontes s'y produisent ; la garde et l'hygiène du couvain (env. 2000 oeufs) sont assurés par la ♀ jusqu'à l'éclosion. Lire les autres fiches.

Valencienna puellaris
(Tomiyama, 1955)
Gobie tacheté d'orange (cliché en incrustation)

Descript.: taille adulte de l'ordre de 14 cm. Morphologie longiligne, à tête et gueule volumineuses. Livrée à dominante sable, complétée de raies verticales orange et de taches d'un gris argenté constellant la tête.
Conf.: néant.
Biot.: fonds sablonneux et graveleux, aux abords des récifs externes. Entre une quinzaine et plus d'une vingtaine de mètres de profondeur. Mer Rouge et Indo-Pacifique, Maldives incluses.
Biol.: les gobies de sexe ♂ se distinguent des ♀ par la possession de s rayons natatoires allongés, filamenteux, au niveau de la nageoire dorsale antérieure. Les deux partenaires se tiennent généralement aux abords imédiats de leur galerie. En cas de danger, c'est d'abord la ♀ qui s'y engouffre ; le ♂ attend le dernier moment pour lui emboîter le pas. De nuit, le ♂ en obture l'entrée à l'aide sable et de graviers.

Valencienna strigata
(Brousonet, 1782)
Gobie à raie bleue

Descript.: adultes vers 18 cm. Morphologie longiligne, tête et gueule volumineuses. Livrée à dominante beige à sable, tête jaune d'or ; sous chaque globe oculaire, une raie longitudinale d'un bleu clair vif, ainsi que d'autres taches dans les tons bleu clair et des raies plus fines.
Conf.: néant.
Biot.: fonds sableux et graveleux. Jusqu'à au moins une vingtaine de mètres de profondeur. Indo-Pacifique, Maldives incluses.
Biol.: lire les informations fournies dans les fiches consacrées aux autres espèces composant le genre *Valencienna*.
Acclim.: les gobies *Valencienna* s'acclimatent en couples, en aquariums pourvus d'un susbtrat de fond épais (> 10 cm), sable et gravier corallien. Ces poissons étant des fouisseurs très actifs, tout édifice devra être solidement ancré et stabilisé. Certaines espèces sont reproduites avec régularité en aquarium.

Valencienna sexguttata
(Valenciennes, 1837)
Gobie à six taches

Descript.: taille adulte de l'ordre de 14 cm. Morphologie longiligne, à tête et gueule volumineuses. Livrée à dominante sable clair à brune, complétée de six à huit petites taches d'un bleu clair, au niveau des joues et des opercules branchiaux. L'extrémité de la nageoire dorsale antérieure comporte une tache noire.
Conf.: néant.
Biot.: fonds sableux. Jusqu'à au moins une vingtaine de mètres de profondeur. Mer Rouge et Indo-Pacifique, Maldives incluses.
Biol.: les gobies se nourrissent aux dépens de petits invertébrés qu'ils collectent au sol (divers crustacés, molluques, vers filaments, foraminifères). Pour ce faire, les poissons enfournent dans leur gueule des portions de sable, dont ils vont triturer et extraire par triage toutes les particules comestibles à l'aide de leurs branchies. Le sable sera par la suite expulsé par les fentes branchiales.

Bryaninops natans
(Larson, 1985)
Gobie nain à oeil rouge

Descript.: taille adulte de l'ordre de 2 cm. Morphologie longiligne. Corps transparent, globes oculaires violets; le corps, plus exactement les viscères, colorés en jaune.
Conf.: néant.
Biot.: généralement sur les ramifications de madrépores *Acropora*. Entre la surface et au moins 25 mètres de profondeur. Mer Rouge, observé par l'auteur dans l'archipel des Maldives.
Biol.: cette espèce aux coloris chatoyants évolue en petites communautés au-dessus d'une colonie corallienne d'élection, dans laquelle ils se réfugient en cas de danger; souvent, ils setiennent en appui sur leurs nageoires pelviennes au sommet d'une rameau corallien. Lire la fiche consacrée à l'espèce *B. ridens*.
Acclim.: les gobies nains corallicoles s'aclimatent bien en aquarium à invertébrés; ils consomment des aliments particuliers, en suspension dans le milieu et qu'ils happent au passage.

Bryaninops amplus
(Larson, 1985)
Gobie nain des gorgones (en incrustation)

Descript.: taille adulte: 5 cm. Morphologie longiligne et fine. Corps transparent, comportant des motifs dans les tons rouges et une raie longitudinale d'un blanc argenté, au-dessus du niveau de la colonne vertébrale.
Conf.: le genre *Bryaninops* se compose de 9 espèces. 7 d'entre elles sont implantées dans l'Indo-Pacifique occidental, dont 3 en Mer Rouge. La détermination précise de l'espèce n'est pas toujours chose facile; les critères essentiels sont les couleurs de la livrée ainsi que l'hôte utilisé comme support.
Biot.: généralement à la surface de coraux-fouets, *Junceella fragilis* et *J. juncea*, plus rarement de gorgones ou de lignes d'ancrage de bouées. Entre 5 et plus d'une trentaine de mètres de profondeur. Indo-Pacifique occidental, archipel des Maldives inclus.
Biol.: lire la fiche consacrée à l'espèce *B. ridens*, le gobie-nain des madrépores.

Bryaninops youngei
(David & Cohen, 1969)
Gobie nain barbelé (en incrustation)

Descript.: adultes vers 3 cm. Morphologie longiligne. Corps transparent, comportant des motifs dans les tons bruns à brun doré.
Conf.: lire les informations fournies à propos de *B. amplus*, le gobie-nain des gorgones.
Biot.: entre 3 et plus d'une quarantaine de mètres de profondeur, exclusivement à la surface de coraux-fouets, *Cirripathes anguinea*. Mer Rouge et Indo-Pacifique occidental (Maldives).
Biol.: lire la fiche de l'espèce *B. ridens*, le gobie-nain des madrépores. L'espèce n'est pas seulement adaptée par sa livrée, harmonisée à celle de son hôte : ses motifs vont jusqu'à imiter le dessin des polypes. L'hôte est toujours colonisé par un couple, parfois en compagnie de quelques juvéniles. Le couvain, d'une taille de 2 -3 cm, est déposé à une distance de 15-25 cm de l'extrémité du «fouet»; auparavant, ils éliminent les tissus vivants du polypier.

Bryaninops ridens
(Smith, 1959)
Gobie nain des madrépores

Descript.: adultes vers 2 cm. Morphologie longiligne. Dominante de tons pâles de gris tirant sur le vert; corps transparent; globes oculaires cernés d'un anneau doré, puis rouge; une raie longitudinale brun-rouge, au niveau des flancs.
Conf.: lire la fiche consacrée à *B. amplus*, le gobie-nain des gorgones.
Biot.: toujours posés sur des blocs coralliens, membres des genres *Porites* (comme sur notre cliché) et *Millepora* (coraux de feu), à faible profondeur. Mer Rouge, Indo-Pacifique occidental, Maldives incluses.
Biol.: les gobies-nains corallicoles, selon les espèces, vivent posés à la surface de divers coraux cornés et coraux noirs; plus rarement, il s'agit de madrépores et d'autres invertébrés. Etant donné que leur présence ne porte aucun préjudice à l'hôte, on parle de symphorisme, c'est-à-dire une forme de carpose.
Acclim.: lire la fiche consacrée à l'espèce *B. natans*.

Amblyeleotris aurora
(Polunin & Lubbock, 1977)
Gobie symbiotique magnifique

Descript.: adultes vers 9 cm. Morphologie très longiligne, corps fin. Dominante de tons blancs à sable clair, 5 larges bandes verticales, roses à orange ; d'autres, obliques, étroites, rouges, sur les joues, soulignent les globes oculaires ; tache rouge visible à l'extrémité de la dorsale postérieure.

Conf.: aucune espèce ressemblante répertoriée : unique espèce parée de barres obliques sur les joues. Le genre *Amblyeleotris* se compose approx. de 25 espèces.

Biot.: fonds sablonneux. Entre 5 et au moins une trentaine de mètres de profondeur. Espèce répertoriée autour des îles de l'Océan Indien occidental, Maldives incluses.

Biol.: les *Amblyeleotris* s'associent à des crevettes-pistolets, membres du genre *Alpheus* ; cette association est de type symbiotique : les deux partenaires en retirent un bénéfice réciproque. Les gobies, seuls ou en couples, mettent à profit les galeries creusées par un couple de crevettes (plus rarement, il s'agit d'un spécimen isolé). Les poissons passent le plus clair de leur journée postés à l'orée de la galerie, scrutant attentivement l'environnement. Les petits crustacés apparaissent alternativement, régulièrement à l'entrée, évacuant vers l'extérieur un chargement de sable, qu'ils poussent comme de petits bouteurs à l'aide de leurs pinces. Les fragments plus volumineux sont utilisés avec un savoir-faire certain pour le soutènement de l'orée de la galerie. Au cours de ces manoeuvres, ils ne s'éloignent jamais de leur refuge sans avoir auparavant tâté à l'aide leurs antennes le pédoncule caudal du poisson, posé au voisinage immédiat de l'entrée de la galerie ; le contact avec leur partenaire est permanent. L'espèce semble toujours associée à *A. randalli*. Lire les fiches consacrées aux autres gobies symbiotiques.

Amblyeleotris periophthalma
(Bleeker, 1853)
Gobie symbiotique périophthalme

Descript.: adultes vers 7,5 cm. Corps très filiforme. Dominante de tons blancs à sable clair, 5 bandes verticales irrégulières, rouge-orangé à brunâtres; nombreuses petites ponctuations orange, souvent bordées de sombre, constellant la tête.

Conf.: aucune espèce ressemblante répertoriée.

Biot.: fonds sableux. Généralement entre une dizaine et au moins une trentaine de mètres de profondeur. Mer Rouge, Indo-Pacifique, Maldives incluses.

Biol.: dès qu'il repère un danger, le gobie avertit son partenaire grâce à des vibrations parcourant son corps; puis il se retire d'abord lentement, à reculons, à l'intérieur de la galerie. Soudain, il s'y engouffre totalement en un éclair. Peu de temps après, le poisson réapparaît avec prudence; lorsque tout danger est écarté, les petits crustacés-bouteurs refont à leur tour leur apparition, reprenant leur ouvrage. Parfois, la crevette réintroduit un chargement de sable à l'intérieur de la galerie : il y sera méticuleusement trituré, afin d'en extraire toute particule comestible. L'association à des gobies symbiotiques permet aux crevettes, dotées de facultés visuelles déficientes, de circuler sans danger à la surface du substrat, tant pour s'y alimenter que pour y vaquer à leurs activités. *A. periopthalma* semble toujours associé à la crevette-pistolet ci-dessus, caractérisée par sa coloration jaune. Il a été donné à l'auteur d'observer à plusieurs reprises la présence au-dessus de l'entrée de la galerie d'un poisson-fléchette à queue tachetée, *Ptereleotris heteroptera* (cf page 251), évoluant dans le domaine pélagique, et qui se réfugiait en cas de danger lui aussi à l'intérieur de la galerie occupée par le gobie symbiotique et les crustacés. Lire également les fiches consacrées aux autres espèces de gobies symbiotiques.

Amblyeleotris wheeleri
(Polunin & Lubbock, 1977)
Gobie symbiotique splendide

Descript.: adultes vers 6,5 cm. Morphologie très longiligne et fine. Ponctuations beiges à sable clair, larges bandes verticales d'un rouge foncé saturé ; dorsale postérieure à taches rouges.
Conf.: *A. fasciata* (Herre, 1953), ou gobie à bandes rouges, s'identifie essentiellement à ses bandes verticales rouges plus étroites (interstices blancs eux-mêmes nettement plus larges), ainsi qu'à l'absence de taches rouges dans la dorsale postérieure.
Biot.: fonds sableux. Entre environ 5 et au moins une trentaine de mètres de profondeur. Indo-Pacifique, Maldives incluses.
Biol.: pour les poissons, l'intérêt de l'association réside dans la protection qu'ils acquièrent face à leurs prédateurs potentiels en occupant la galerie creusée par les crustacés, leur biotope naturel étant très exposé, vue la rareté des cachettes naturelles. Ces galeries forment un réseau souvent complexe, d'une longueur totale de l'ordre du mètre, descendant jusqu'à plus de 50 cm sous terre. Certaines crevettes aménagent plusieurs entrées. On recense au moins 8 espèces de crevettes *Alpheus*, parmi lesquelles toutes ne sont pas encore décrites, dont les galeries abritent couramment des gobies symbiotiques, membres d'au moins 7 genres différents. Si certains de ces crustacés ne tolèrent qu'une seule espèce de gobie, d'autres s'associent à plusieurs espèces. Il en va de même pour les gobies. Lire les fiches consacrées aux autres espèces de gobies symbiotiques.
Acclim.: l'acclimatation de gobies symbiotiques est facile, mais il importe de recréer l'association avec le partenaire habituel ; dans le cas contraire, ces poissons ne pourraient manifester toutes les facettes de leur comportement de symbiose, qui fait tout l'intérêt de cet élevage.

Ctenogobiops feroculus
(Polunin & Lubbock, 1977)
Gobie symbiotique de sable

Descript.: adultes vers 6 cm. Morphologie longiligne et fine. Dominante beige à sable clair, plusieurs alignements longitudinaux de ponctuations et de courts tirets bruns.
Conf.: on recense un certain nombre d'espèces du genre *Ctenogobiops* très ressemblantes; les différences sont ténues; l'identification se base sur les motifs de la région céphalique.
Biot.: la plupart du temps sur les fonds sableux des lagunes. De la surface à plus d'une vingtaine de mètres de profondeur. Mer Rouge et Indo-Pacifique occidental, Maldives incluses.
Biol.: l'espèce colonise habituellement en couples les galeries de 3 espèces différentes de crevettes-pistolets. Lire également les fiches consacrées aux autres espèces de gobies symbiotiques.
Acclim.: lire la fiche consacrée à l'espèce *A. wheeleri*, le gobie symbiotique splendide.

Stonogobiops dracula
(Polunin & Lubbock, 1977)
Gobie symbiotique à front jaune

Descript.: adultes : 5,5 cm. Morphologie filiforme. ♂ identifiable à sa dorsale antérieure pointue, plus développée en longueur, ronde chez la ♀. Dominante blanche, à 4 raies verticales noires, étroites dans les flancs. Museau et front de couleur jaune.
Conf.: néant.
Biot.: fonds sableux. Généralement entre 3 et environ 45 mètres de profondeur. Maldives.
Biol.: cette espèce vit elle aussi en couples, associés à des crevettes-pistolets membres du genre *Alpheus*. Contrairement à la majorité des autres gobies symbiotiques, ces poissons, reconnaissables à leurs motifs très contrastés, se tiennent à quelques centimètres au-dessus de l'entrée de la galerie qu'ils habitent. Lire également les fiches consacrées aux autres espèces de gobies symbiotiques.
Acclim.: lire la fiche consacrée à l'espèce *A. wheeleri*, le gobie symbiotique splendide.

Lotilia graciliosa
(Klausewitz, 1960)
Gobie symbiotique gracieux

Descript.: adultes vers 5,5 cm. Morphologie longiligne, nageoires hypertrophiées. Dominante noire; face supérieure de la tête et partie antérieure du corps, jusqu'au niveau de la dorsale antérieure, blanches; taches blanches entre les dorsales antérieure et postérieure, et sur le pédoncule caudal. Dorsale antérieure noire, avec un anneau fin orange; nageoires anale et pelviennes et dorsale postérieures noires; caudale transparente; pectorales, dans leur partie externe, transparentes, à petites taches noires et 2 taches blanches; insertion elle-même noire.

Conf.: néant.

Biot.: la plupart du temps sur les fonds sableux à sablonneux. Jusqu'à plus d'une vingtaine de mètres de profondeur. Mer Rouge et Indo-Pacifique occidental, Maldives incluses.

Biol.: cette espèce, à livrée très attrayante, manifeste une grande craintivité: elle est beaucoup plus difficile à approcher que les autres gobies symbiotiques (distance de fuite supérieure). Contrairement à nombre de représentants de ce groupe, les sujets ne se tiennent ni à l'entrée, ni même aux abords immédiats de l'entrée de leur galerie: ils nagent à quelques centimètres au-dessus du sol, ce qui correspond à un comportement atypique. Pour ce faire, ils déploient largement toutes leurs nageoires, tandis que leurs pectorales hypertrophiées sont animées d'un battement qui les maintient en suspension. Très souvent, un solitaire s'associe à une crevette ou à un couple. L'espèce s'avère excessivement exigeante en matière de choix du partenaire, puisqu'elle cohabite exclusivement avec la crevette-pistolet *Alpheus rubromaculatus*. Lire également les fiches consacrées aux autres espèces de gobies symbiotiques.

Acclim.: lire la fiche consacrée à l'espèce *A. wheeleri*, le gobie symbiotique splendide.

Famille des acanthuridés (poissons-chirurgiens)

L'ensemble constitué par les familles des zanclidés, des siganidés et des acanthuridés correspond au sous-ordre des acanthuroidei (ordre des perciformes).

Les acanthuridés se subdivisent en 3 sous-familles. Les poissons-chirurgiens *stricto-sensu* forment la principale : les acanthurinés, soit une cinquantaine d'espèces, réparties en quatres genres, dont la distribution est pantropicale. Dans l'Atlantique ne sont implantées que 5 espèces du genre le plus important, *Acanthurus*. Les 45 autres sont distribuées dans l'Indo-Pacifique.

La seconde sous-famille, les nasinés, est limitée à un seul genre ; la quinzaine d'espèces qui le composent se rencontrent exclusivement dans l'Indo-Pacifique.

La troisième sous-famille, les prionurinés, ne sera pas abordée dans le cadre de cet ouvrage.

Tous les acanthuridés se caractérisent par un corps comprimé latéralement, une voûte dorsale élevée, des écailles de petite taille, au contact rèche. La gueule, en position terminale, est généralement étroite et peu, voire non protractile ; la mâchoire porte de petites dents aux formes variées d'une espèce à l'autre. Le critère distinctif le plus fondamental par rapport aux autres poissons marins est la présence d'une épine de chaque côté de l'appendice caudal, d'où nom familier attribué à ces poissons. Il s'agit d'un (ou plusieurs) éperons ossifiés, issus d'écailles modifiées, que l'on appelle parfois « scalpels » car ce sont de véritables lames de rasoir. Le nombre, mais également la forme de ces éperons permet d'identifier les représentants de chaque sous-famille.

Chez les poissons-chirurgiens *stricto-sensu*, c'est-à-dire les acanthurinés, un éperon est visible de chaque côté de l'appendice caudal.

Il est tranchant et rétractile ; au repos, il est escamoté, pointe vers l'avant, dans un sillon, parallèlement au corps. L'érection de ces armes, synonyme de danger, n'est pas volontaire : le processus est au contraire passif, asujetti aux ondulations du corps des sujets, et à leurs battements de queue : ils s'érigent sur la face convexe (arquée vers l'extérieur) de l'appendice caudal, selon un angle voisin de 80° par rapport à l'axe du corps. Chez les *Acanthurus*, ces éperons sont présents dès le stade juvénile.

Chez les nasons, sous-famille des nasinés, ces éperons, au bord tranchant orienté vers l'avant, fixes sur l'appendice caudal, sont au nombre de 2., (non rétractiles), toujours en position érigée. Ils n'apparaissent qu'à partir de la matutité sexuelle ; ils sont plus développés chez les ♂ que chez les ♀.

Les prionuinés se caractérisent par des éperons ossifiés de chaque côté de l'appendice caudal, entre 3 et 10. Ces éperons remplissent une fonction essentiellement défensive, et servent lors de combats intraspécifiques.

Les nasons, différents des poissons-chirurgiens *stricto-sensu* par la forme et le nombre de leurs éperons, présentent des particularités morphologiques. Chez les adultes, le corps est nettement plus longiligne. Nombre d'espèces développent, au stade adulte, une excroissance frontale en forme de corne, parfois de bosse. Parfois, seuls les ♂ possèdent cet attribut. Parfois, il n'apparaît chez aucun des sexes.

L'ensemble des acanthuridés est de moeurs diurnes ; de nuit, ils gagnent l'intérieur d'anfractuosités rocheuses, de grottes ou autres galeries. Chez une majorité d'espèces, les juvéniles sont si radicalement différents des adultes qu'ils ont longtemps bénéficié du statut d'espèce distincte. C'est ainsi que dans le cas des représentants du genre *Acanthurus*, les larves, au stade 20 mm (taille moyenne), subissent une phase de métamorphose, au terme de laquelle les sujets commencent à adopter les premiers caractères morphologiques typiques d'une espèce.

De nombreuses espèces jouissent de livrées particulièrement chatoyantes, mais les coloris demeurent toutefois très variables, notamment en fonction de l'état émotionnel des sujets, du moment de la journée, de certaines particularités régionales.

Acanthurus leucocheilus
(Herre, 1927)
Chirurgien à lèvres blanches

Descript.: taille adulte de l'ordre de 35 cm. Morphologie conforme au cliché ci-dessus et aux descriptions fournies en introduction. Livrée à dominante uniformément brun foncé à brune tirant sur le noir; les épines sont colorées en blanc; les nageoires dorsale et anale sont bordées d'un fin liséré d'un bleu vif. Les bourrelets labiaux sont dans des tons plus pâles.

Conf.: il s'agit ici de l'unique espèce possédant simultanément une livrée uniformément colorée en brun sombre à brun tirant sur le noir, des lèvres pâles et des épines blanches.

Biot.: les ouvrages spécialisés font mention de sujets observés à flanc de tombants abrupts, par 16 mètres de profondeur, et stipulent une aire de distribution limitée aux Philippines, à Palau et au pourtour de l'île Fanning, au sud de l'archipel hawaiien. L'auteur a observé des sujets dans l'atoll Ari, une région de l'archipel des Maldives, à des profondeurs comprises entre 12 et 18 mètres de profondeur, évoluant à flanc de tombants récifaux variablement pentus. D'où l'hypothèse selon laquelle l'aire de distribution de l'espèce serait plus vaste que ce que l'on admettait jusqu'alors.

Biol.: aucune particularité notable.

Acclim.: aucune référence à ce sujet. Les préconisations sont probablement identiques à celles relatives aux autres espèces composant le genre *Acanthurus*.

Acanthurus leucosternon
(Bennett, 1832)
Chirurgien à poitrine blanche

Descript.: adultes vers 23 cm ; ♂ plus petits que les ♀. Morphologie : cf cliché ci-dessus et descriptions en introduction. Corps dans des tons saturés de bleu ; tête noire, gorge blanche ; appendice caudal, épines incluses, insertion des pectorales et dorsale colorés en jaune à jaune-orangé ; nageoires anale et pelviennes blanches. Caudale barrée de bandes blanches et noires.

Conf.: néant.

Biot.: la plupart du temps sur les platiers récifaux et dans les régions supérieures des tombants récifaux. Entre la surface et une douzaine de mètres de profondeur. Océan Indien, Maldives incluses.

Biol.: à l'instar des autres *Acathurus*, les représentants de l'espèce se nourrissent de diverses algues. On observe souvent des couples évoluant sur un territoire strictement délimité, qu'ils défendent vigoureusement non seulement contre les intrusions de congénères, mais également contre leurs concurrents alimentaires, à savoir toute autre espèce algivore, tout comme eux. Dans d'autres cas, le ♂, de dimensions toujours inférieures, défend son territoire contre d'autres espèces algivores flanqué de 2 ♀. Les frais se déroulent apparemment en couples (sans certitude absolue).

Parfois, *A. leucosternon* forme de vastes bancs. *A. lineatus*, le chirurgien-clown ou chirurgien à lignes bleues, ainsi que *Zebrasoma scopas*, le chirurgien à balais ou chirurgien à robe sombre, sont deux autres espèces fréquentant un biotope similaire.

Acclim.: la réussite de cet élevage n'est envisageable que sous réserve de distribuer une alimentation végétale aussi diversifiée que possible, pendant, mais aussi à l'issue de la phase d'acclimatation. L'agressivité, tant intraspécifique qu'extraspécifique, est très affirmée.

Acanthurus lineatus
(Linnaeus, 1758)
Chirurgien-clown, chirurgien à lignes bleues

Descript.: adultes vers 38 cm. ♂ de dimensions légèrement supérieures aux ♀. Morphologie : cf cliché ci-dessus et introduction. Dominante jaune à jaune-orangé, une dizaine de raies longitudinales d'un bleu clair et bordées de noir ; ventre dans les tons blancs à bleu argenté. Pelviennes dans les tons jaune-orangé. Motifs variables en fonction de l'humeur des sujets.

Conf.: aucune espèce ressemblante recensée.

Biot.: récif externe (platiers, bordure du platier) à fort développement de la flore algale, au moins temporairement exposé au déferlement. L'espèce évolue presque exclusivement au voisinage de la surface, rarement au-delà de 3 mètres de profondeur. Indo-Pacifique, Maldives incluses.

Biol.: la bibliographie stipule que l'espèce se nourrit essentiellement d'algues rouges, collectées à la surface de squelettes coralliens, où elles forment une sorte de gazon. Ils évoluent en colonies variablement étendues, mais les sujets des deux sexes se montrent territoriaux : ils s'octroient un domaine délimité strictement, qu'ils utilisent avant tout à des fins alimentaires, et qu'ils défendent avec vigueur contre leurs congénères ainsi que contre toute autre espèce algivore (cas des siganidés, des scaridés, des balistidés et des autres acanthures). Le mode de vie grégaire favorise la défense contre les concurrents alimentaires d'autres espèces. Le frai est généralement collectif : il se déroule peu de temps après l'aube, dans le domaine pélagique, en bordure du platier.

Acclim.: l'acclimatation est d'autant plus facile qu'il s'agit de juvéniles, non d'adultes. A l'instar des autres chirurgiens, l'espèce requiert des bacs de capacité importante, offrant un vaste espace d'évolutions.

Acanthurus mata
(Cuvier, 1829)
Chirurgien à queue blanche

Descript.: taille adulte de l'ordre de 50 cm, la plupart du temps nettement moins. Morphologie: cf cliché ci-dessus, et descriptions fournies en introduction. Le corps présente une configuration plus oblongue que celle des autres acanthures. Les coloris de la livrée varient en fonction de l'humeur du poisson : du brun sombre au foncé, avec des raies longitudinales légèrement ondulées par places, plus ou moins visibles, dans les tons bleutés, au niveau de la tête et du corps. On note, en avant de chaque globe oculaire, deux raies longitudinales jaunes ; en arrière, une autre raie, plus large, également jaune, chemine de l'oeil jusqu'à la bordure postérieure des opercules. En fonction de l'état émotionnel du poisson, l'intégralité du corps se colore parfois dans des tons pâles de bleu.

Conf.: on répertorie trois, voire quatre espèces très ressemblantes au sein du genre *Acanthurus*. Seule *A. mata* forme des bancs, qui évoluent dans le domaine pélagique, à la recherche de zooplancton ; les autres espèces broûtent le gazon algal.

Biot.: le plus souvent en bancs, évoluant en zone pélagique, au pourtour des platiers récifaux et à flanc de parois récifales, au moins occasionnellement exposées aux turbulences du déferlement. Dès le voisinage de la surface. Indo-Pacifique, Maldives incluses ; les ouvrages spécialisés mentionnent l'espèce dans la partie méridionale de la Mer Rouge.

Biol.: à l'instar de seulement 2 autres espèces du genre Acanthurus, *A. mata* se nourrit aux dépens du zooplancton ; les quelque 34 restantes broûtent le gazon algal qui se développe à la surface de divers supports.

Acclim.: l'espèce ne survit pas en captivité.

Acanthurus nigricauda
(Duncker & Mohr, 1929)
Chirurgien à marque noire

Descript.: taille adulte de l'ordre de 40 cm. Morphologie conforme au cliché ci-dessus, ainsi qu'aux descriptions fournies en introduction. Livrée à dominante brune teintée de gris à brun sombre, complétée d'une brève raie longitudinale noire en arrière des globes oculaires et d'une bande verticale à la naissance de la nageoire caudale. Parfois, la nageoire caudale est entièrement colorée en blanc.

Conf.: éventuellement avec l'espèce *A. gahhm*, le chirurgien noir à queue blanche, dont la livrée est quasiment identique, et dont l'aire de distribution correspond à la Mer Rouge et au Golfe d'Aden.

Biot.: lagunes et récifs externes. Au moins jusqu'à une trentaine de mètres de profondeur. Indo-Pacifique, Maldives incluses.

Biol.: aucune particularité notable.

Acclim.: l'espèce ne s'acclimate pas en captivité.

Acanthurus gahhm
(Forsskål, 1775)
Chirurgien noir à queue blanche

Descript.: adultes: 50 cm et plus. Morphologie: cf cliché ci-dessus et descriptions fournies en introduction. Livrée à dominante brun sombre à brune proche du noir; une bande verticale blanche visible à la naissance de la caudale, ainsi qu'une brève raie longitudinale noire en arrière de chaque globe oculaire.

Conf.: éventuellement avec l'espèce *A. nigricauda*, le chirurgien à marque noire, dont la livrée est très proche, mais qui n'est pas distribuée en Mer Rouge.

Biot.: divers domaines récifaux, généralement sur les fonds sableux et biodétritiques, aux abords des récifs. Dès les faibles profondeurs. Mer Rouge et Golfe d'Aden.

Biol.: au régime alimentaire de l'espèce figurent essentiellement des dépôts d'algues et de matières détritiques, ainsi que divers organismes invertébrés.

Acclim.: l'espèce ne survit pas en captivité.

Acanthurus sohal
(Forsskål, 1775)
Chirurgien zébré, chirurgien sohal

Descript.: taille adulte de l'ordre de 40 cm. Morphologie conforme au cliché ci-dessus, ainsi qu'aux descriptions fournies en introduction. Livrée à dominante blanche à gris claire, complétée de nombreuses raies longitudinales étroites, dans les tons noirs à noirs à reflets bleus, ornant les flancs. Au niveau de la tête, les raies ne sont généralement visibles qu'au-dessus des globes oculaires. Une zone de couleur orange est visible en arrière et au-dessus de l'insertion des nageoires pectorales. Les épines sont vivement colorées en orange. Les nageoires dorsale, anale et pectorales sont ourlées d'un fin liséré bleu clair. La nageoire dorsale est sombre, voire noire, elle aussi bordée d'un liséré bleu clair.
Conf.: néant.
Biot.: récifs externes (platiers récifaux et périphérie des platiers), colonisés par les algues. Presque exclusivement au voisinage de la surface, rarement au-delà de 5 mètres de profondeur. Mer Rouge, jusqu'au Golfe d'Arabie.
Biol.: les chirurgiens zébrés ont un mode de vie très semblable à celui des *Acanthurus lineatus*, ou chirurgiens-clowns (à lignes bleues). Tout comme eux, ils expriment un fort instinct de territorialité, et une agressivité affirmée. Des analyses du contenu stomacchal ont permis de déterminer le régime alimentaire de cette espèce typique de la Mer Rouge: il se compose de diverses espèces d'algues, avec une majorité, pour les individus examinés, d'algues vertes filamenteuses et d'algues membres du genre *Sargassum*.
Acclim.: l'espèce ne s'acclimate pas en captivité.

Acanthurus thompsoni
(Fowler, 1923)
Chirurgien de Thompson, chirurgien chocolat

Descript.: taille adulte de l'ordre de 25 cm, nettement moins dans la moyenne. Morphologie conforme au cliché ci-dessus, ainsi qu'aux descriptions fournies en introduction. Coloration du corps et des nageoires à dominante uniformément brune (chocolat) à brune tirant sur le noir; seule la nageoire caudale demeure blanche.
Conf.: néant. Seule cette espèce présente une livrée aussi uniformément brune à brune proche du noir, et une caudale blanche.
Biot.: parois verticales et récifs externes à pente abrupte. Généralement à partir de 4 mètres et jusqu'à grande profondeur. Indo-Pacifique, Maldives incluses.
Biol.: les représentants de cette espèce évoluent en communautés d'individus clairsemés, dans le domaine pélagique aux abords des parois récifales. En matière de régime alimentaire, *A. thompsoni* fait figure d'exception. Contrairement aux autres acanthures, qui algivores dans l'ensemble, ce poisson se nourrit aux dépens de diverses proies du zooplancton, telles que des oeufs de poissons, des crustacés planctoniques ou des larves d'autres organismes.
Acclim.: aucune référence à ce sujet.

Acanthurus triostegus
(Linnaeus, 1758)
Chirurgien bagnard, chirurgien à raies noires

Descript.: adultes vers 27 cm, en moyenne moins de 20 cm. Morphologie : cf cliché ci-dessus et descriptions en introduction. Livrée généralement à dominante de tons gris-bleu pâles à gris tirant sur le brun, cinq raies verticales noires et étroites au niveau de la tête et du corps ; deux petites taches noires, de chaque côté de l'appendice caudal.
Conf.: néant.
Biot.: diverses zones récifales. Généralement au voisinage de la surface, également à grande profondeur. Indo-Pacifique, Maldives incluses.
Biol.: l'espèce évolue tant en solitaire qu'en petites communautés ou en immenses bancs, composés d'un millier d'individus ou davantage encore. Les solitaires et les petites communautés sont territoriaux, et se défendent contre les intrusions de concurrents alimentaires. Ils consomment les algues de ces territoires. Les communautés plus vastes, en revanche, parcourent les récifs, « mettent à sac » les gisements d'algues des territoires occupés par d'autres algivores : acanthures et pomacentridés. Aucun individu de l'espèce n'est définitivement spécialisé sur l'un ou l'autre de ces comportements ; au contraire : latechnique du marquage a permis de monrter que certains sujets délaissaient leur territoire et s'intégraient à des bancs. Ces chirurgiens fraient aussi bien en couples que collectivement, en petites communautés ou en immenses bancs. Chez les sujets territoriaux en posture d'agression (défense du terriotoire), les barres verticales de la livrée palissent. Chez les ♂ en train de parader ou de frayer au sein d'un banc, les raies verticales noires paraissent plus contrastées et nettement plus larges. Les nageoires dorsale, caudale, anale et pelviennes adoptent des tons de noir.
Acclim.: aucune référence à ce sujet.

Ctenochaetus striatus
(Quoy & Gaimard, 1825)
Chirurgien strié, maïto

Descript.: adultes vers 26 cm. Morphologie typique des *Acanthurus*, caractérisée par une gueule plus pointue. Caudale profondément échancrée, prolongements des lobes supérieur et inférieur qui lui confèrent un profil falciforme. Dominante brun-vert à gris-brun ou brun foncé, nombreuses raies longitudinales étroites, dans les tons gris-vert à gris-bleu sur les flancs; petites ponctuations à la périphérie des globes oculaires.

Conf.: le genre *Ctenochaetus* se compose de 6, peut-être 7 espèces, aisément identifiables, dont l'aire de distribution se limite à l'Indo-Pacifique.

Biot.: diverses zones récifales. Généralement au voisinage de la surface, mais également jusqu'à plus d'une trentaine de mètres de profondeur. Mer Rouge et Indo-Pacifique, Maldives incluses.

Biol.: le régime alimentaire de l'espèce est à base d'algues bleues et de diatomées, qui se développent sous forme de fin dépôt à la surface des substrats les plus divers. Les sujets se rencontrent tant en solitaires qu'en communautés plus ou moins vastes, parfois en compagnie d'autres espèces. Mais ces communautés sont souvent formées d'un ♂, entouré de plusieurs ♀. Certains sujets s'octroient des territoires aux limites définitives; d'autres ne manifestent aucun comportement de territorialité. Les territoires eux-mêmes sont défendus contre les intrusions d'autres poissons, notamment contre d'autres acanthures et les scaridés. Le frai se déroule tant en couples que collectivement. Au gré de leur état émotionnel, la livrée de l'espèce est susceptible de varier: certaines zones, voire le corps entier, peuvent ainsi adopter des teintes plus claires ou plus foncées.

Acclim.: aucune référence à ce sujet. Attrait esthétique des sujets limité.

Ctenochaetus strigosus
(Bennett, 1828)
Chirurgien à cercle doré

Descript.: taille adulte de l'ordre de 18 cm. Morphologie comparable à celle des représentants du genre *Acanthurus*, mais caractérisée par une gueule légèrement plus pointue. Livrée à dominante brun-rougeâtre à brun sombre, complétée de nombreuses petites ponctuations bleu-gris constellant l'ensemble de la surface du corps des sujets, ainsi que d'un anneau jaune pâle à jaune vif cerclant les globes oculaires. La nageoire caudale est faiblement, voire non échancrée; les pointes supérieure et inférieure sont arrondies. Les juvéniles (en incrustation) présentent une livrée d'un jaune vif uniforme.

Conf.: néant. Voir également l'espèce *C. striatus*, ou chirurgien strié (maïto). Les chirurgiens membres du genre *Ctenochaetus* se différencient des autres acanthures grâce à la forme différente de leur gueule, ainsi qu'à la configuration de leurs dents. Celles-ci sont en nombre supérieur par rapport aux espèces voisines et possèdent des extrémités à l'aspect de soies, donc flexibles et courbes. Elles sont utilisées pour le râclage de leur alimentation, à savoir les films superficiels d'algues ou de nature biodétritique.

Biot.: diverses zones récifales. Dès le voisinage de la surface, mais généralement à des profondeurs supérieures que dans le cas de *C. striatus*. Indo-Pacifique, Maldives incluses.

Biol.: le mode de vie et le comportement alimentaire de l'espèce sont comparables à celui de l'espèce *C. striatus*, le chirurgien strié ou maïto; voir la fiche consacrée à cette espèce. Le frai a lieu en couple. Les épines tranchantes, chez cette espèce, sont réputées être légèrement venimeuses. Les juvéniles mènent généralement un mode de vie très furtif, dissimulés entre les ramifications de coraux arborescents.

Acclim.: aucune référence à ce sujet.

Paracanthurus hepathus
(Linnaeus, 1758)
Chirurgien bleu, chirurgien palette

Descript.: adultes vers 30 cm. Morphologie : cf cliché et introduction. Dominante bleu électrique, une large bande longitudinale noire, arquée vers le haut, sur les flancs, des globes oculaires à l'insertion des nageoires pectorales, d'une largeur équivalente au Ø de l'oeil, de l'insertion des pectorales jusqu'à l'appendice caudal plus large. Tache ovaloïde bleu électrique, à partie antérieure parfois peu délimitée, atteignant le niveau médian du corps. Pédoncule caudal et caudale jaune vif ; nageoires dorsale, caudale et anale ourlées d'un liséré noir. Adultes fréquemment dans des tons plus pâles.

Conf.: néant. Le genre *Paracanthurus* est monospécifique.

Biot.: terrasses récifales orientées vers le large, au moins sporadiquement exposées à des turbulences. Juvéniles et subadultes évoluent en règle générale aux abords immédiats de colonies coralliennes buissonnantes, type *Acropora* et *Pocillopora*, au sein desquelles ils se dissimulent en cas de danger. Depuis le voisinage de la surface et jusqu'à plus d'une quarantaine de mètres de profondeur. Indo-Pacifique, Maldives incluses.

Biol.: des analyses du contenu stomaccal ont permis de définir le régime alimentaire de l'espèce : zooplancton et et microalgues râclées sur des substrats durs. Les sujets évoluent généralement en communautés peu denses, et se tiennent fréquemment dans le domaine pélagique, au-dessus du fond. Les petites communautés semblent se composer d'un sujet plus imposant, un ♂ adulte, flanqué de sujets de dimensions plus modestes, vraisemblablement des ♀. Les frais se produisent en couple.

Acclim.: les sujets, surtout lorsqu'ils sont acclimatés au stade juvénile, s'adaptent bien en captivité, et y atteignent une longévité considérable.

Zebrasoma scopas
(Cuvier, 1829)
Chirurgien à balai, chirurgien à robe sombre

Descript.: adultes vers 20 cm. Morphologie plutôt circulaire, à gueule allongée et pointue. Nageoires dorsale et anale très développées. Corps et nageoires dans les tons bruns-noirs, tête parfois plus claire. Epines soulignées de blanc. Juvéniles (en incrustation) à tête jaune, raies verticales claires et caudale bleue.

Conf.: néant. Le genre *Zebrasoma* se compose de six espèces, qui se différencient des autres genres par leur morphologie et le développement des nageoires dorsale et anale.

Biot.: lagunes et récifs externes. Depuis le voisinage de la surface jusqu'à grande profondeur. Indo-Pacifique, Maldives incluses.

Biol.: l'espèce vit solitaire ou en petites communautés, le plus souvent composées d'un ♂ et de plusieurs ♀. Ils occupent des territoires bien définis, relativement étendus, et se défendent collectivement avec énergie contre leurs concurrents alimentaires. Mais de petits bancs, composés d'une cinquantaine à 80 sujets, sont parfois observés. La concurrence exercée par les autres acanthures, au régime alimentaire algivore, fait que ces poissons ne parviennent à s'imposer que sur les zones récifales peu productives, donc à croissance algale faible. C'est pourquoi les territoires qu'ils s'octroient sont plus étendus que ceux des poissons-chirurgiens membres du genre *Acanthurus*. Les sujets consomment des microalgues qui se développent à la surface des substrats, et ne sont pas valorisables par une majorité d'autres espèces. Cette stratégie permet à *Z. scopas* de s'imposer face à d'autres espèces plus compétitives et mieux armées. Les frais se produisent aussi bien en couples que collectivement.

Acclim.: aucune référence à ce sujet.

Zebrasoma desjardinii
(Bennett, 1853)
Chirurgien voilier

Descript. : adultes vers 40 cm. Morphologie plutôt circulaire, gueule allongée et pointue. Nageoires dorsale et anale hypertrophiées. Dominante brun sombre à pratiquement noire en passant par le brun olivâtre, multiples raies verticales jaunes dans les flancs ; en fonction de l'humeur apparaît parfois un nombre limité de bandes verticales blanches et larges, les antérieures toujours plus claires, les postérieures plus foncées. Ventre constellé de petites ponctuations jaunes ; région céphalique à innombrables très petits points blancs. Dorsale et anale à raies longitudinales jaunes et courbes. Caudale à ponctuations blanches, bordure postérieure blanche. Juvéniles à livrée jaune et bandes verticales blanches sur le corps, 2 bandes verticales noires dans l'appendice caudal, et 2 autres noires sur la tête.
Conf. : néant. *Z. veliferum* (Block, 1797), le chirurgien à voile, une espèce implantée dans le Pacifique, se différencie légèrement par ses coloris et par le nombre des rayons de structure des dorsale et anale. Certains auteurs considèrent *Z. veliferum* et *Z. desjardinii* comme de simples sous-espèces, non comme des espèces véritables.
Biot. : diverses zones récifales. Le plus souvent au voisinage de la surface, parfois jusqu'à une trentaine de mètres de profondeur. Mer Rouge et Océan Indien, Maldives incluses.
Biol. : au régime alimentaire de l'espèce figurent diverses espèces d'algues rouges et vertes. Les sujets défendent seuls ou en couples un territoire contre les intrusions de concurrents alimentaires ; parfois, ils se regroupent en bancs, susceptibles de rassembler une cinquantaine à une centaine d'individus, et parcourent le récif. Les frais ont lieu en couples.
Acclim. : l'espèce n'est pas acclimatable.

Zebrasoma xanthurum
(Blyth, 1852)
Chirurgien à queue jaune

Descript.: taille adulte de l'ordre de 25 cm. Morphologie plutôt circulaire, caractérisée par une gueule allongée, à extrémité pointue. Les nageoires dorsale et anale sont très développées. Livrée à dominante bleu sombre, complétée de petites ponctuations noires dans le tiers antérieur du corps; la nageoire caudale est d'un jaune vif; les nageoires pectorales sont elles aussi dans des tons de jaune, au moins partiellement.
Conf.: néant.
Biot.: divers domaines du récif. Dès le voisinage de la surface. Mer Rouge et Golfe d'Arabie.
Biol.: les sujets, après le coucher du soleil, semblent revêtir une livrée nocturne caractéristique; ils se colorent dans des tons clairs, complétés d'une tache sombre dans la région centrale du corps.
Acclim.: l'acclimatation des sujets en captivité semble excessivement délicate. Mais lorque la première phase s'achève avec succès, les sujets connaissent une longévité très satisfaisante. Selon les données disponibles, un régime alimentaire mixte, à base de végétaux et de proies animales, donnerait les meilleurs résultats. Le tempérament des sujets est réputé pacifique, ce qui autorise l'association à d'autres espèces également dénuées d'agressivité.

Naso brevirostris
(Valenciennes, 1835)
Nason à rostre court, licorne

Descript.: adultes vers 60 cm. Morphologie : cf cliché et introduction. Adultes identifiables à la « corne » frontale, pointée loin en avant de la tête. Livrée variable selon l'humeur des sujets, du bleu clair argenté à presque noire, en passant par des tons de brun ; nombreuses petites taches sombres, concentrée dans la région céphalique et la moitié inférieure du corps ; parfois anastomosées en raies verticales. Caudale le plus souvent dans des tons blancs à bleutés.

Conf.: possible avec *N. annulatus* (Quoy & Gaimard, 1825), ou nason à bordures blanches, dont les représentants, à l'âge adulte, atteignent la taille de 100 cm. Livrée toutefois exempte de taches sombres au niveau de la tête et de la moitié inférieure du corps. Par ailleurs, les adultes évoluent rarement à une profondeur inférieure à 25 mètres environ.

Biot.: le plus souvent à flanc de tombants abrupts dans la région du récif externe, ainsi qu'aux abords des récifs descendant en à-pic. Dès le voisinage de la surface et jusqu'à grande profondeur. Mer Rouge et Indo-Pacifique, Maldives incluses.

Biol.: juvéniles et subadultes (qui ne portent pas encore de « corne » bien affirmée) sont des algivores ; parvenus à l'âge adulte, les sujets se nourrissent essentiellement aux dépens de proies zooplanctoniques. La « corne », qui caractérise ces poissons, ne commencent à apparaître que chez les sujets parvenus à une longueur d'une dizaine de cm, sous forme d'une bosse frontale. L'espèce évolue en communautés plus ou moins étendues et peu denses. L'espèce fraie en couples.

Acclim.: impossible, vues les dimensions qu'atteignent ces poissons.

Naso hexacanthus
(Bleeker, 1855)
Nason à langue noire, nason gris

Descript.: adultes vers 75 cm. Morphologie: cf cliché et introduction. L'espèce n'arbore jamais de « corne » frontale. Livrée variable, selon l'humeur des sujets, du bleu argenté au brun foncé; ventre généralement plus clair, dans les tons blancs à jaunes, toujours exempt de motifs contrastés. Bordure postérieure des opercules et zone antérieure comportent des plages brun sombre, voire noires.

Conf.: éventuellement avec l'espèce *N. thynnoides* (Valenciennes, 1835), le nason à une épine; coloris et morphologie ne sont pas sans rappeler ceux de *N. hexacanthus*, mais la taille adulte se limite à une quarantaine de cm de longueur. Il s'identifie à la présence d'une épine unique, de part et d'autre de l'appendice caudal. On recense en outre au moins 2 autres espèces susceptibles d'être confondues, mais dont les dimensions à l'âge adulte demeurent nettement plus limitées.

Biot.: récifs externes et tombants abrupts. Dès 6 mètres et jusqu'à grande profondeur, mais plus fréquemment encore dans un domaine de profondeur compris entre 15 et 20 mètres. Mer Rouge et Indo-Pacifique, Maldives incluses.

Biol.: l'espèce évolue presque toujours dans le domaine pélagique. Les sujets y consomment des éléments du zooplancton parmi les plus volumineux: larves de crustacés, vers et tuniciers à l'état planctonique. Mais selon certains observateurs, ils compléteraient occasionnellement leur régime alimentaire d'algues rouges filamenteuses. Les ♂ en train de parader se parent d'une vaste zone bleu pâle, qui s'étend à la face supérieure de la tête et de la nuque, de bandes verticales et de taches d'un bleu clair au niveau des flancs. Les sujets passent le repos nocturne sur le récif.

Acclim.: impossible, vues les dimensions acquises par les sujets.

Naso lituratus
(Bloch & Schneider, 1801)
Nason à éperons orange, nason bariolé

Descript.: taille adulte de l'ordre de 50 cm. Morphologie moins nettement longiligne que chez les autres représentants du genre *Naso*. Les sujets ne développent jamais de « corne ». Les extrémités supérieure et inférieure de la nageoire caudale, surtout chez les grands ♂, développent de longs prolongements filamenteux. Livrée à dominante brune et jaune, brun olive à grise et brune. La gueule est noire, cernée de replis labiaux d'un jaune orangé. Front et gorge ornés d'une bande légèrement courbe issue de la commissure de la gueule et cheminant jusqu'à l'oeil ; les deux épines de chaque côté de l'appendice caudal sont colorées en orange. La nageoire dorsale est jaune avec, à l'insertion, deux lisérés longitudinaux, l'un blanc, l'autre noir. La nageoire caudale est blanche, et comporte une bordure postérieure noire.

Conf.: aucune espèce ressemblante recensée. La population implantée dans le Pacifique présente des coloris quelque peu différents ; leur nageoire dorsale est noire, et comporte une large bordure externe de couleur blanche.

Le genre *Naso* regroupe une quinzaine d'espèces à part entière, dont l'aire de distribution correspond pour toutes à la zone indo-pacifique.

Biot.: divers domaines du récif. Dès le voisinage de la surface et jusqu'à très grande profondeur. Mer Rouge et Indo-Pacifique, Maldives incluses.

Biol.: l'espèce consomme essentiellement des algues à thalle foliacé (pseudofeuilles), membres des genres *Sargassum*, *Dictyota*, et d'autres présentant des caractéristiques similaires. Les frais ont lieu en couples.

Acclim.: impossible ; l'espèce acquiert des dimensions incompatibles.

Naso vlamingi
(Valenciennes, 1835)
Nason zébré, nason à lignes violettes

Descript.: adultes vers 60 cm. Morphologie: cf cliché et introduction. « Bosse » nasale spectaculaire. Coloration variable selon l'humeur des sujets. Dominante (en incrustation) souvent brun moyen à brun olive, nombreuses ponctuations bleu foncé; raies verticales sur les flancs; replis labiaux bleu foncé; une bande, de même couleur, forme un «masque», des globes oculaires à la bosse nasale. Dorsale et anale à étroit liséré bleu vif. La dominante évolue lorsque les poissons sont déparasités: bleu et jaune clair, constellée de nombreuses ponctuations et raies verticales bleu clair à bleu pâle dans les flancs; tête jaune tirant sur le vert; replis labiaux et masque des yeux à la bosse frontale colorés en bleu pâle à bleu clair. Chez les ♂ en train de parader, les motifs bleu foncé peuvent virer en un clin d'oeil dans de spectaculaires tons iridescents de bleu saturé.

Conf.: aucune espèce similaire recensée.
Biot.: lagunes profondes et récifs externes. De 4 à au moins une cinquantaine de mètres de profondeur. Indo-Pacifique, Maldives incluses.
Biol.: les sujets se nourrissent aux dépens du zooplancton. Ils évoluent le plus souvent en communautés clairsemées, plus ou moins étendues, qui se tiennent dans le domaine pélagique, où ils chassent leurs proies. Il n'est pas rare de les voir approcher de très près les plongeurs, semblent affectionner de traverser le panache de bulles de gaz s'élevant vers la surface, et vont jusqu'à mordiller les cheveux longs. Il ne s'agit pourtant nullement de comportements d'agression, et il ne faut pas tenter de les éloigner, voire essayer de les frapper, le risque de blessure étant alors considérable.
Acclim.: impossible, vues les dimensions acquises.

▎*Famille des siganidés (poissons-lapins, picots, sigans)*

Les 30 espèces recensées sont classées au sein d'un genre unique, répandu dans l'Indo-Pacifique tropical. 2 espèces, originaires de la Mer Rouge, ont émigré en Mer Méditerranée, par le Canal de Suez. En Mer Rouge vivent 4 espèces, dont 2 endémiques. L'Océan Indien occidental, Maldives incluses, accueille 5 espèces, dont une endémique. Les siganidés possèdent un corps fortement comprimé latéralement, oblong, une ligne dorsale assez arquée. La tête, réduite, s'achève sur une gueule caractéristique, également réduite, à replis labiaux charnus, plus ou moins prolongée « en trompette ». La dorsale forme un ourlet continu, mais demeure souvent plaquée contre le dos. Proches parents des acanthuridés, ils s'identifient à la forme de leur gueule, à l'absence d'épines caudales, enfin à la présence de rayons venimeux dans presque toutes les nageoires (dorsale : 13, anale : 7, pelviennes : 4). Chacun communique avec 2 glandes à venin, allongées, logées dans des renfoncements ; leur fonction est principalement défensive. En cas de contact, les rayons provoquent une blessure ; la pression induit l'écoulement du venin dans la plaie. La douleur, bien qu'intense, reste relativement passagère. Les espèces connues ne se différencient souvent que par leurs livrée, lesquelles connaissent de brusques variations en fonction de l'humeur des sujets. Ces poissons évoluent habituellement tant en couples qu'en communautés. Leur régime alimentaire est essentiellement à base d'algues et de phanérogames marins ; certaines espèces consomment néanmoins des éponges et des tuniciers. Esthétiques, relativement faciles à acclimater, les siganidés sont appréciés des aquariophiles.

Siganus puelloides
(Woodland & Randall, 1979)
Poisson-lapin à oeil noir

Descript.: adultes vers 30 cm, parfois davantage. Dominante jaune clair et petites ponctuations de couleur jaune orangé, en ordre dense sur la tête et le corps, et s'anastomosent dans la moitié supérieure du corps, formant des alignements. Globes oculaires brun foncé à noirs, recouverts de petits points foncés.
Conf.: l'espèce *Siganus corallinus* Valenciennes, 1835, le picot corail ou poisson-lapin tacheté, Indo-Pacifique occidental, s'identifie à la présence d'un ocelle allongé verticalement, et à des ponctuations bleu clair et bleu foncé très denses au niveau de la tête.
S. puelleus (Schlegel, 1852), ou picot à lignes bleues, Pacifique central tropical, présente des motifs bleus et blancs à base de lignes sur la tête, et un long « masque » sombre barrant la tête.
Biot.: divers domaines du récif, à croissance corallienne intense. Dès le voisinage de la surface. Océan Indien oriental, Maldives incluses.
Biol.: lire l'introduction à la famille des siganidés.

Siganus stellatus stellatus
(Forsskål, 1775)
Sigan marguerite

Descript.: taille adulte de l'ordre de 40 cm. Livrée à dominante gris clair, complétée d'innombrables petites ponctuations noires, en disposition très dense, de couleur brun foncé à noires, constellant la tête et le corps; la nageoire caudale est bordée de jaune (population implantée en Mer Rouge) ou de blanc (population originaire de l'Océan Indien; voir l'espèce *S. s. laques*, Bonde, 1934).
Conf.: néant.
Biot.: divers domaines du récif. Dès le voisinage de la surface et jusqu'à une trentaine de mètres de profondeur. Mer Rouge et Océan Indien, Maldives incluses.
Biol.: lire les informations fournies en introduction à la famille des siganidés.

■ *Famille des zanclidés (zancles)*

La famille des zancles, celles des chirurgiens et des poissons-lapins, forment le sous-ordre des acanthuroidés. Elle se réduit à un unique genre, lui-même monospécifique. Les zancles se différencient des chirurgiens notamment par l'absence d'épine caudale tranchante. Par ailleurs, au sein du sous-ordre des acanthuroidés, ils sont les seuls à posséder un prolongement aussi spectaculaire de la dorsale.

Zanclus cornutus
(Linnaeus, 1758)
Zancle cornu, idole des Maures, porte-enseigne

Descript.: adultes vers 25 cm. Corps fortement comprimé latéralement, très élevé ; extrémité de la dorsale en fouet ; museau allongé, formant des pincettes. Partie antérieure du corps blanche, une bande verticale très large et noire, un motif orange orne le museau ; partie postérieure jaune clair, une bande verticale noire plus étroite ; caudale noire.

Conf.: la confusion avec les poissons-cochers du genre *Heniochus* est classique ; ces poissons possèdent tous une caudale colorée dans des tons clairs. Par ailleurs, le museau, chez *Z. cornutus*, est plus allongé et plus vivement coloré que celui des hénioches.

Biot.: divers domaines du récif, sur fonds durs. Dès la surface et jusqu'à des profondeurs très considérables. Indo-Pacifique, Maldives incluses.

Biol.: ces poissons se nourrissent essentiellement aux dépens de spongiaires ; l'espèce évolue en couples, mais également en communautés, susceptibles de rassembler jusqu'à une centaine d'individus. Les frais surviennent de nuit, parfois à l'aube. Consécutivement à l'éclosion des oeufs, les larves dérivent longtemps en pleine mer. Les juvéniles ne gagnent que bien plus tard le récif, une fois parvenus au stade 6 cm.

Acclim.: l'espèce est protégée, et interdite d'importation.

Ordre des pleuronectiformes (poissons plats)

Poissons benthiques par excellence, ils sont implantés dans toutes les mers du globe, mais c'est dans les eaux superficielles des latitudes chaudes et tempérées que l'on rencontre le plus d'espèces. Leurs dimensions vont de quelques centimètres (soles naines) à 4,5 mètres (turbot géant). Contrairement aux raies, ils ne reposent pas sur leur ventre mais sur l'un de leurs flancs. Au cours de leur développement, un de leurs yeux migre vers le flanc opposé ; le corps lui-même s'aplatit ; les sujets adoptent un mode de vie benthique. Leur vessie natatoire est involuée.

Famille des bothidés (turbots, poissons plats sénestres)

Plus de 200 espèces de bothidés (turbots) sont recensées à ce jour ; la famille présente une distribution cosmopolite. Ces poissons-plats sont dits sénestres, car leurs deux yeux sont positionnés sur le flanc gauche.

Bothus pantherinus
(Rüppell, 1830)
Turbot-panthère

Descript.: adultes vers 35 cm. Chez les ♂, les pectorales sont hypertrophiées et des prolongements des globes oculaires sont visibles. Dominante brun clair, complétée de grandes taches sombres, et d'une tache de couleur noire au niveau de la moitié postérieure du corps. Les nageoires pectorales comportent une tache jaune (fréquemment cerclée d'un liséré sombre).
Conf.: éventuellement avec d'autres espèces membres du genre *Bothus*.
Biot.: fonds sablonneux et vaseux. Depuis la surface et jusqu'à plus d'une centaine de mètres de profondeur. Mer Rouge et Indo-Pacifique, archipel des Maldives inclus.
Biol.: en cas de danger, lors d'agressions intraspécifiques et vraisemblablement au cours de la parade nuptiale, les ♂ érigent leur nageoire pectorale, qui présente un fort développement longitudinal, dévoilant ainsi la tache jaune qu'elle comporte.

■ *Famille des soléidés (soles)*

Les soles, soit près de 120 espèces réparties en une trentaine de genres, sont des poissons plats dits dextres : ils reposent sur leur flanc gauche ; leurs yeux migrent donc vers le côté droit. A l'instar de la majorité des poissons plats, les soles possèdent la faculté d'adapter leurs coloris à ceux de leur substrat.

Soleichthys heterohinus
(Bleeker, 1856)
Sole à marques noires

Descript. : adultes vers 14 cm, voire davantage. Morphologie à la fois oblongue et ovaloïde. Dominante beige clair à brune tirant sur le vert, complétée de nombreuses raies verticales sombres au niveau des flancs ; l'ourlet natatoire est souvent paré de tons bleus-verts iridescents ; les nageoires dorsale, caudale et anale comportent une bordure postérieure noire.
Conf. : néant.
Biot. : la plupart du temps sur les fonds sablonneux, au pied des zones protégées du récif. Dès les faibles profondeurs. Mer Rouge et Indo-Pacifique (incertitude concernant l'archipel des Maldives).
Biol. : l'espèce semble de moeurs principalement nocturnes ; en journée, les sujets s'enfouissent dans le sable, ne laissant affleurer que leurs yeux. Au moindre dérangement, ils s'enfuient à grande vitesse, et il est alors très difficile de les repérer à nouveau. A l'instar de tous les poissons plats, l'espèce possède un comportement alimentaire prédateur, et se nourrit aux dépens de divers petits poissons benthiques et d'organismes invertébrés.
Acclim. : ne s'envisage qu'au sein de vastes cuves, la majorité des poissons plats ayant un mode de vie étroitement inféodé à la zone benthique.

❚ Ordre des tétraodontiformes (poissons-globes, poissons-ballons, tétrodons)

Il se compose de 8 familles. Outre celles que nous présentons ici, citons également les triodontidés, les molidés (poissons-lune), les triacanthidés (triacanthes). Tous on en commun une tête relativement volumineuse, une gueule réduite, des opercules réduits à de simples fentes en avant des pectorales. Le derme est soit recouvert de petites écailles, soit de plaques ossifiées mobiles, soit de boucliers hexagonaux jointifs ; plus rarement, le derme est épais, ou nu, et contient de petits spicules osseux.

Presque tous les poissons-coffres ont un mode de locomotion particulier : la propulsion est entièrement assurée par des ondulations des nageoires dorsale et anale ; la caudale ne sert plus que de dérive, donc à la direction.

La morphologie et le mode de vie, chez une majorité d'espèces, font apparaître une adaptation croissante aux biotopes littoraux. Seules quelques espèces de balistes et les molidés sont des poissons typiquement hauturiers. Nombre des quelques 330 espèces recensées se rencontre sous les latitudes tropicales. Quelques espèces sont dulçaquicoles.

L'ordre des tétraodontiformes se subdivise en deux sous-ordres : celui des balistes d'une part (balistes, bourses, poissons-gâchettes, arbalétriers, monacanthes -ou poissons-limes, triacanthes, poissons-coffres, poissons-vaches), celui des poissons-globes d'autre part (poissons-ballons, tétrodons, poissons porc-épics et poissons-lunes).

❚ Famille des tétraodontidés (tétrodons, poissons-globes, poissons-ballons)

Elle se subdivise en 2 sous-familles ; d'un auteur à l'autre, le nombre de genre est compris entre 10 et 25, correspondant à 110-120 espèces. Le genre *Arothron*, membre de la sous-famille des tétraodontinés, se compose d'une dizaine d'espèce s exclusivement répandues dans l'Indo-Pacifique. La sous-famille des canthigastérinés se réduit à un unique genre.

Le nom de tétraodontidés (du grec « à quatre dents ») fait référence à la denture, constituée de 4 dents soudées, configurées comme un bec d'oiseau. Leurs dimensions, à l'âge adulte, vont de 6 à 90 cm, pour des poids s'échelonnant de quelques grammes à 65 kg.

Ils possèdent l'étonnante faculté de faire gonfler leur corps en absorbant de l'eau ; emmagasinée à l'intérieur de poches communiquant avec l'estomac, elle peut être régurgitée quasi-instantanément. Dilatés, les sujets sont à peine capables de se mouvoir, donc théoriquement vulnérables. Mais le gonflement subit du poisson est une telle surprise pour l'agresseur que celui-ci préfère souvent renoncer et fuir. Mais ils bénéficient d'une autre arme défensive : une substance sécrétée par leurs tissus, principalement composée de tétrodoxine ; l'équivalent de 8-10 milligrammes peut entraîner la mort. La concentration en toxine à l'intérieur du corps varie en étroite corrélation avec le cycle des saisons et la zone géographique. Bien qu'extrêmement toxique, le fugu, une spécialité japonaise à base de poisson de la famille des tétraodontidés, est considéré comme un met de choix dans ce pays. Sa préparation est toutefois réservée à des cuisiniers spécialement formés : la toxine n'étant pas thermosensible, elle ne se détruit pas durant la cuisson. Chaque année, des décès sont dus à la consommation de fugu mal préparé.

Les poissons-globes possèdent un mode de locomotion particulier qui leur confère une maniabilité maximale sur un espace très restreint. Des mouvements hélicoïdaux animant les nageoires dorsale et anale assurent la propulsion, mais aussi des marches arrière ainsi que des rotations complètes sur place. Les pectorales, affectées à la direction, sont elles aussi constamment en mouvement. La caudale, qui assume une fonction de gouverne, ne sert à la propulsion que dans des circonstances exceptionnelles : pour prendre la fuite, par exemple.

Les *Canthigaster* sont de petits tétrodons, caractérisés par un museau pointu et des coloris attrayants. Outre par leur faible taille, les canthigaster se différencient des autres tétrodons par une compression latérale plus prononcée, leur museau pointu et leur fente branchiale particulièrement réduite. La dorsale pectiforme, une excroissance rigide sur la face ventrale, qui adopte l'aspect d'une quille de bateau, sont d'autres caractères propres à cette sous-famille.

Canthigaster bennetti
(Bleeker, 1854)
Canthigaster de Bennett

Descript.: adultes vers 10 cm. Morphologie : cf cliché et introduction. Dominante beige clair (blanc sable), une bande longitudinale un brun sombre, de l'oeil à l'appendice caudal ; une tache noire à l'insertion de la caudale ; corps intégralement constellé de nombreuses petites ponctuations orange et turquoises, évoluant par places en de brefs tirets. Autour des globes oculaires, uniquement des tirets, aux coloris bien contrastés, souvent organisés en alignements longitudinaux, plus rarement agencés radialement autour des yeux.

Conf.: les coloris et les motifs de la livrée des *Canthigaster* distribués dans l'Indo-Pacifique, à 2 exceptions près, sont d'une remarquable constance, ne variant que faiblement en fonction de la taille des sujets, de leur âge, de leur origine géographique. Ce sont donc des repères d'identification sûrs. Dans le cas de *C. bennetti*, quelques espèces ressemblantes, étroitement apparentées, sont recensées, mais un examen attentif permet de les identifier aisément.

Biot.: souvent dans les eaux des lagunes, sur les fonds sableux et rocheux. De la surface à une dizaine de mètres de profondeur, rarement au-delà. Indo-Pacifique, Maldives incluses.

Biol.: cet habitant typique des lagunes évolue généralement seul ou en couples. Les coloris pâles assurent un camouflage efficace, harmonisés à l'environnement. On observe souvent de petites troupes, composées de 20-30 juvéniles. D'après des analyses du contenu stomaccal menées sur 3 individus, le régime alimentaire de l'espèce se compose à 85 % de divers types d'algues. Une fraction est toutefois composée de proies animales : fragments d'anatifes (3,3 %), éponges (2,6 %), gastéropodes (2,0 %), bryozoaires (1,3 %) et d'autres invertébrés.

Acclim.: lire la fiche consacrée à *Canthigaster janthinoptera*.

Canthigaster coronata
(Vaillant & Sauvage, 1875)
Canthigaster couronné

Descript.: adultes vers 13 cm. Morphologie : cf cliché et introduction. Dominante beige clair, 4 taches dorsales chevauchantes (selles) brun foncé à noires, jusqu'au niveau médian des flancs : l'antérieure chemine de la gueule jusque en arrière des yeux ; la quatrième part du haut de la dorsale et court jusqu'à la naissance de la caudale. Insertion des pectorales soulignée d'une tache brun foncé à noire ; corps intégralement constellé de nombreuses petites ponctuations ou tirets, bleu clair vif (population de la Mer Rouge) à jaunes (population de la Micronésie) ; raies longitudinales, parfois radiales, visibles autour des globes oculaires.

Conf.: les coloris et les motifs de la livrée des *Canthigaster* distribués dans l'Indo-Pacifique, à 2 exceptions près, sont d'une remarquable constance, ne variant que dans une faible mesure en fonction de la taille des sujets, de leur âge, de leur origine géographique. Ce sont donc des repères d'identification fiables. L'espèce n'est pas sans rappeler *C. valentini*, le canthigaster à selles, qui n'est toutefois pas distribué en Mer Rouge.

Biot.: souvent aux abords des fonds sableux, sur lesquels se développent des formations coralliennes. Entre une dizaine et une quinzaine de mètres de profondeur. Mer Rouge et Indo-Pacifique ; l'espèce n'est pas encore répertoriée dans les Maldives.

Biol.: d'après des analyses du contenu stomaccal, chez 12 sujets de Hawaii, la fraction végétale du régime alimentaire est beaucoup moins conséquente que chez *C. bennetti* : algues et matières biodétritiques (13,3 %), gastéropodes (11,9 %), crabes (10,0 %), pélycypodes (9,7 %), polychètes (8,9 %), spongiaires (7,7 %), vers (7,0 %), ophiures (6,1 %), bryozoaires (4,7 %), oursins (3,3 %), et divers autres organismes.

Acclim.: lire la fiche de *C. janthinoptera*.

Canthigaster janthinoptera
(Bleeker, 1855)
Canthigaster alvéolé

Descript.: adultes vers 9 cm. Morphologie: cf cliché et introduction. Dominante brune tirant sur le rouge, nombreuses petites ponctuations dans les tons jaune-blanc à gris-bleus; certaines comportent une bordure légèrement plus sombre; courtes raies, agencées radialement, visibles autour des globes oculaires.

Conf.: les coloris et les motifs composant la livrée des *Canthigaster* de l'Indo-Pacifique, à 2 exceptions près, sont remarquablement constants, ne variant que dans une faible mesure en fonction de la taille des sujets, de leur âge et de leur origine géographique. Ce sont donc des repères d'identification fiables. Un certain nombre d'espèces de *Canthigaster* arborent une livrée similaire à celle de *C. janithoptera*.

Biot.: essentiellement dans les eaux de lagunes claires et sur les récifs externes. De la surface à une trentaine de mètres de profondeur. Indo-Pacifique, Maldives incluses.

Biol.: généralement, l'espèce n'est pas très fréquente. Les sujets évoluent seuls ou en couples. Leur régime alimentaire se compose principalement d'algues diversifiées, de spongiaires et de vers polychètes, plus rarement complété de crustacés, d'échinodermes, de tuniciers et de polypes coralliens.

Acclim.: ces poissons aux coloris attrayants, aux proportions modestes, savent se montrer curieux; ce sont des hôtes prisés des aquariophiles. Par contre, ils développent une très forte agressivité intraspécifique: l'acclimatation requiert soit des cuves de très grande capacité, soit de se limiter à des solitaires, à la rigueur des couples. Ils se montrent pacifiques envers les autres espèces. Leur comportement alimentaire implique la plus grande prudence lors de l'association à des invertébrés. Dans la plupart des cas, ils ne tardent guère à s'adapter aux aliments de substitution les plus variés.

Canthigaster margarittata
(Rüppell, 1829)
Canthigaster perlé de la Mer Rouge

Descript.: adultes vers 12,5 cm. Morphologie : cf cliché et introduction. Dominante brune tirant sur le rouge, face ventrale brun clair à brun tirant sur le jaune ; une tache sombre sous l'insertion de la dorsale ; corps intégralement constellé de nombreuses petites ponctuations bleu clair, cernées de sombre, évoluant dans la région dorsale en raies longitudinales discontinues ; yeux cernés de tirets radiaux, jointifs au-dessus du front.
Conf.: les coloris et les motifs des *Canthigaster* de l'Indo-Pacifique, à 2 exceptions près, sont remarquablement constants, ne variant que faiblement en fonction de la taille, de l'âge et de l'origine géographique des sujets. Ce sont donc des repères d'identification fiables. L'espèce est très étroitement apparentée à *C. solandri* (Richardson, 1844), le canthigaster tacheté ou canthigaster à nez pointu, distribué dans l'Indo-Pacifique, dont la livrée est semblable. *C. maragittata* se différencie toutefois par un nombre inférieur de ponctuations plus grosses. En outre, les tirets autour des yeux et dans la région dorsale sont moins contrastés que chez *C. solandri*.
Biot.: souvent sur les fonds sableux séparant les grandes formations coralliennes. De la surface à une dizaine de mètres de profondeur. Exclusivement en Mer Rouge.
Biol.: aucun travail d'analyse du contenu stomaccal n'a été mené chez l'espèce ; son régime alimentaire est donc méconnu. On peut supposer qu'il est largement comparable à celui des espèces proches. De nuit, les sujets se contentent de se poser sur le fond ou sur des fragments de roche et de coraux, revêtant alors une livrée nocturne caractéristique : le corps entier se colore dans des tons bruts de beige, avec des marbrures brun sombre (en incrustation).
Acclim.: lire la fiche de *C. janthinoptera*.

Canthigaster pygmaea
(Allen & Randall, 1977)
Canthigaster pygmée

Descript.: adultes vers 5,5 cm. Morphologie : cf cliché et introduction. Dominante brun clair à brune tirant sur le jaune, nombreuses petites ponctuations bleu clair constellent le corps, 4 à 9 raies verticales dans les mêmes tons de bleu clair strient la tête.

Conf.: les coloris et les motifs chez les *Canthigaster* de l'Indo-Pacifique, à 2 exceptions près, sont d'une grande constance, ne variant que dans une faible mesure en fonction de la taille des sujets, de leur âge et de leur origine géographique. Ces critères sont donc des repères d'identification fiables. On recense 25 espèces de petits tétrodons, membres du genre *Canthigaster*, implantés sur les récifs coralliens des Tropiques. Selon Allen & Randall (1977), une majorité d'entre elles -plus précisément un total de 22 espèces- se rencontre dans la zone indo-pacifique. Neuf espèces sont distribuées dans le Pacifique, contre 11 dans l'Océan Indien. Deux autres sont endémiques de la Mer Rouge (elles ne se rencontrent que dans cette mer). On ne répertorie que 3 espèces dans l'Atlantique et la Caraïbe.

Biot.: la plupart du temps aux abords de grottes et d'anfractuosités. Dès le voisinage de la surface et jusqu'à une trentaine de mètres de profondeur. Endémique de la Mer Rouge.

Biol.: les ♀ de cette espèce sont dotées d'organes sexuels parfaitement fonctionnels dès le stade de 2,5 cm à peine. La peau des canthigaster sécrète une substance répulsive qui, jointe à la toxicité de leur chair, est destinée à les protéger contre les agressions de leurs prédateurs.

Acclim.: lire la fiche consacrée à *Canthigaster janthinoptera*.

Canthigaster smithae
(Allen & Randall, 1977)
Canthigaster bicolore

Descript.: adultes vers 13 cm. Morphologie : cf cliché et introduction. Zone supérieure du corps (régions dorsale et frontale), jusqu'à la hauteur des yeux, brun sombre ; flancs et région ventrale à dominante blanche à beige clair, une raie longitudinale brunâtre, sous l'insertion des nageoires pectorales et de nombreuses petites ponctuations bleutées, qui évoluent en tirets au niveau de la tête, des zones de transition entre la zone supérieure foncée et la face ventrale claire ; des plages de couleur jaune d'or sont visibles aux abords des globes oculaires et à la naissance de la nageoire dorsale, qui portent des motifs foncés en forme de tirets, de ponctuations et d'anneaux.
Conf.: les coloris et les motifs composant la livrée des espèces membres du genre *Canthigaster* distribuées dans l'Indo-Pacifique, à 2 exceptions près, sont d'une remarquable constance, ne variant que dans une faible mesure en fonction de la taille des sujets, de leur âge et de leur origine géographique. Ces critères sont donc des repères d'identification fiables.
Biot.: aux abords de petites grottes et d'anfractuosités. Généralement au-delà d'une trentaine de mètres de profondeur, rarement à partir de vingt mètres. Indo-Pacifique, Maldives incluses.
Biol.: l'espèce semble excessivement rare dans l'archipel des Maldives. On ne connaît que peu de détails sur la biologie de l'espèce, qui doit néanmoins se rapprocher de celle des autres tétrodons du genre *Canthigaster*.
Acclim.: se reporter à la fiche consacrée à *Canthigaster janthinoptera*.

Canthigaster tyleri
(Allen & Randall, 1977)
Canthigaster de Tyler

Descript.: adultes vers 14 cm. Morphologie : cf cliché et introduction. Dominante blanche à beige clair, nombreuses ponctuations sur les flancs, d'un diamètre relativement important (équivalent à celui des globes oculaires), dans les tons brun sombre ; les régions dorsale et céphalique arborent des stries et des ponctuations d'un jaune soutenu, séparées les unes des autres par de fines raies violettes à bleu foncé. Ces raies et tirets, au niveau du dos, sont irrégulières à circulaires, puis parallèles entre les globes oculaires, jusque dans la zone médiane du front ; le front comporte des alignements longitudinaux de points dans les tons brun clair, qui évoluent en anneaux cerclant le museau perpendiculairement au corps, irréguliers au niveau des yeux.

Conf.: les coloris et les motifs composant la livrée des espèces membres du genre *Canthigaster* distribuées dans l'Indo-Pacifique, à deux exceptions près, sont d'une remarquable constance, ne variant que dans une faible mesure en fonction de la taille des sujets, de leur âge et de leur origine géographique. Ces critères sont donc des repères d'identification fiables.

Biot.: le plus souvent sur des zones comportant des grottes et de nombreuses anfractuosités. Généralement au-delà d'une quinzaine de mètres de profondeur, rarement en-deçà. Indo-Pacifique, Maldives incluses.

Biol.: cette espèce semble elle aussi relativement rare dans l'archipel des Maldives. L'auteur, pour sa part, n'a pu observer que des solitaires. Les détails de la biologie de l'espèce sont largement méconnus. Elle se rapproche probablement de celle des espèces apparentées.

Acclim.: se reporter à la fiche consacrée à *Canthigaster janthinoptera*.

Canthigaster valentini
(Bleeker, 1853)
Canthigaster à selles

Descript.: adultes vers 11 cm. Morphologie: cf cliché et introduction. Dominante blanche à beige clair, 4 taches chevauchantes («selles»), brun foncé, sur le dos; les 1ère et 4ème s'achèvent au-dessus de l'axe médian; la 2nde est courbe; la 3ème est droite, extrémité pointue sur le ventre. Partie claire des flancs constellée de ponctuations brun clair, évoluant en raies transversales brun clair sur le museau, longitudinales entre les yeux. Caudale et insertion des pectorales souvent jaunes.
Conf.: lire les fiches consacrées aux autres *Canthigaster. C. valentini* est fréquemment assimilée à *Paraluteres prionurus*, un monacanthe identifiable à la forme et la couleur des selles sur les flancs, et aux motifs entre les yeux.
Biot.: souvent entre les colonies coralliennes et les roches des lagunes et récifs externes. De la surface à 55 mètres de profondeur. Indo-Pacifique, Maldives incluses. *C. valentini* est l'un des canthigaster les plus répandus.

Biol.: alimentation à base d'algues filamenteuses rouges et vertes et de tuniciers, complété de quelques proies animales (échinodermes, bryozoaires, polychètes, polypes, mollusques), d'algues brunes et rouges encroûtantes. Les ♂ s'octroient des territoires; ils y admettent un harem de ♀ (de 1 à 7). Ils fraient chaque matin avec l'une d'elles, jamais deux fois la même consécutivement; les couvains sont confiés à un buisson d'algues sélectionné par la ♀. L'imitation de cette espèce par le monacanthe *P. prionurus* (cf cette espèce) et par les juvéniles de *Plectropomus laevis* (cf cette fiche) sont des exemples classiques de mimétisme. Ce comportement de reproduction des coloris du tétrodon, une espèce non seulement toxique mais également incomestible, est destiné à les protéger de leurs prédateurs potentiels.
Acclim.: voir *C. janthinoptera*.

Arothron diadematus
(Rüppell, 1829)
Poisson-globe masqué

Descript.: adultes vers 30 cm. Morphologie : cf cliché et introduction. Dominante gris clair à beige, souvent à marbrures sombres ; masque noir barrant les yeux qui évolue en une large tache autour de l'insertion des pectorales. Gueule elle aussi noire. Rayons des nageoires, insertion des pectorales, dorsale et anale de couleur noire ; membranes natatoires généralement blanches et translucides.

Conf.: néant, en raison de la présence d'un « masque » noir contrasté, et compte-tenu de l'aire de distribution géographique réduite de l'espèce. Le genre *Arothron* se compose de dix espèces en tout, exclusivement distribuées dans l'Indo-Pacifique. *A. diadematus* est étroitement apparentée à une autre espèce exclusivement originaire de l'Indo-Pacifique, *A. nigropunctatus*, le tétrodon jaune ou poisson-globe à taches noires, néanmoins dépourvu de masque noir. Certains auteurs considérent le poisson-globe masqué comme une simple sous-espèce ou variante chromatique du poisson-globe à taches noires.

Biot.: presque tous les domaines des récifs coralliens. Depuis le voisinage de la surface et jusqu'à grande profondeur. Mer Rouge exclusivement.

Biol.: de nuit, les poissons-globes masqués se posent à-même le sol ou à la surface de roches ou de colonies coralliennes pour dormir. Leur coloris évoluent durant cette phase : ils revêtent une livrée nocturne caractéristique. Le masque caractéristique barrant les yeux disparaît et le corps se pare de marbrures nettement plus sombres. Lire les fiches consacrées aux autres espèces membres du genre *Arothron*.

Acclim.: se reporter à la fiche consacrée à *Arothron hispidus*, le poisson-ballon à épaules noires.

Arothron hispidus
(L., 1758)
Poisson-globe à épaules noires,
poisson-ballon à taches blanches

Descript.: adultes vers 50 cm. Morphologie : cf cliché et introduction. Dominante gris sombre à gris-brun, face ventrale dans les tons gris clairs ; ensemble du corps constellé de nombreuses ponctuations blanches assez larges, évoluant en lignes concentriques autour de l'insertion noire des pectorales et des yeux.

Conf.: chez les sujets originaires de la Mer Rouge, les ponctuations blanches sont de diamètre nettement inférieur et plus denses que chez leurs congénères distribués dans le reste de l'Indo-Pacifique.

Biot.: divers biotopes coralliens. Les juvéniles semblent particulièrement affectionner les lagunes peu profondes accueillant des herbiers sous-marins, et conquièrent ultérieurement les autres biotopes récifaux. Depuis le voisinage de la surface et jusqu'à grande profondeur. Mer Rouge et Indo-Pacifique, Maldives incluses.

Biol.: à l'instar des autres représentants du genre *Arothron*, le régime alimentaire de *A. hispidus* est extrêmement diversifié, à base de d'algues, de résidus biodétritiques, de mollusques, de tuniciers (ascidies), de spongiaires, d'anémones encroûtantes, de polypes, de pagures, de crabes, de vers tubicoles, d'holothuries, d'ophiures, d'astéries (y compris les astéries couronnes d'épines *Acanthaster*). Les sujets chassent de jour comme de nuit.

Acclim.: sous réserves, vues les dimensions acquises par les sujets adultes. L'agressivité intraspécifique est généralement affirmée. Pour satisfaire leur appétit, ils requièrent des distributions de proies vivantes : moules, crevettes, carbes, vers et autres invertébrés. Des précautions s'imposent : leur puissante denture leur permet de s'attaquer à tous les éléments du décor, y compris les équipements techniques : décor, résistance chauffante, filtre et autres.

Arothron mappa
(L., 1758)
Poisson-globe griffonné

Descript.: adultes vers 65 cm. Morphologie : cf cliché et introduction. Dominante de tons blancs, jaunes à brun clair, complétée de motifs à base de tirets, dont l'agencement les uns par rapport aux autres engendre un motif en forme de labyrinthe. Dans la région ventrale, à l'insertion des nageoires pectorales et au-dessous, la dominante est noire et les motifs de couleur blanche.

Conf.: néant. Lire la fiche consacrée à l'espèce *A. diadematus*. Les poissons-globes du genre *Arothron* se différencient de tous les autres tétrodons d'une part en raison de leur morphologie plus massive, d'autre part grâce à la présence d'organes nasaux, dont l'aspect est celui de tentacules bilobés, et qui déterminent, à chaque face interne opposée, de petites fosses nasales.

Biot.: espace lagunaire et récif proprement dit. Généralement depuis le voisinage de la surface et jusqu'à une trentaine de mètres de profondeur. Indo-Pacifique, Maldives incluses.

Biol.: le nom familier de poisson-globe griffonné se rapporte aux coloris et motifs qu'arbore l'espèce, constitués de nombreuses lignes courbes et imbriquées et qui, avec un peu d'imagination, font penser à des graffitis, voire à des cartes géographiques, à des embouchures de fleuve… etc… Chez 2 sujets analysés, des chercheurs ont trouvé un estomac complètement rempli de fragments de spongiaires, ainsi, mais dans une moindre mesure, que de tissus déchiquetés de tuniciers, de mollusques, de crabes, d'algues calcifiées ainsi que de thalles d'algues des genres *Halimeda* et *Valonia*. Espèce à livrée attrayante, qui semble relativement rare en milieu naturel.

Acclim.: lire la fiche consacrée à l'espèce *A. hispidus*.

Arothron meleagris
(Lacépède, 1798)
Tétrodon moucheté, ballon-pintade

Descript.: adultes vers 50 cm. Morphologie : cf cliché et introduction. Dominante uniformément noire, à nombreuses ponctuations blanches denses ; face ventrale parfois plus claire, voire colorée en blanc ou jaune.

Conf.: néant ; lire la fiche relative à l'espèce *A. diadematus*.

Biot.: lagunes claires bien colonisées par places par des organismes coralliens et récifs externes. Les sujets se tiennent la plupart du temps sous des colonies coralliennes en surplomb, parfois à l'intérieur de grottes ou d'anfractuosités rocheuses. Depuis le voisinage de la surface et jusqu'à au moins une quinzaine de mètres de profondeur. Indo-Pacifique, Maldives incluses.

Biol.: l'espèce se nourrit essentiellement aux dépens des extrémités de certains coraux buissonnants. Des spongiaires, des mollusques, des bryozoaires, des tuniciers, des algues et autres résidus biodétritiques sont également consommés en plus faibles quantités. Cette espèce, à l'instar de *A. mappa*, demeure relativement rare. Il est intéressant de constater qu'un certain nombre d'espèces, parfois radicalement différentes, arborent des motifs similaires à ceux du tétrodon moucheté. Exemple : *Gymnothorax meleagris*, la murène perlée ou murène mouchetée ; les juvéniles du poisson-coffre pintade *Ostracion meleagris* ; l'espèce *Calloplesiops meleagris*, le comète à grandes nageoires. S'agit-il d'un simple hasard ou existe-t-il une finalité biologique à ce type de motifs, comme c'est par exemple le cas dans le mimétisme entre les poissons-comètes et la murène mouchetée. La bibliographie actuelle n'apporte aucune réponse à cette question.

Acclim.: lire la fiche consacrée à l'espèce *A. hispidus*.

Arothron nigropunctatus
(Bloch & Schneider, 1801)
Tétrodon jaune, poisson-ballon à taches noires

Descript.: adultes vers 30 cm. Morphologie : cf cliché et introduction. Dominante variable, du gris clair au beige clair en passant par les tons jaunes, bleutés à bleu noir, toujours constellée de taches noires de diamètre varié ; région oculaire et gueule généralement colorées dans des tons sombres.

Conf.: néant ; l'espèce est très étroitement apparentée à *Arothron diadematus*, le poisson-globe masqué, dont l'aide de distribution géograpique est toutefois limitée à la Mer Rouge, et qui s'identifie essentiellement à la présence d'un « masque » noir barrant les yeux. Un certain nombre d'auteurs ne le considèrent d'ailleurs que comme simple sous-espèce ou variante chromatique du tétrodon jaune ou poisson-ballon à taches noires.

Biot.: pratiquement tous les domaines du récif corallien. Depuis le voisinage de la surface et jusqu'à des profondeurs assez importantes. Indo-Pacifique, Maldives incluses.

Biol.: l'espèce se nourrit essentiellement aux dépens de polypes coralliens, avec une prédilection pour les ceux situés à l'extrémité des ramifications d'acropores (*Acropora*). Ils consomment également des mollusques et des crustacés. Le tétrodon jaune (ou tétrodon à taches noires) est le représentant le plus fréquent du genre *Arothron*.

Acclim.: lire la fiche consacrée à l'espèce *A. hispidus*.

Arothron stellatus
(Bloch & Schneider, 1801)
Poisson-ballon étoilé

Descript.: adultes vers 120 cm. Morphologie: cf cliché et introduction. Dominante gris clair, complétée de nombreuses taches et raies sombres, en disposition irrégulière, de dimensions relativement importantes. Plus les taches sont réduites et nombreuses, plus l'individu en question est lui-même de dimensions imposantes; la face ventrale est toujours plus claire, et généralement dépourvue de taches sombres; l'insertion des nageoire pectorales est le plus souvent noire. Les juvéniles dans les premiers stades sont à dominante sombre, complétée de lignes étroites, claires et courbes, qui s'étendent progressivement au fur et à mesure de la croissance des sujets; simultanément, les parties sombres se désagrègent; à la fin, il n'en subsiste plus que quelques taches sombres.
Conf.: néant; lire la fiche consacrée à l'espèce *A. diadematus*.
Biot.: microrécifs isolés, tombants récifaux aux abords de territoires sableux des lagunes claires et récifs externes. Depuis le voisinage de la surface et jusqu'à profondeur considérable. Mer Rouge et Indo-Pacifique, Maldives incluses.
Biol.: l'analyse du contenu stomaccal d'un exemplaire originaire d'Enewetak (Pacifique) a montré que le tractus digestif ne contenait que des tissus d'astéries de l'espèce *Linkia guildingi*. Les poissons-globes, de façon générale, sont des poissons territoriaux, qui colonisent des surfaces comportant de nombreux refuges, qu'ils utilisent pour se dissimuler en cas de besoin. L'agressivité intraspécifique est généralement prononcée: toute intrusion sur ce territoire est énergiquement défendue à tout congénère.
Acclim.: lire la fiche consacrée à l'espèce *A. hispidus*.

Famille des diodontidés (poissons porcs-épics)

Les 6 genres distincts rassemblent 19 espèces essentiellement coralliennes et tropicales. Aucune espèce dulçaquicole connue ; ils sont également rares en eaux saumâtres. Chez nombre d'espèces, les juvéniles, identifiables à leur livrée différente de celle des adultes, évoluent dans la zone pélagique jusqu'à une taille donnée ; on les observe donc au large, dans la zone hauturière. Certaines espèces y demeurent durant toute leur existence. L'étroite parenté entre diodons et tétrodons est évidente : leurs morphologies sont très similaires, la forme du museau notamment. Outre un mode de locomotion identique, les diodons possèdent eux aussi la faculté de se dilater en ingérant de l'eau ; celle-ci n'est pas emmagasinée à l'intérieur de culs-de-sac stomacaux, comme chez les tétrodons. Elle est directement aspirée et stockée dans la cavité stomacale. Le caractère distinctif le plus fiable est la présence de piquants hérissant le corps, d'où leur nom familier. Il s'agit d'écailles profondément modifiées ; tantôt courts et fixes, tantôt relativement longs, ils sont parfois mobiles. Chez les espèces dotées de piquants mobiles, ceux-ci sont souvent orientés vers l'arrière et plaqués le long du corps. A l'état dilaté, les piquants se hérissent alors et transforment le poisson effrayé en une boule de piquants, très difficile à saisir. En outre, les diodons possèdent des yeux de diamètre supérieur. Les juvéniles (< 5 cm) sont très difficiles à identifier avec précision : à ce stade, toutes les espèces arborent des coloris et des motifs identiques, et des piquants courts pratiquement similaires. En Mer Rouge, on dénombre 4-5 espèces. En revanche, aucune donnée précise n'a pu être trouvée concernant le nombre exact d'espèces présentes dans les Maldives et plus généralement dans l'Indo-Pacifique.

Cyclichthys spilostylus
(Leis & Randall, 1982)
Poisson porc-épic à taches jaunes

Descript.: adultes vers 34 cm. Morphologie: cf cliché et introduction. Dominante gris brun à beige, une tache blanche à jaune marquant chaque piquant; les piquants hérissant la face ventrale portent une tache de couleur brun sombre.
Conf.: le genre *Cychlichthys* se compose de huit espèces. *C. orbicularis* (Bloch, 1785), le poisson porc-épic orbiculé, qui atteint environ 14 cm à l'âge adulte, possède des piquants moins nombreux et quelques larges taches de couleur noire, indépendamment de la disposition des piquants.
Biot.: divers biotopes récifaux. Dès le voisinage de la surface. Mer Rouge et Indo-Pacifique (incertitude concernant les Maldives)
Biol.: jusqu'au stade 15 cm, les juvéniles n'évoluent que dans la zone pélagique du domaine marin hauturier.
Acclim.: lire la fiche consacrée à l'espèce *Diodon hystrix*, le poisson porc-épic armé.

Diodon liturosus
(Shaw, 1804)
Poisson porc-épic à taches auréolées

Descript.: adultes vers 50 cm. Chez les *Diodon*, les piquants sont étroitement appliqués contre le corps. Dominante beige clair à crème, complétée de quelques taches sombres bordées de clair au niveau du dos et des flancs.
Conf.: l'espèce *D. holacanthus* Linnaeus, 1785, le poisson porc-épic à taches, 35 cm à l'âge adulte, possède une distribution pantropicale; il se différencie grâce aux piquants plus longs que le diamètre oculaire au niveau de la région céphalique. En outre, les taches sombres au niveau des flancs ne sont pas bordées d'un liséré clair.
Biot.: toujours aux abords des récifs, de jour souvent sous des surplombs rocheux ou à l'intérieur de grottes. Dès le voisinage de la surface et jusqu'à des profondeurs considérables. Mer Rouge et Indo-Pacifique, Maldives incluses.
Biologie et **Acclim.:** lire la fiche de *D. hystrix*, le poisson porc-épic armé.

Diodon hystrix
(L., 1785)
Poisson porc-épic armé

Descript.: potentiellement 70 cm (adultes). Morphologie : cf cliché et introduction. Chez les *Diodon*, les piquants sont étroitement appliqués au corps. Dominante grisâtre à brunâtre, à nombreuses petites ponctuations noires au niveau du dos, des flancs et des nageoires ; face ventrale gris clair à blanche, dépourvue de ponctuations.
Conf.: néant. Le nombre d'espèces au sein du genre Diodon est estimé à 5.
Biot.: lagunes et récifs externes. Depuis le voisinage de la surface jusqu'à profondeur considérable. Distribution pantropicale.
Biol.: les poissons porc-épics, en raison de leur mode de locomotion tout à fait particulier, ne peuvent lutter contre les courants marins. C'est pourquoi il arrive de rencontrer des sujets « égarés » sur le littoral européen, et même assez régulièrement en Méditerranée. Comme l'indique l'extension du nom scientifique, cette espèce, à l'instar de *D. holacanthus*, le poisson porc-épic à taches était connu du vivant de Linnée. Les poissons porc-épics sont essentiellement nocturnes ; en journée ils se dissimulent sous des surplombs rocheux, dans des grottes et des anfractuosités. Ils ont une prédilection pour les oursins, les gastéropodes, les crabes et les pagures. Les juvéniles, qui évoluent dans le domaine pélagique, sont parfois la proie de thons. Le principal prédateur des adultes est le requin-tigre.
Acclim.: vues les dimensions acquises par les adultes, seule l'acclimatation des espèces les plus modestes est envisageable. L'alimentation est réputée facile, les sujets s'adaptant rapidement à tout type de proies de substitution. A l'instar des *Arothron*, les poissons porc-épics (diodons) possèdent une denture puissante qui leur permet d'endommager les éléments décoratifs et les équipements techniques présents de la cuve.

■ *Famille des balistidés
(balistes, bourses, poissons-gâchettes, arbalétriers)*

Dans leur majorité, les balistes sont des habitants typiques des récifs coralliens. Peu d'espèces fréquentent le milieu hauturier. Ils se caractérisent par un corps fortement comprimé latéralement, de forme ovoïde à rhomboïde, toujours doté de deux dorsales. L'insertion des yeux se situe toujours très haut sur la tête; celle-ci s'achève sur une gueule réduite, mais armée d'une puissante denture. Chez de nombreuses espèces, on observe sur la tête, en arrière de l'orifice buccal proprement dit, la présence d'un motif qui simule une gueule beaucoup plus large. Les mâchoires supérieure et inférieure de ces poissons possèdent une rangée antérieure de dents broyeuses. En arrière, sur la mâchoire supérieure uniquement, on observe une seconde rangée constituée de six dents plates. Une telle denture permet aux balistes de se saisir, de râcler ou de broyer sans difficulté les proies, souvent très dures, aux dépens desquelles ils se nourrissent.

Le derme des balistidés est entièrement recouvert d'épaisses écailles ossifiées mobiles, mais juxtaposées avec précision, c'est-à-dire non chevauchantes, dont l'aspect est exactement celui d'une armure; ces écailles, dans la partie postérieure du corps, sont fréquemment hérissées de prolongements acérés, d'épines ou d'autres reliefs, qui ne sont pas sans rappeler les épines tranchantes qui arment les chirurgiens. Ces armes semblent jouer un rôle à l'occasion des affrontements intraspécifiques.

Le nom vernaculaire de «poissons-gâchettes», couramment attribué aux balistes, est une traduction de l'anglais «trigger-fish»; ce nom tire son origine de la forme particulière de la nageoire dorsale antérieure, qui n'est structurée que par trois rayons épineux, reliés par une membrane. Le premier de ces rayons est le plus long. Son bord antérieur est rugueux, comme une lime; sa face postérieure est lisse et creusée d'un sillon. Les deux rayons postérieurs sont nettement plus courts et lisses. Lorsque le rayon antérieur s'érige, les deux suivants font de même simultanément, sous l'effet de la traction exercée par la membrane. Au cours de ce processus, la base du second rayon se bloque à l'intérieur du sillon présent sur la face postérieure du rayon antérieur: ce dernier est alors bloqué en position érigée, et demeure dans cette position. Le débloquage du rayon ne peut intervenir que sous l'action d'un muscle spécial, permettant au troisième rayon de se rabattre vers l'arrière. Un ligament entraîne en effet le second rayon vers l'arrière: il quitte alors le sillon dorsal du premier rayon, lequel peut à son tour se rabattre vers l'arrière. D'où une certaine analogie avec le système de gâchette des armes à feu. Mais quelle est donc l'utilité et le rôle d'un tel mécanisme ♂ En cas de danger ou lors des phases de repos, il permet aux balistes d'ancrer solidement leur corps entre les ramifications de certains coraux, uniquement en écartant leur rayons dorsaux, et sans maintenir une contraction musculaire permanente. L'ancrage gagne encore en solidité lorsque le poisson érige simultanément les nageoires pelviennes, qui sont également structurées par des rayons épineux.

La nageoire dorsale postérieure, uniquement composée de rayons mous, présente une surface nettement supérieure; elle s'insère dans la moitié postérieure du corps, un peu en avant de l'appendice caudal. Elle assure conjointement avec la nageoire anale la locomotion du sujet, grâce à des séries de mouvements ondulatoires dont ces deux nageoires sont animées, bien caractéristiques des représentants de cet ordre. La caudale n'est utilisée à des fins motrices que dans des cas de force majeure, en cas de fuite, par exemple. Habituellement, elle fait office de «gouverne latérale», tandis que les nageoires pectorales remplissent la fonction de «gouverne horizontale».

Certains balistes ont la faculté de produire des sons, en utilisant leur vessie natatoire comme amplificateur.

Nombre d'espèces ont une aire de distribution géographique étroitement inféodée à certaines zones récifales. Ces espèces constituent pour cette raison des repères géographiques infaillibles: leur présence est en effet caractéristique d'une zone géographique donnée.

Balistapus undulatus
(Mungo Park, 1797)
Baliste strié, baliste vert

Descript.: potetiellement 30 cm. Morphologie plus ou moins rhomboïde, à museau allongé. Dominante vert olive, nombreuses stries jaunes à orange, longitudinales à obliques. Deux à trois raies orange de la gueule à la région ventrale. Epines caudales noires. Caudale jaune vif à orange.
Conf.: néant. Genre monospécifique.
Biot.: généralement sur les zones coralliennes des lagunes, des récifs internes, et plus rarement, sur les récifs externes. Depuis le voisinage de la surface et jusqu'à profondeur cosidérable. Mer Rouge et Indo-Pacifique, Maldives incluses.
Biol.: des analyses de contenu stomacal menées sur cette espèce ont mis en évidence un régime alimentaire composé de proies très diversifiées. Cela étant, deux individus ont rarement un contenu stomaccal identique. Au menu figurent essentiellement les proies suivantes : extrémités de coraux arborescents (acropores), algues, oursins, oursins cordiformes, crustacés, spongiaires, tuniciers, polychètes («vers de feu»), astéries, gastéropodes et autres invertébrés. Ces balistes ont développé une technique originale destinée à décortiquer les oursins-diadèmes, en dépit de leurs radioles longs et acérés, pour les dévorer. Au début, l'arbalétrier retire sur une face tous les radioles, l'un après l'autre (cliché ci-dessus). Ensuite, il s'en prend aux pédicelles demeurés en place, puis met l'oursin en suspension dans l'eau, et le relâche. Pendant sa lente chute, le poisson a tout son temps pour infliger des morsures à sa proie par la face inférieure désormais dénudée. Les balistes striés sont des solitaires, mais vivent parfois en petites communautés. Les frais sont déposés au fond de petits cratères peu profonds, creusés dans les fonds sableux et graveleux. L'éclosion des couvains intervient de nuit.
Acclim.: déconseillée.

Balistoides conspicillum
(Bloch & Schneider, 1801)
Baliste-clown

Descript.: potentiellement 50 cm. Morphologie rhomboïde à ovoïde ; museau à extrémité plus ou moins tronquée. Dominante noire, nombreuses taches blanches vastes, dans la moitié inférieure du corps ; motifs réticulés jaunes dans la zone de la dorsale antérieure. Gueule orange, en arrière un liséré jaune pâle ; insertion des dorsale et anale orange ; en avant des yeux, un motif cunéiforme jaune pâle, pointé vers la gueule, est visible ; caudale jaune pâle, en arrière un liséré noir. Juvéniles (en incrustation) à larges taches blanches sur l'intégralité du corps. Avant de la tête et abords de la dorsale antérieure jaune pâle.
Conf.: néant. Le genre *Balistoides* comprend une seconde espèce, *B. viridescens*, ou baliste olivâtre, baliste à tête jaune, baliste à moustache.
Biot.: quasi-exclusivement sur les tombants externes des récifs. De la surface à grande profondeur. Les juvéniles sont présents aux abords de grottes et d'anfractuosités, à flanc de paroi abrupte, au-delà d'une vingtaine de mètres de profondeur. Indo-Pacifique, Maldives incluses.
Biol.: les balistes-clown sont typiquement inféodés aux tombants récifaux externes, très attachés aux territoires qu'ils s'octroient, qui sont en outre de très vaste superficie. Ils se nourrissent aux dépens de spongiaires, d'hydrozoaires, de bryozoaires et d'algues calcifiées. Les coloris très spectaculaires de la livrée, vus de loin, servent à estomper les contours de la silhouette des sujets. Ils ont également pour fonction le marquage du dimorphisme sexuel et la reconnaissance des sexes.
Acclim.: déconseillée, l'espèce comptent parmi les poissons les plus agressifs qui soient, impossibles à associer à d'autres espèces, quelles qu'elles soient. En dépit de ce tempérament, l'espèce est couramment commercialisée pour ses qualités esthétiques.

Balistoides viridescens
(Bloch & Schneider, 1801)
Baliste olivâtre, baliste à tête jaune, baliste à moustache

Descript.: potentiellement 75 cm. Morphologie plus ou moins ovoïde; museau à extrémité tronquée. Dominante vert sale; écailles des flancs à centre dans des tons sombres, aux contours rhomboïformes; appendice caudal dans des tons blancs à beige clair.

Conf.: néant. Le genre *Balistoides* se compose d'une seconde espèce, *B. conspicillum*, appelé baliste-clown, parfois baliste-léopard

Biot.: généralement sur les fonds sableux des lagunes et au pied des récifs. De la surface à au moins une quarantaine de mètres de profondeur. Mer Rouge et Indo-Pacifique, Maldives incluses.

Biol.: l'espèce évolue en solitaire, parfois en couples, consommant oursins, oursins cordiformes, crabes, lamellibranches (moules), gastéropodes, placophores (chitons), vers tubicoles, algues et portions de ramifications de coraux buissonnants, acropores et pocillopores. Chez un individu d'un poids de 7 kg, des analyses du contenu viscéral ont montré la présence massive de fragments de pocillopores de plusieurs centimètres de long. Pour collecter leur alimentation, ces poissons sont capables de creuser de profonds cratères dans les fonds sableux (cliché ci-dessus), et de transporter de gros morceaux de squelettes coralliens. En saison de reproduction, ils creusent des cratères, d'un diamètre pouvant atteindre 1 mètre, aux bords délimités par une «muraille» composée de débris coralliens empilés. Durant cette période, ils développent une forte agressivité et s'attaquent à tout ce qui s'approche du nid, plongeurs y compris. Armés d'une puissante denture, ils infligent des blessures profondes. Souvent, ils vont jusqu'à poursuivre les plongeurs sur de grandes distances, et à les attaquer avec violence.

Acclim.: déconseillée, en raison des dimensions acquises.

Melichthys indicus
(Randall & Klausewitz, 1973)
Baliste à nageoires noires

Descript.: potentiellement 25 cm. Morphologie ovoïde, à tête ronde. Dominante brun foncé à noire, petites ponctuations dorées, points alignés évoluant en raies longitudinales sur les flancs; tête ornée de raies d'un bleu foncé, agencées en étoile au-dessus des globes oculaires; insertion des nageoires dorsale et anale d'un blanc vif; caudale noire, ourlée en arrière d'un liséré blanc vif, dépourvue de prolongements filamenteux.

Conf.: 2 autres espèces de *Melichthys* sont recensées: *M. niger* (Bloch, 1786), le baliste noir, 35 cm à l'âge adulte, dont la distribution est pantropicale, une espèce typique des tombants des récifs externes, qui s'identifie grâce à sa nageoire uniformément sombre, aux extrémités supérieure et inférieure comportant des prolongements filamenteux.

M. vidua (Solander, 1844) ou baliste à queue rose, une trentaine de centimètres à l'âge adulte, distribué dans l'Indo-Pacifique, sauf dans l'archipel des Maldives, où l'espèce semble inconnue, s'identifie à sa nageoire caudale dans les tons blancs, ses nageoires dorsale et anale dans les tons bleutés, ainsi que les nageoires pectorales jaunes, tout comme la gueule.

Biot.: le plus souvent au pourtour du platier récifal et à flanc de tombants des récifs externes. Dès les premiers mètres de profondeur. Zone méridionale de la Mer Rouge et Océan Indien, Maldives incluses.

Biol.: la biologie de l'espèce n'est pas connue avec précision. L'espèce la plus proche, *M. niger*, se nourrit essentiellement d'algues calcaires. La dominante sombre de la livrée est une adaptation du poisson aux zones d'ombres caractéristiques portées par les accidents de terrain du biotope récifal, et sert donc au camouflage du poisson.

Acclim.: déconseillée.

Odonus niger
(Rüppell, 1837)
Baliste bleu, baliste à dents rouges

Descript.: potentiellement 50 cm. Morphologie ovoïde, museau relativement pointu. Bords antérieurs des dorsale et anale remarquablement élevés ; caudale profondément échancrée, à extrémités très effilées. Tons violets-bleus à brun-violet sombre, proche du noir ; tête plus claire, parfois dans les tons gris-bleus, raies violettes à bleu foncé, de la commissure de la gueule à l'insertion des pectorales et aux globes oculaires. Nageoires dorsale, anale et caudale bordées d'un liséré bleu soutenu ; denture colorée dans des tons de brun-rouge à orange sale.

Conf.: *Odonus* est un genre monospécifique mais la confusion avec *P. fuscus*, implanté en Mer Rouge, est classique ; ses proportions sont plus massives, les filaments caudaux sont moins développés ; enfin, ils fréquentent généralement les fonds sableux.

Biot.: tombants externes des récifs. Au-delà de 3 et jusqu'à 35 mètres de profondeur. Mer Rouge, Indo-Pacifique, Maldives incluses.

Biol.: espèce strictement inféodée aux tombants externes des récifs. Elle y collecte son alimentation : spongiaires et plancton. Comme chez *M. indicus*, la livrée sombre est une adaptation aux tombants récifaux, caractérisés par la prédominance des zones sombres, et leur permet donc de se dissimuler. L'espèce colonise les tombants souvent en nombre, donnant l'illusion d'un banc. En fait, ils sont uniquement rassemblés : aucun lien social ne les unit. Ils se tiennent face à la paroi, mais au moindre danger, ils se réfugient instantanément à l'intérieur d'une anfractuosité qu'ils choisissent et qui leur est propre. Seuls les prolongements de la caudale demeurent visibles. C'est également à l'intérieur de ce refuge qu'ils dorment la nuit.

Acclim.: déconseillée, bien que *O. niger* soit moins agressive que d'autres balistes.

Pseudobalistes fuscus
(Bloch & Schneider, 1801)
Baliste à rides bleues

Descript.: potentiellement 55 cm. Morphologie massive, ovoïde, museau à extrémité tronquée. Caudale échancrée, extrémités supérieure et inférieure prolongées. Deux variantes chromatiques : en Mer Rouge (en incrustation), dominante bleu foncé à violette, tirant sur le brun, une tache jaunâtre à brunâtre sur chaque écaille. Dans l'Indo-Pacifique, sujets ornés de motifs réticulés ou rayés, dans les tons brun-jaune et bleus. Juvéniles à dominante brun-jaune, nombreuses raies ondulées bleues à gris-bleu, sur le corps et les nageoires, s'affinant à mesure que les subadultes avancent en âge, puis se ramifient et s'anastomosent (cliché principal).
Conf.: néant.
Biot.: aux abords des fonds sableux des lagunes et au pied des récifs. De la surface à grande profondeur. Mer Rouge et Indo-Pacifique, Maldives incluses.
Biol.: l'espèce se nourrit de gastéropodes, de lamellibranches, de crustacés et d'oursins, voire même des oursins-diadèmes. Elle a développé une technique lui permettant de venir à bout des longs radioles de ces oursins. Tout d'abord, l'oursin, posé à même le sable, est retourné, face orale vers le haut, par simple « soufflage » d'un puissant jet d'eau. Une fois l'oursin « sur le dos », le poisson attaque la face dépourvue de radioles. Selon les observations réalisées, le poisson souffle plus de 100 fois en l'espace de 20 minutes avant de dévorer sa proie. Mais la « technique du jet d'eau » permet au poisson de mettre à jour et de dévorer des proies enfouies dans le sable, telles que des oursins des sables dissimulés au sein même de leur substrat, et qui seront ensuite extraits de leur cachette, en tirant sur leurs piquants. En cas d'échec, les radioles sont retirés l'un après l'autre, jusqu'à ce que l'arbalétrier puisse le dévorer directement par le dessus.
Acclim.: déconseillée.

Rhinecanthus aculeatus
(Linnaeus, 1758)
Baliste picasso clair

Descript. : adultes 30 cm. Morphologie rhomboïde, museau allongé. Face ventrale et gorge blanches; face supérieure du museau gris clair à sable; face dorsale légèrement plus claire; flancs noirs à brun foncé, raies obliques dans les tons blancs, au bas de la moitié postérieure du corps; zone supérieure des raies parfois bleu clair; gueule et raie cheminant jusqu'aux pectorales jaune à orange; zone frontale interoculaire bleu foncé, avec des raies noires; raies bleu clair reliant les globes oculaires aux pectorales; épines au niveau de l'appendice caudal blanches, sur fond noir.

Conf. : néant. Le genre *Rhinecanthus* se compose de 6 espèces.

Biot. : abords des zones sableuses riches en fragments biodétritiques d'origine corallienne, comportant des colonies coralliennes isolées. Uniquement dans la zone superficielle, jusqu'à environ 4 mètres de profondeur. Indo-Pacifique, Maldives incluses.

Biol. : espèce typique des zones sableuses superficielles, lagunes calmes et récifs externes. Le régime alimentaire de ce baliste est diversifié à l'extrême : algues, résidus biodétritiques, mollusques, crustacés, vers, oursins (y compris cordiformes), poissons, polypes coralliens, tuniciers, autres invertébrés. Les proies sont fréquemment extirpées hors de leurs anfractuosités ou galeries, plus rarement prélevées au fond. Territoriaux, les sujets vivent généralement en couples. Ils élisent souvent pour habitat une anfractuosité protégée sous des amoncellements de débris coralliens. En saison de reproduction, plongeurs et apnéistes peuvent subir des attaques, destinées à protéger le nid.

Acclim. : les balistes *Rhinecanthus* sont prisés des aquariophiles; ils ne cohabitent bien qu'avec des poissons de grandes dimensions et requièrent une alimentation diversifiée, riche en matières végétales.

Rhinecanthus assai
(Forsskål, 1775)
Baliste picasso de la Mer Rouge

Descript.: adultes: une trentaine de cm. Morphologie rhomboïde, caractérisée par un museau allongé. Dominante grise tirant sur le jaune à brune complétée de tons jaunâtres, évoluant vers le blanc dans la région ventrale; gueule jaune; une bande brune chemine de la gueule aux nageoires pectorales; un motif, à base de lignes jaunes et bleues, apparaît entre les yeux et les nageoires pectorales; la zone frontale interoculaire comporte des raies bleu foncé à noires; l'anus est souligné de noir et bordé d'orange; les épines de l'appendice caudal sont noires et agencées en trois rangées longitudinales.
Conf.: néant. *R. assai* est l'unique espèce du genre présente en Mer Rouge; celui-ci se compose de six espèces.
Rhinecanthus rectangulus (Bloch & Schneider, 1801), ou baliste picasso à bandeau noir (cliché ci-dessus en incrustation) évolue sur les zones externes des platiers récifaux et des lagunes proches de la périphérie des platiers, souvent sur des sites exposés au déferlement. Uniquement au voisinage de la surface et à faible profondeur. Indo-Pacifique, Maldives incluses.
Biot.: lagunes et platiers récifaux. Exclusivement au voisinage de la surface et à faible profondeur. Mer Rouge.
Biol.: la biologie de l'espèce est largement méconnue. Elle devrait toutefois être comparable à celle de *R. aculeatus*, le baliste picasso clair.
Acclim.: lire la fiche consacrée à l'espèce *R. aculeatus*, le baliste picasso clair.

Sufflamen chrysopterus
(Bloch & Schneider, 1801)
Baliste à gorge bleue

Descript. : adultes : une trentaine de cm. Morphologie rhomboïde, caractérisée par un museau allongé. Dominante brun foncé, corps et dos souvent plus clairs. Gorge et tache annulaire en arrière de la gueule bleus ; une raie jaune chemine de l'oeil à l'insertion de la pectorale ; appendice caudal dépourvu d'anneau blanc ; caudale dans les tons jaunes-bruns, bordure blanche en demi-lune.

Conf. : espèce très étroitement apparentée à *S. albicaudatus*, ou baliste à gorge bleue et queue blanche, répandue exclusivement en Mer Rouge. Elle n'est dailleurs considérée par certains auteurs que comme une simple sous-espèce de *S. chrysopterus*. La coloration divergente de la dorsale est l'unique critère distinctif. Quant à *S. albicaudatus*, également distribuée en Mer Rouge, son pédoncule caudal comporte une raie annulaire blanche, et la caudale ne possède qu'un étroit liséré blanc. Chez *S. chrysopterus*, présente dans tout l'Indo-Pacifique, l'appendice caudal est dépourvu de marque ; le liséré caudal est de forme nettement semi-circulaire.

Biot. : généralement aux abords des zones sableuses à fraction biodétritique, comportant des colonies coralliennes isolées, notamment sur les terrasses récifales. De la surface à au moins une trentaine de mètres de profondeur. Indo-Pacifique, Maldives incluses.

Biol. : des analyses du contenu stomaccal ont permis de déterminer le régime alimentaire, essentiellement à base de spongiaires, également complété de bryozoaires, de mollusques, d'oursins, de polychètes et de crustacés. Généralement solitaires, ils s'octroient un territoire dont ils défendent l'entrée à leurs congénères.

Acclim. : lire la fiche consacrée à l'espèce *R. aculeatus*, le baliste picasso clair.

Sufflamen albicaudatus
(Rüppell, 1829)
Baliste à gorge bleue et queue blanche

Descript.: adultes de l'ordre d'une trentaine de cm. Morphologie rhomboïde, caractérisée par un museau allongé. Dominante brun foncé à brun-noir. La gorge ainsi qu'une tache annulaire en arrière de la gueule sont bleus; l'appendice caudal comporte une tache annulaire blanche; la nageoire caudale est dans les tons jaunes-bruns, bordée en arrière d'un étroit liséré orange à jaune-brun.

Conf.: l'espèce est très étroitement apparentée à *S. chrysopterus*, ou baliste à gorge bleue, répandue dans l'Indo-Pacifique, archipel des Maldives inclus. *S. albicaudatus*, endémique de la Mer Rouge, n'est d'ailleurs considérée par certains auteurs que comme une simple sous-espèce de *S. chrysopterus*. La coloration divergente de la nageoire dorsale est l'unique critère distinctif. Chez *S. albicaudatus*, distribuée en Mer Rouge, le pédoncule caudal comporte une raie blanche annulaire, et la nageoire caudale possède un étroit liséré blanc. Chez *S. chrysopterus*, distribuée dans l'Indo-Pacifique, l'appendice caudal ne porte aucune marque; le liséré bordant la nageoire caudale, est de forme nettement semi-circulaire.

Biot.: généralement aux abords des zones sableuses à fraction biodétritique, également colonisés par des organismes coralliens. Depuis le voisinage de la surface et jusqu'à au moins une trentaine de mètres de profondeur. Mer Rouge.

Biol.: la biologie du baliste à gorge bleue et queue blanche est méconnue dans ses détails; tout porte à croire qu'elle est comparable à celle de l'espèce répandue dans l'Indo-Pacifique *S. chrysopterus*.

Acclim.: lire la fiche consacrée à l'espèce *R. aculeatus*, le baliste picasso clair.

Sufflamen bursa
(Bloch & Schneider, 1801)
Baliste carène, baliste à lignes blanches

Descript. : adultes vers 25 cm. Morphologie rhomboïde, caractérisée par un museau allongé. Dominante blanche à jaune au niveau du corps, grise-jaune au niveau de la tête ; la région ventrale est dans les tons blancs à blanc sale ; une fine ligne blanche à argentée, cheminant de la gueule à l'insertion de la nageoire anale, est visible sur chaque flanc ; deux bandes jaunes à jaunes tirant sur le brun barrent la tête ; chez les sujets adultes, celles-ci virent au brun foncé pratiquement noir ; les nageoires pelviennes vestigiales, en forme d'épines, sont noires.

Conf. : aucune espèce ressemblante n'est recensée. Le genre *Sufflamen* se compose en tout et pour tout de cinq espèces, parmi lesquelles l'une est endémique de la Mer Rouge, l'autre du Pacifique oriental.

Biot. : généralement à flanc de tombants récifaux plus ou moins pentus, caractérisés par une colonisation corallienne dense et de nombreuses anfractuosités et grottes. Entre trois mètres (sous la zone de déferlement) et jusqu'à profondeur considérable. Indo-Pacifique, Maldives incluses.

Biol. : l'espèce se nourrit aux dépens de crabes, de mollusques lamellibranches, de gastéropodes, d'algues, de résidus organiques, d'échinodermes, de vers et de tuniciers.

Acclim. : lire la fiche consacrée à l'espèce *R. aculeatus*, le baliste picasso clair.

Famille des monacanthidés (poissons-limes, monacanthes)

Les monacanthes, soit env. 40 espèces classées en 11 genres, sont de proches parents des balistes. Il y peu, elle ne possédait que le statut de sous-famille, intégrée à celle des balistidés. Certaines particularités morphologiques ont poussé les systématiciens à l'individualiser et à la considérer comme une famille à part entière. Les poissons-limes possèdent un corps comprimé latéralement, plus longiligne que celui des balistes. Leur dorsale antérieure se réduit à un ou deux rayons, le plus antérieur s'avérant à la fois plus long et souvent plus fin que chez les balistes, une configuration à l'origine du nom scientifique de cette famille (monacanthe = à une épine). Le 2nd rayon dorsal est soit nettement moins long, soit absent, comme le 3ème. Le rayon dorsal antérieur peut être érigé et bloqué par un système similaire à celui décrit à propos des balistes.

Leur denture n'est pas aussi puissante que celle des balistes. La rangée antérieure est constituée de 6 dents au niveau de chaque mâchoire (contre 8 chez les balistes); la rangée postérieure comprend 4 dents sur la mâchoire supérieure (contre 6 chez les balistes). La gueule est minuscule, et ne leur permet d'absorber que des aliments particulaires.

Le nom de «poissons-limes» fait référence aux écailles rugueuses, plus réduites que celles des balistes. Souvent, hérissée de soies allongées rappelant une brosse, est visible de chaque côté de la queue ou légèrement en avant. Ces soies sont plus développées chez les ♂ que chez les ♀.

Contrairement aux balistes, les monacanthes ont la faculté de changer leurs coloris pour s'adapter à leur environnement. Certaines espèces arborent des excroissances de peau qui leur confèrent un camouflage très efficace. Excessivement furtifs et craintifs, les monacanthes passent souvent inaperçus.

La locomotion des poissons-limes, en tous points semblables à celle des balistes, permet au non spécialiste d'identifier en ces poissons des représentants de l'ordre des balistoïdés.

Aluteres scriptus
(Osbeck, 1765)
Poisson-lime gribouillé

Descript.: potentiellement 100 cm. Morphologie longiligne, à museau allongé et caudale très longue, bordure postérieure souvent frangée, d'où un aspect de balai ; rayon dorsal antérieur fortement développé en longueur et filamenteux. Dominante brun olive à grise, petites ponctuations noires, plus ou moins nombreuses (peut-être lié au dimorphisme sexuel), taches bleues assez larges, en rangées longitudinales, évoluant par places en raies continues. Appendice caudal généralement plus clair, voire dans les tons blanc sale, constellé de taches noires relativement vastes.

Conf.: néant. Le genre *Aluteres* comprend trois autres espèces.

Biot.: pratiquement tous les secteurs du récif. De la surface à une profondeur considérable. Distribution cosmopolite, dans toutes les mers tropicales et subtropicales.

Biol.: l'espèce demeure relativement rare. Les sujets consomment une large variété d'invertébrés sessiles : algues, phanérogames marins, tuniciers, coraux cornés, anémones, autres cnidaires. Ils évoluent généralement en solitaire, plus rarement en couples. Les juvéniles, parfois aussi les adultes, se rencontrent habituellement dans le domaine pélagique de pleine mer, aux abords d'objets en train de dériver. Au crépuscule, les sujets adoptent une livrée nocturne caractéristique : leur corps se couvre de marbrures alternativement claires et sombres ; pour autant, les ponctuations noires, ainsi que les bandes et ponctuations bleues ne disparaissent pas et demeurent visibles.

Acclim.: déconseillée, en raison des dimensions acquises par les sujets à l'âge adulte.

Amanses scopas
(Cuvier, 1829)
Poisson-lime balai

Descript.: taille adulte de l'ordre de 20 cm. Morphologie plus ou moins rhomboïde. Les ♂ se distinguent grâce à la présence de cinq à six longues épines puissantes, dans la partie postérieure des flancs, légèrement orientées vers l'arrière ; chez les ♀, la même zone comporte de longues soies en disposition dense, dont l'aspect évoque une brosse. La dominante de la livrée est uniformément brune, susceptible de virer au noir dans la région de la caudale ; on dénombre jusqu'à douze raies verticales sombres au niveau des flancs ; les lèvres sont brunes, dévoilant les dents, bien visibles car colorées en blanc.
Conf.: néant. Le genre *Amanses* est monospécifique.
Biot.: généralement aux abords de fonds sableux, accueillant des colonies coralliennes ou sur des fonds de nature graveleuse. Dès le voisinage de la surface et jusqu'à au moins 18 mètres de profondeur. Mer Rouge et Indo-Pacifique, Maldives incluses.
Biol.: la biologie de l'espèce est méconnue dans ses détails. Les sujets évoluent généralement en solitaires ou en couples.
Acclim.: lire la fiche consacrée à l'espèce *Oxymonancanthus halli*, ou poisson-lime à long nez de la Mer Rouge.

Cantherines dumerilii
(Hollard, 1854)
Monacanthe rayé

Descript.: taille adulte de l'ordre de 35 cm. Morphologie plus ou moins ellipsoïde. Les épines situées dans la région caudale sont plus développées chez les ♂ que chez les ♀. Livrée à dominante gris-brun à brune tirant sur le jaune, complétée de raies verticales sombres, dont le nombre peut aller jusqu'à douze, dans la partie postérieure du corps. La nageoire caudale est dans les tons jaunes à orange, d'un orange soutenu chez les ♂, comportant des raies longitudinales brunes; l'insertion des pectorales est orange; les épines, chez les ♂ adultes, sont d'un orange plus soutenu que chez les ♀; les replis labiaux sont blancs, dévoilant nettement la denture également blanche. Les juvéniles et les sujets subadultes comportent des taches d'un blanc diffus visibles sur la tête et le corps.
Conf.: ce genre se compose en tout de neuf espèces.
Biot.: lagunes claires et secteurs externes du récif, colonisés par des espèces coralliennes très ramifiées. Dès le voisinage de la surface et jusqu'à profondeur considérable. Indo-Pacifique, Maldives incluses.
Biol.: cette espèce, qui demeure relativement rare, évolue habituellement en solitaire. Elle se nourrit essentiellement des extrémités d'espèces coralliennes au port buissonnant, telles que celles des genres *Acropora* (acropores) et *Pocillopora* (pocillopores), ainsi que *Porites* et *Heliopora*. Dans une moindre mesure, les sujets s'attaquent également à des oursins, à des mollusques, à des bryozoaires, à des spongiaires, et complètent leur régime alimentaire d'algues.
Acclim.: lire la fiche consacrée à l'espèce *Oxymonancanthus halli*, ou poisson-lime à long nez de la Mer Rouge.

Oxymonancanthus halli
(Marshall, 1952)
Poisson-lime à long nez de la Mer Rouge

Descript.: adultes vers 10 cm. Morphologie longiligne, museau s'achevant en pointe. Dominante bleue tirant sur le vert, nombreuses taches irrégulières, relativement importantes, dans les tons jaunes à orange ; extrémité pointue du museau jaune, limitée en arrière par un anneau bleu clair ; pectorales, chez les ♂, de couleur orange, un liséré périphérique noir ; chez les ♀, elles sont dans les tons vert olive.

Conf.: genre composé d'une autre espèce, O. longirostris (Bloch & Schneider, 1801), ou poisson-lime à taches orange ou poisson-lime à long nez, présente exclusivement dans l'Indo-Pacifique, Maldives incluses. Outre par son aire de distribution différente, cette espèce indo-pacifique s'identifie également par un museau plus allongé, et par des coloris légèrement différents.

Biot.: lagunes et récifs à faune corallienne dense et faible courant. De la surface à au moins une trentaine de mètres de profondeur. Mer Rouge.

Biol.: les 2 espèces se nourrissent de polypes de coraux *Acropora*. Ils se rencontrent d'ailleurs fréquemment au-dessus, voire au sein même de ces colonies, en position verticale, tête en bas. D'après les observations réalisées sur l'espèce indo-pacifique, ces poissons ont développé un comportement sexuel monogame. Des frais se produisent quotidiennement ; les oeufs, environ 100 à 300, d'un diamètre de l'ordre de 0,7 mm, sont confiés à des buissons d'algues toxiques ; le couvain, qui ne bénéficie pas des soins parentaux, jouit d'une meilleure protection contre les ravageurs. En laboratoire, l'éclosion intervient en 50 heures env., sous 27°C.

Acclim.: les poissons-limes sont réputés être excessivement sensibles. L'acclimatation des espèces de grandes dimensions ou de celles inféodées à un régime alimentaire strict est déconseillée.

Paraluteres prionurus
(Bleeker, 1851)
Monacanthe à selles noires

Descript.: adultes vers 11 cm. Morphologie ressemblante à s'y méprendre à celle des *Canthigaster*. Dominante blanc sale à beige clair, 4 selles brun foncé visibles sur le dos; les première et dernière s'achèvent dans la moitié supérieure des flancs; les deux centrales cheminent jusqu'au ventre et s'y achèvent en pointe. Entre les yeux, sur la tête et les flancs, nombreuses taches irrégulières, d'un brun foncé, évoluant par places en raies, et susceptibles de former un motif réticulé chez les sujets les plus âgés.

Conf.: genre composé de deux espèces; *P. prionurus* est fréquemment confondue avec *Canthigaster valentini*, lequel s'identifie néanmoins à la présence de raies dans la région interoculaire et sur le museau, à ses coloris plus clairs et aux contours plus réguliers des ponctuations portées par les flancs, ainsi qu'à ses nageoires anale et dorsale postérieure plus réduites.

Biot.: généralement entre les colonies coralliennes, les roches, les ramifications de coraux cornés, dans les lagunes et sur les récifs externes. De la surface à au moins 25 mètres de profondeur. Indo-pacifique, Maldives incluses.

Biol.: *P. prionurus* imite dans ses coloris le canthigaster à selles *C. valentini*, dont les chairs contiennent une puissante toxine et dont l'épiderme sécrète une substance répulsive, d'où une excellente protection contre les prédateurs potentiels. Lorsqu'un agresseur tente de dévorer l'un de ces tétrodons, il est généralement contraint de le recracher en raison de la sécrétion dont son corps est enduite; par la suite, ainsi échaudé, il évitera à l'avenir tous les poissons arborant des coloris similaires. Le monacanthe à selles noires met ce réflexe à profit. Il s'agit d'un cas de mimétisme.

Acclim.: lire la fiche consacrée à l'espèce *O. halli*, le poisson-lime à long nez de la Mer Rouge.

Pervagor janthinosoma
(Bleeker, 1854)
Poisson-lime à barres noires

Descript.: taille adulte de l'ordre de 12 cm. Morphologie plus ou moins ellipsoïde. Livrée à dominante brun orange à brun foncé, complétée de motifs composés de fines ponctuations sombres. Une tache oblongue noire à sombre est visible au-dessus des nageoires pectorales. Les nageoires dorsale, anale et caudale comportent de petites ponctuations d'un bleu vif.
Conf.: ce genre se compose de cinq espèces. L'espèce *P. janthinosoma* est confondue par la plupart des auteurs avec *P. melanocephalus* (Bleeker, 1853), ou poisson-lime à queue rouge.
Biot.: lagunes peu profondes et récifs externes. Dès le voisinage de la surface et jusqu'à au moins 15 mètres de profondeur. Indo-Pacifique, Maldives incluses.
Biol.: cette espèce, loin d'être rare, mène toutefois un mode de vie excessivement furtif, ce qui explique la rareté des observations. Sa biologie est assez méconnue. Relativement eu colorés et craintifs, les sujets se rencontrent tant en solitaires qu'en couples.
Acclim.: lire la fiche consacrée à l'espèce *O. halli*, le poisson-lime à long nez de la Mer Rouge.

Famille des ostraciidés (poissons-coffres, poissons-vaches)

De par le monde, 37 espèces de poissons-coffres, réparties en 11 genres, sont recensées. Ces poissons se caractérisent par une carapace anguleuse ossifiée entourant la tête et le corps, d'où leur nom familier. Cet exosquelette peut comporter trois, quatre, voire jusqu'à cinq arêtes (en coupe transversale); la face ventrale est toujours plane. Le nombre des arêtes, donc la forme du corps vu en coupe transversale, constitue un important repère de détermination du genre. Chez certaines espèces, ces arêtes sont parfois denticulées ou dotées d'un nombre spécifique de longues épines ou dards. Chez les représentants du genre Lactoria, on observe des «cornes» en avant ou au-dessus des yeux. La carapace est composée d'un nombre considérable de petites plaques ossifiées et hexagonales, jointives; seuls, de petits orifices y sont ménagés pour les nageoires, la gueule, les globes oculaires et l'anus. A ces endroits, une peau, anastomosée à la carapace, assure la mobilité des nageoires, de la gueule et des globes oculaires. Les opercules, en revanche, sont immobiles, car soudés à la carapace. D'où des problèmes de renouvellement de l'eau à l'intérieur de la cavité branchiale, car c'est normalement la fonction première des opercules.

En guise d'adaptation à la rigidité de leur exosquelette, les poissons-coffres peuvent relever et abaisser le plancher de la cavité buccale, à l'intérieur de leur carapace, à l'aide de vaisseaux lymphatiques emplis de fluides tissulaires: le plancher de la cavité buccale, en s'élevant et s'abaissant, assure les échanges d'eau indispensables à la respiration; une stimulation supplémentaire de ces échanges est apportée par le battement ininterrompu des petites nageoires pectorales, situées juste en arrière des ouvertures branchiales involuées.

La carapace, une fois desséchée, conserve sa forme: presque partout dans le monde, elle fait office de décoration. Cette particularité fait que de nombreuses espèces étaient déjà connues de la science dès les débuts de la systématique.

La rigidité de l'exosquelette carapaçonné fait que la nage caractéristique des poissons-globes s'exprime particulièrement nettement chez les poissons-coffres: leur corps étant intégralement immobile, il ne joue aucun rôle, ni dans la propulsion, ni dans la gouverne du poisson. Ce sont les ondulations animant les nageoires dorsale et anale qui, telles de petites hélices, assurent la propulsion. La nageoire caudale, qui se replie très en avant de part et d'autre du corps, ainsi que les nageoires pectorales, font office de gouvernes. C'est pourquoi les évolutions des poissons-coffres font irrémédiablement penser au vol d'un hélicoptère: ils sont capables de manoeuvrer avec une étonnante précision pour se glisser à l'intérieur des failles les plus étroites du récif, de virer sur place, voire même de nager à-reculons. Mais en cas de danger, ils sont également capables de fuir avec une étonnante rapidité, la nageoire caudale, dans ces conditions d'exception, jouant un rôle propulsif.

Certaines espèces de poissons-coffres, en cas de danger ou de stress, réagissent en sécrétant une puissante toxine au niveau de l'épiderme: l'ostracitoxine, qui peut s'avérer mortelle pour d'autres poissons. Au-delà d'une certaine concentration, en aquarium par exemple, le poisson-coffre lui-même peut s'autointoxiquer et y succomber.

Le comportement de reproduction n'est connu avec précision que chez un nombre limité d'espèces. Les espèces qui ont fait l'objet de recherches se sont avérées polygames, les ♂ s'octroyant un vaste territoire, aux limites strictement définies, et sur lequel vivent également des ♀, non territoriales, et des ♂ subordonnés. Le frai, en revanche, a lieu en couples, au crépuscule.

Les poissons-coffres possèdent un régime alimentaire très diversifié, composé de toute sorte d'invertébrés et d'algues. Les espèces les plus modestes se prêtent plus particulièrement à l'acclimatation en aquarium et survivent bien. Soigneusement acclimatés, ces poissons s'avèrent des hôtes captivants, source de satisfaction, sous réserve d'éviter de les associer à des espèces agressives qui les harceleraient sans relâche. En pareil cas, ils sécrètent une toxine suffisamment puissante pour intoxiquer tous les occupant du bac ainsi qu'eux-mêmes.

Ostracion cubicus
(L., 1758)
Poisson-coffre jaune

Descript.: potentiellement 45 cm. Morphologie : cf clichés et introduction. Juvéniles moins longilignes que les adultes. Coloris variables, surtout avec l'âge. Petits juvéniles à dominante jaune clair et ponctuations noires (même diamètre que celui des yeux), sauf dans les nageoires. Puis apparaissent des ponctuations blanches, de même dimensions ; d'abord, chacune jouxte une ponctuation noire ; puis, chacune est contigüe à plusieurs ; ponctuations noires visibles sur la caudale. Taches blanches à bleu clair toujours plus nombreuses : une tache noire n'est plus contiguë qu'à d'autres taches blanches ou bleutées. Simultanément, dominante jaune clair vire au jaune sale, voire jaune moutarde à vert olive. Adultes à dominante grise tirant sur le bleu à brune tirant sur le bleuté ; zones jaunes aux jonctions entre plaques osseuses. Appendice caudal le plus souvent dans les tons jaunes ; à peine quelques ponctuations noires dispersées sur les flancs, dans la zone dorsale, sur la caudale, à l'insertion des dorsale et pectorales.

Conf.: genre apparemment composé de 7 espèces. En Mer Rouge existe une variante, aux coloris légèrement divergents, longtemps considérée comme espèce à part entière : *O. argus*, Rüppell, entre autres identifiables à leurs ponctuations blanches à bleutées cernées de noir, ou totalement encerclées par des ponctuations noires. *O. cyanurus* Rüppell, 1828, le poisson-cube ou poisson-coffre à points bleus, une quinzaine de cm, est à dominante bleu foncé et ponctuations noires ; espèce implantée en Mer Rouge et dans le Golfe d'Aden.

Biot.: lagunes et récifs externes protégés. De la surface à environ 35 mètres de profondeur. Les juvéniles se dissimulent dans les colonies coralliennes massives ou les rochers. Mer Rouge, Indo-Pacifique, Maldives incluses.

Biol. et **Acclim.:** cf introduction.

Ostracion meleagris
(Shaw, 1796)
Poisson-coffre pintade

Descript.: adultes jusqu'à 25 cm. Morphologie : cf clichés et introduction. Juvéniles et ♀ (cliché principal) à dominante brun foncé, noire, nombreuses ponctuations blanches. ♂ (en incrustation) à dos dans les mêmes tons ; flancs bleu foncé ; taches arrondies à étirées en longueur, tons jaune-orangé, bordées de noir. Entre le dos noir et les flancs bleus, présence sur chaque flanc d'une ligne jaune-orangé, parfois discontinue.

Conf.: livrée caractéristique, identification facile au premier coup d'oeil. Deux sous-espèces rattachées sont néanmoins répertoriées : *O.m.camurun*, distribuée exclusivement dans l'archipel hawaiien et dans les îles Johnston (au sud-ouest), identifiable uniquement par ses coloris. ♀ à ponctuations blanches moins nombreuses ; ♂ habituellement ponctués de noir ou présence de taches relativement réduites, remplaçant les grandes taches jaunes ourlées de noir. Dans tout le reste de l'Indo-Pacifique, c'est la seconde sous-espèce *O. m. meleagris* que l'on rencontre, dont la livrée est décrite ci-dessus.

Biot.: lagunes claires, secteurs externes du récif. De la surface à au moins 30 mètres de profondeur. Indo-Pacifique, Maldives incluses.

Biol.: dimorphisme sexuel net, qui s'exprime dans les coloris de la livrée. ♂ et ♀ de l'espèce étaient considérés par le passé comme des espèces différentes. *O. meleagris* connait une phase de mutation sexuelle, au terme de laquelle les ♀ se métamorphosent en ♂.

D'après des analyses du contenu stomaccal sur de nombreux sujets collectés à Hawaii le régime alimentaire se compose de spongiaires, d'algues et de tuniciers (ascidies). Des polychètes, des mollusques et divers crustacés sont également consommés.

Acclim.: lire l'introduction.

Index des noms latin

Abudefduf sexfasciatus 172
Abudefduf vaigiensis 173
Acanthurus gahhm 272
Acanthurus leucocheilus 268
Acanthurus leucosternon 269
Acanthurus lineatus 270
Acanthurus mata 271
Acanthurus nigricauda 272
Acanthurus sohal 273
Acanthurus thompsoni 274
Acanthurus triostegus 275
Aethaloperca rogaa 86
Aetobatus narinari 34
Aluteres scriptus 322
Amanses scopas 323
Amblyeleotris aurora 262
Amblyeleotris periophthalma 263
Amblyeleotris wheeleri 264
Amblyglyphidodon flavilatus 174
Amblygobius hectori 256
Amblygobius phalaena 255
Amphiprion bicinctus 175
Amphiprion clarkii 176
Amphiprion nigripes 177
Anampses meleagrides 208
Anampses twistii 209
Antennarius commersoni 66
Anyperodon leucogrammicus 78
Apogon aureus 110
Apogon cyanosoma 111
Apolemichthys trimaculatus 162
Apolemichthys xanthurus 163
Arothron diadematus 300
Arothron hispidus 301
Arothron mappa 302
Arothron meleagris 303
Arothron nigropunctatus 304
Arothron stellatus 305
Aspidontis taeniatus 248
Aulostomus chinensis 60

Balistapus undulatus 310
Balistoides conspicillum 311
Balistoides viridescens 312
Bodianus anthioides 190
Bodianus axillaris 191
Bodianus diana 192
Bothus pantherinus 289
Bryaninops amplus 260
Bryaninops natans 260
Bryaninops ridens 261
Bryaninops youngei 261
Caesio lunaris 122
Caesio teres 123
Calloplesiops altivelis 103
Calotomus viridescens 239
Cantherines dumerilii 324
Canthigaster bennetti 292
Canthigaster coronata 293
Canthigaster janthinoptera 294
Canthigaster margarittata 295
Canthigaster pygmaea 296
Canthigaster smithae 297
Canthigaster tyleri 298
Canthigaster valentini 299
Carangoides bajad 113
Carangoides fulvoguttatus 113
Caranx melampygus 114
Carcharhinus amblyrhynchos 31
Centropyge multispinnis 164
Cephalopholis argus 79
Cephalopholis hemistiktos 79
Cephalopholis leopardus 80
Cephalopholis miniata 80
Cephalopholis sexmaculata 81
Cetoscarus bicolor 229
Chaetodon auriga 138
Chaetodon austriacus 136
Chaetodon bennetti 139
Chaetodon collare 140
Chaetodon falcula 147
Chaetodon fasciatus 141
Chaetodon guttatissimus 142

Chaetodon kleinii 143
Chaetodon lineolatus 146
Chaetodon madagascariensis 144
Chaetodon melannotus 148
Chaetodon meyeri 149
Chaetodon mitratus 150
Chaetodon paucifasciatus 145
Chaetodon semilarvatus 151
Chaetodon triangulum 152
Chaetodon trifascialis 153
Chaetodon trifasciatus 137
Chaetodon unimaculatus 154
Chaetodon xanthocephalus 155
Chanos chanos 51
Cheilinus abudjubbe 194
Cheilinus chlorourus 195
Cheilinus digrammus 196
Cheilinus fasciatus 197
Cheilinus lunulatus 198
Cheilinus trilobatus 199
Cheilinus undulatus 200
Cheilodipterus macrodon 108
Cheilodipterus quinquelineatus 109
Chromis dimidiata 178
Chromis ternatensis 178
Chromis viridis 179
Cirrhitichthys falco 98
Cirrhitichthys oxycephalus 99
Coris aygula 210
Coris caudimacula 211
Coris frerei 212
Corythoichthys nigripectus 63
Corythoichthys schultzi 63
Ctenochaetus striatus 276
Ctenochaetus strigosus 277
Ctenogobiops feroculus 265
Cyclichthys spilostylus 307
Dascyllus aruanus 180
Dascyllus carneus 181
Dascyllus trimaculatus 182

Diagramma pictum 126
Diodon hystrix 308
Diodon liturosus 307
Doryrhamphus multiannulatus 64
Echeneis naucrates 121
Echidna nebulosa 40
Ecsenius gravieri 244
Ecsenius lineatus 243
Ecsenius midas 245
Ecsenius nalolo 243
Elagatis bipinnulatus 114
Epibulus insidador 201
Epinephelus fasciatus 82
Epinephelus flavocaeruleus 81
Epinephelus merra 84
Epinephelus microdon 83
Epinephelus spilotoceps 84
Epinephelus summana 85
Epinephelus tauvina 85
Fistularia commersonii 59
Forcipiger flavissimus 157
Forcipiger longirostris 156
Geniacanthus caudovittatus 165
Gnathodentex aurolineatus 129
Gnathodon speciosus 115
Gobiodon citrinus 257
Gomphosus caeruleus 207
Grammistes sexlineatus 102
Gymnothorax favagineus 41
Gymnothorax fimbriatus 45
Gymnothorax flavimarginatus 42
Gymnothorax javanicus 43
Gymnothorax meleagris 44
Gymnothorax undulatus 45
Halichoeres cosmetus 213
Halichoeres hortulanus 214
Halichoeres leucoxanthus 215
Halichoeres marginatus 216
Halichoeres scapularis 217
Hemigymnus fasciatus 218
Hemitaurichtys zoster 158
Heniochus diphreutes 159
Heniochus intermedius 159
Heniochus monoceros 160
Hippocampus histrix 65
Hipposcarus harid 230

Hologymnus annulatus 219
Inimicus filamentosus 71
Labroides bicolor 225
Labroides dimidiatus 226
Labropsis xanthonota 227
Larabicus quadrilineatus 227
Lethrinus erythracanthus 129
Lotilia graciliosa 266
Lutjanus biguttatus 117
Lutjanus ehrenbergii 118
Lutjanus gibbus 118
Lutjanus kasmira 117
Lutjanus monostigma 119
Macolor niger 120
Macropharyngodon bipartitus 220
Malacanthus latovittatus 107
Manta birostris 35
Melichthys indicus 313
Monotaxis grandoculus 128
Myrichthys maculosus 50
Myripristes adusta 55
Myripristes murdjan 55
Myripristes vittata 56
Naso brevirostris 282
Naso hexacanthus 283
Naso lituratus 284
Naso vlamingi 285
Nebrius concolor 29
Nemateleotris decora 252
Nemateleotris magnifica 253
Neoglyphidodon melas 183
Neoniphon sammara 56
Novaculichthys taeniourus 202
Odonus niger 314
Ostracion cubicus 329
Ostracion meleagris 330
Oxycirrhites typus 97
Oxymonancanthus halli 325
Papilloculiceps longiceps 76
Paracanthurus hepathus 278
Paracheilinus octotaenia 206
Paracirrhites arcatus 100
Paracirrhites forsteri 101
Paraluteres prionurus 326
Parapercus hexophthalma 241
Parupeneus bifasciatus 131

Parupeneus cyclostomus 131
Parupeneus forsskali 132
Pervagor janthinosoma 327
Plagiotremus rhinorhynchos 246
Plagiotremus tapeinosoma 247
Platax teira 134
Plectorhinchus chaetodonoides 125
Plectorhinchus gaterinus 126
Plectorhinchus orientalis 125
Plectroglyphidodon l acrymatus 184
Plectropomus areolatus 86
Plectropomus laevis 87
Plectropomus pessuliferus marisrubri 88
Plotosus lineatus 52
Pomacanthus imperator 166
Pomacanthus maculosus 167
Pomacanthus semicirculatus 168
Pomacanthus xanthometopon 169
Pomacentrus caeruleus 185
Pomacentrus pavo 186
Pomacentrus philippinus 187
Pomacentrus sulfureus 187
Pomacentrus trichourus 188
Priacanthus hamrur 106
Pseudanthias carberryi 95
Pseudanthias cooperi 90
Pseudanthias evansi 91
Pseudanthias ignitus 92
Pseudanthias squamipinnis 93
Pseudanthias taeniatus 94
Pseudobalistes fuscus 315
Pseudocheilinus evanidus 204
Pseudocheilinus hexataenia 205
Pseudochromis flavivertex 105
Pseudochromis fridmani 104
Pseudochromis springeri 105
Pseudodax moluccanus 193
Ptereleotris evidens 251
Ptereleotris heteroptera 251
Pterocaesio tile 123

Pterois antennata 68
Pterois miles 69
Pterois radiata 70
Pygoplites diacanthus 170
Rhinecanthus aculeatus 316
Rhinecanthus assai 317
Rhinomuraena quaesita 47
Rhynchobathus djiddensis 36
Sargocentron
 caudimaculatum 57
Sargocentron diadema 57
Sargocentron spiniferum 58
Scarus caudofasciatus 239
Scarus ferrugineus 231
Scarus frenatus 232
Scarus ghobban 233
Scarus gibbus 234
Scarus niger 235
Scarus rubroviolaceus 236

Scarus scaber 238
Scarus sordidus 237
Scolopsis bilineatus 127
Scorpaenopsis diabolus 73
Scorpaenopsis oxycephala 74
Siderea grisea 46
Siganus puelloides 287
Siganus stellatus stellatus 287
Soleichthys heterohinus 290
Solenostomus sp. 61
Stonogobiops dracula 265
Sufflamen albicaudatus 319
Sufflamen bursa 320
Sufflamen chrysopterus 318
Synanceia verrucosa 72
Synchiropus stellatus 249
Synodus variegatus 53
Taenianotus triacanthus 75
Taeniura lymma 33

Taeniura melanospilos 33
Thalassoma hardwickii 221
Thalassoma klunzingeri 222
Thalassoma lunare 223
Thalassoma
 quinquevittatum 224
Torpedo panthera 37
Trachinotus bailloni 115
Triaenodon obesus 30
Valencienna immaculata 258
Valencienna puellaris 258
Valencienna sexguttata 259
Valencienna strigata 259
Variola louti 89
Xyrichthys pavo 203
Zanclus cornutus 288
Zebrasoma desjardinii 280
Zebrasoma scopas 279
Zebrasoma xanthurum 281

Index des noms français

Aileron blanc du lagon 30
Anguille-serpent maculée 50
Aiguillette du fond 59
Ange royal 170
Anoli bigarré 53
Antennaire géant 66
Anthias à dos jaune 91
Anthias à filaments 95
Anthias à tache rouge 90
Anthias à une ligne 94
Anthias bicolore 91
Anthias flamme 92
Apogon à caudale annelée 110
Apogon à cinq lignes 109
Apogon à grandes dents 108
Apogon à rayures jaunes 111

Baliste à gorge bleue 318
Baliste à gorge bleue
 et queue blanche 319
Baliste à nageoires noires 313
Baliste à rides bleues 315
Baliste bleu, baliste
 à dents rouges 314
Baliste carène, baliste
 à lignes blanches 320
Baliste olivâtre, baliste
 à tête jaune, baliste
 à moustache 312
Baliste picasso clair 316
Baliste picasso
 de la Mer Rouge 317
Baliste strié, baliste vert 310

Baliste-clown 311
Barbier rouge, barbier
 queue de lyre 93
Beauclaire lanterne 106
Bec de cane
 à nageoires orange 129
Blennie à dents acérées 247
Blennie à lignes 243
Blennie à rayure bleue 246
Blennie de Midas 245
Blennie mimétique
 de la Mer Rouge 244
Blennie nalolo 243
Caesio à croissant 122
Caesio tricolore 123
Canthigaster à selles 299

Canthigaster alvéolé 294
Canthigaster bicolore 297
Canthigaster couronné 293
Canthigaster de Bennett 292
Canthigaster de Tyler 298
Canthigaster perlé
 de la Mer Rouge 295
Canthigaster pygmée 296
Carangue à points orange 113
Carangue bleue, carangue
 à anale noire,
 carangue étoilée 114
Carangue pailletée, carangue
 à gouttes d'or 113
Carangue royale jaune 115
Caudène 190
Chétodon cocher 138
Chétodon de Bennett,
 chétodon à lignes bleues 139
Chirurgien à balai,
 chirurgien à robe sombre 279
Chirurgien à cercle doré 277
Chirurgien à lèvres blanches 268
Chirurgien à marque noire 272
Chirurgien à poitrine blanche 269
Chirurgien à queue blanche 271
Chirurgien à queue jaune 281
Chirurgien bagnard,
 chirurgien à raies noires 275
Chirurgien bleu,
 chirurgien palette 278
Chirurgien de Thompson,
 chirurgien chocolat 274
Chirurgien noir
 à queue blanche 272
Chirurgien strié, maïto 276
Chirurgien voilier 280
Chirurgien zébré,
 chirurgien sohal 273
Chirurgien-clown,
 chirurgien à lignes bleues 270
Chromis à deux couleurs 178
Chromis à queue
 d'hirondelle 178
Chromis bleu-vert 179
Comète à grandes nageoires,
 comète à ocelle 103

Coris reine 212
Coureur arc-en-ciel 114
Croissant queue jaune 89
Dascyllus à trois points 182
Dascyllus indien 181
Daurade tropicale 128
Demoiselle à points bleus,
 demoiselle mouchetée 184
Demoiselle à queue blanche 188
Demoiselle à tache jaune 174
Demoiselle à trois
 bandes noires 180
Demoiselle bleue
 et jaune 185
Demoiselle des Philippines 187
Demoiselle noire 183
Demoiselle saphir 186
Demoiselle soufre 187
Diable de mer 35
Diagramme argenté 126
Diagramme arlequin 125
Diagramme moucheté 126
Diagramme oriental 125
Dragonnet étoilé 249
Eleotris à trois couleurs 251
Eléotris décoré 252
Empereur bossu 128
Empereur strié 129
Epervier lutin 99
Epervier nain, épervier
 à joues épineuses 98
Epervier strié,
 épervier à tempe annelée 100
Épibule trompeur 201
Faux labre-barbier 248
Faux nettoyeur 248
Fusilier à dos jaune et bleu 123
Fusilier à ligne olive 123
Girelle à tache caudale 211
Girelle verte 223
Girelle-paon à raies rouges 224
Girelle-paon à taches
 d'encre 221
Girelle-paon de Klunzinger 222
Gobie à raie bleue 259
Gobie à ruban 258
Gobie à six taches 259

Gobie à taches blanches,
 gobie annelé 255
Gobie de Hector 256
Gobie nain à oeil rouge 260
Gobie nain barbelé 261
Gobie nain des gorgones 260
Gobie nain des madrépores 261
Gobie symbiotique
 à front jaune 265
Gobie symbiotique de sable 265
Gobie symbiotique gracieux 266
Gobie symbiotique
 magnifique 262
Gobie symbiotique
 périophthalme 263
Gobie symbiotique
 splendide 264
Gobiodon citron 257
Grande raie guitare 36
Happeur à deux lignes 127
Hippocampe épineux 65
Holacanthe duc 170
Idole des Maures 288
Labre à franges 198
Labre à joues rayées 196
Labre à long museau 201
Labre à poitrine jaune 209
Labre à poitrine rouge 197
Labre à queue de lyre 223
Labre à queue en ciseaux 227
Labre à queue jaune 208
Labre à tache axillaire,
 tamarin 191
Labre annelé 219
Labre barré 216
Labre d'Abudjubbe 194
Labre de Diane 192
Labre décoré 213
Labre des Moluques 193
Labre échiquier 214
Labre maori 195
Labre maori trilobé 199
Labre nain à six lignes 205
Labre nain
 de la Mer Rouge
 à huit lignes 206
Labre nain strié 204

Labre vermiculé 220
Labre zigzag 217
Labre-barbier (nettoyeur) commun 226
Labre-barbier bicolore 225
Labre-barbier de la Mer Rouge 227
Labre-canari à points noirs 215
Labre-clown, labre-peigne 210
Labre-oiseau, labre prince 207
Labre-rasoir masqué 202
Loche à lignes blanches 78
Loche gingembre 102
Loche mouchetée 85
Loche rayon de miel 84
Loche rouge écarlate 82
Loche-caméléon 89
Lutjan bossu 118
Lutjan noir et blanc 120
Malacanthe bleu, malacanthe à large raie 107
Mamila griffée 127
Marignan ombré 55
Marignan sabre 58
Mérou à caudale carrée 86
Mérou à quatre selles 84
Mérou céleste 79
Mérou élégant 78
Mérou à taches rouges 78
Mérou faraud 81
Mérou fauve 80
Mérou gâteau de cire 84
Mérou loutre 85
Mérou marbré 83
Mérou oriflamme 82
Mérou sellé, mérou léopard 87
Mérou summan, loche à taches claires 85
Mérou-loche vagabonde 88
Monacanthe à selles noires 326
Monacanthe rayé 324
Murène à tache noire 42
Murène étoilée, à flammes, à cristaux de neige 40
Murène frangée 45
Murène javanaise, murène géante 43

Murène léopard 41
Murène léopard, murène ondulante 45
Murène ponctuée, murène perlée 44
Murène ruban, anguille ruban 47
Murène tatouée 46
Myripristes à grands yeux 55
Myripristes bordé de blanc 56
Napoléon, labre géant 200
Nason à éperons orange, nason bariolé 284
Nason à langue noire, nason gris 283
Nason à rostre court, licorne 282
Nason zébré, nason à lignes violettes 285
Papillon à collier blanc, papillon pakistanais 140
Paraperçis ocellé, pintade 241
Pastenague (raie) à points bleus 33
Pastenague (raie) à points noirs 33
Perche à tache noire 119
Perche d'or 129
Perche pagaie 118
Perroquet à barre verte 238
Perroquet à caudale barrée 239
Perroquet à pointillés 239
Perroquet bicolore 229
Perroquet bossu de la Mer Rouge 234
Perroquet brûlé, perroquet grenat 237
Perroquet brun 235
Perroquet feuille morte 232
Perroquet jaune, perroquet à longue tête 230
Perroquet prairie, perroquet lie de vin 236
Perroquet rouille 231
Perroquet souris, perroquet crème, perroquet à écailles jaunes 233
Platax à longues nageoires 134

Poisson-ballon à taches noires 304
Poisson cirrheux 73
Poisson porc-épic à taches auréolées 307
Poisson porc-épic à taches jaunes 307
Poisson porc-épic armé 308
Poisson scorpion à houppes 74
Poisson-ange à croissant 167
Poisson-ange à demi-cercles 168
Poisson-ange à tête bleue 169
Poisson-ange à trois taches 162
Poisson-ange brun 164
Poisson-ange des Indes 163
Poisson-ange empereur 166
Poisson-ange lyre de la Mer Rouge 165
Poisson-bagnard 173
Poisson-ballon étoilé 305
Poisson-clown à deux bandes 175
Poisson-clown de Clark 176
Poisson-clown des Maldives 177
Poisson-cocher de la Mer Rouge 159
Poisson-cocher grégaire 159
Poisson-cocher masqué, hénioche cornu, taurillon du pauvre 160
Poisson-coffre jaune 329
Poisson-coffre pintade 330
Poisson-crocodile, tête plate 76
Poisson-diable 68
Poisson-écureuil à grandes mâchoires 58
Poisson-écureuil diadème, écureuil couronné 57
Poisson-écureuil tacheté 56
Poisson-écureuil tahitien 57
Poisson-fantôme 61
Poisson-faucon à long nez 97
Poisson-faucon à taches de rousseur 101
Poisson-fléchette à queue tachetée 251, 253
Poisson-flûte 59

Poisson-globe à épaules noires, poisson-ballon à taches blanches 301
Poisson-globe griffonné 302
Poisson-globe masqué 300
Poisson-lait, chanos 51
Poisson-lapin à oeil noir 287
Poisson-lézard commun 53
Poisson-lime à barres noires 327
Poisson-lime à long nez de la Mer Rouge 325
Poisson-lime balai 323
Poisson-lime gribouillé 322
Poisson-lion 69
Poisson-manège 115
Poisson-papillon à chevrons 153
Poisson-papillon à dos noir 148
Poisson-papillon à étendard 138
Poisson-papillon à selles 147
Poisson-papillonà tête jaune 155
Poisson-papillon à trois bandes, chétodon délavé 137
Poisson-papillon côtelé 136
Poisson-papillon de Klein 143
Poisson-papillon de Madagascar 144
Poisson-papillon de Meyer 149
Poisson-papillon jaune 151
Poisson-papillon larme, poisson-papillon à une tache 154
Poisson-papillon mître 150

Poisson-papillon moucheté 142
Poisson-papillon orange 145
Poisson-papillon pyramide noir 158
Poisson-papillon strié, chétodon linéolé 146
Poisson-papillon tabac 141
Poisson-papillon triangle 152
Poisson-pierre 72
Poisson-pincette à long bec 156
Poisson-pincette jaune 157
Poisson-savon à six lignes, poisson-savon bagnard 102
Poisson-scorpion feuille 75
Poisson-trompette 60
Pompaneau muscadin 115
Porte-enseigne 288
Pseudochromis à dos jaune 105
Pseudochromis à rayures bleues 105
Pseudochromis de la Mer Rouge, serran nain violet 104
Ptérois à antennes 68
Ptérois à raies blanches 70
Raie léopard 34
Raie manta 35
Rascasse à filaments 71
Rascasse volante, rascasse-poule 69
Rason algue 202
Rason-paon 203
Rémora rayé 121
Requin corail 30
Requin dagsit, gris de récif, requin griset 31
Requin-nourrice jaune-brun 29
Rouget-barbet à deux taches 131

Rouget-barbet de la Mer Rouge 132
Rouget-barbet doré 131
Scorpion diable 73
Sergent-major à queue en ciseaux 172
Sigan marguerite 287
Soldat à oeillères 55
Soldat armé 58
Soldat pourpre, ardoisé 55
Sole à marques noires 290
Solénostome 61
Syngnathe à pointillés 63
Syngnathe à poitrine noire 63
Syngnathe annelé 64
Tamarin à bandes noires 218
Tétrodon jaune 304
Tétrodon moucheté, ballon-pintade 303
Torpille de la Mer Rouge 37
Trachinote à points noirs 115
Turbot-panthère 289
Vieille à queude lyre 190
Vieille à six taches 81
Vieille à triple queue 199
Vieille cuisinière 79
Vieille d'Arabie 79
Vieille de corail, vieille étoilée 80
Vieille léopard 80
Vieille roga 86
Vieille tachetée 195
Vielle rayée 197
Vivaneau à bande blanche 117
Vivaneau à raies bleues 117
Vivaneau églefin 119
Vivaneau encrier 118
Vivaneau pagaie 118
Vivaneau plate 120
Zancle cornu 288